子どもの人間関係能力を育てる
――SEL-8S――

社会性と情動の学習(SEL-8S)の導入と実践

小泉令三 著

ミネルヴァ書房

まえがき

本シリーズ発刊の経緯

　人が周囲の人たちとどのように関わるのかという人間関係のもち方は，どの年齢になっても重要である。まず家庭生活でその基礎が育まれるが，学校生活そしてそれに続く社会生活でその能力は成長していく。では発達段階に合わせて，どのようにその人間関係能力を身につけたらよいのか。学校教育に関しては，「人間関係能力は，従来は日常生活の中で"自然に"身についていたのに，現在はそれを意図的・計画的に育てる必要がある」。これが，本シリーズが拠って立つ基本的スタンスである。

　社会性と情動の学習（Social and Emotional Learning：以下SEL。呼び方はエス・イー・エル，またはセル）は，筆者がフルブライト奨学金を得てアメリカのイリノイ大学シカゴ校に1年間滞在した折に出合ったものである。当初は，入学や転校など新しい環境への適応で人間関係能力が重要な役割を果たすため，その育成を図るための方策を探るのが目的であった。しかし，SELについての知見を深めるうちに，こうした新環境への移行場面だけでなく，生活のすべての場面で，どの子どもにとっても重要な学びであるという確信をもつにいたった。

　日本に戻ってから，アメリカで出版されていた関係書を関係の研究者の人たちとともに翻訳・出版した（イライアス他，小泉令三（編訳）（1999）．社会性と感情の教育――教育者のためのガイドライン39　北大路書房）。しかし，それはSELを学校に導入・展開するための手引書であり，具体的な学習指導に使える指導案や教材ではなかった。

　その後，学校や教員の研修会でSELを紹介する機会が増えたが，そのたびに「具体的にはどう教えればよいのか？」「指導案はないのか？」という声を聞いた。第2章で説明するが，SELは多くの学習プログラムの総称であるため，特定の学習プログラムを提示するのはSELの趣旨にそぐわない面があった。そこで，社会的スキル訓練をはじめ，すでにいくつかの手法にもとづく指導案集が出版されていたので，それらを参考に適宜各学校でカリキュラム構成等を工夫するようにお願いしてきた。

　しかし，SELの中の1つの特定プログラムとして，日本の学校に適していると考えてSEL-8S（セルはちエス）学習プログラムの提唱を始めた頃から，これに則った指導案があればこちらの趣旨を理解していただきやすいし，また子どもの指導に際しても有効であろうと考えるようになった。ちょうどそうした折りに，独立行政法人科学技術振興機構（JST）社会技術研究開発センター（RISTEX）の「犯罪からの子どもの安全」研究開発領域のプロジェクトの1つとして採択され，本指導案集の作成が一気に

進むこととなった。「犯罪からの子どもの安全」に貢献できることを強く願うと同時に，JST関係者に心より感謝している。また筆者のプロジェクト構成員である箱田裕司，大上渉，松本亜紀，小松佐穂子の諸氏にもお礼申し上げたい。

　本シリーズは，こうした経緯を経て出版にいたったが，より効果的な実践のために単に指導案だけでなく，SEL-8S学習プログラムの背景にある基本的な考え方やさらに導入・展開方法にも言及している。また，小学校と中学校の両方の指導案を含めることによって，義務教育の9年間を見通した指導ができるようにした。本シリーズの内容はスタートであって，ゴールではない。SEL-8S学習プログラムとして，さらに効果的な指導内容や指導方法が開発されていくことを願っている。

本シリーズの構成と利用方法

　本シリーズは3巻構成で次のような内容になっている。

　第1巻はSEL-8S学習プログラムの概念的な理解を深めるとともに，これからその導入や展開を図ろうとしているときに，その進め方や留意点を知っていただくことを目的としたものである。また，実際にどのような実践があり，どのような効果があるのかを確認するために，いくつかの実践例を示してある。第2巻と第3巻は小中学校の校種ごとの指導案および指導に利用できる学習プリントや教材等をまとめたものである。

　したがって，小学校の関係者は第1巻でSEL-8S学習プログラムの全体像を学んでいただいた上で，第2巻の指導案集を利用していただくのがよい。また中学校の関係者は同様に，第1巻と第3巻を使っていただくことを想定している。なお，高等学校については生徒の実態に合わせて，第3巻を適宜参考にしながら使用していただけると考えている。

　本シリーズの作成にあたっては，特に実践の導入・展開の方法に関して，現職教員として研修あるいは勤務しながら福岡教育大学大学院で学んだ香川雅博，田中展史，中山和彦，および第1巻の執筆協力者にもなっている堤さゆり，宮原紀子の諸氏から多くの示唆を与えていただいた。また，第3巻の初期の作成段階では，田中美紀氏にもお世話になった。これらの方々に記して感謝したい。最後になったが，ミネルヴァ書房の西吉誠氏には本シリーズの趣旨をよく理解していただき，出版に際して大変お世話になった。改めて御礼を申し上げたい。

　本シリーズが，子どもの学校適応の促進に貢献できることを切望している。

2011年8月

小泉令三

第 1 巻の利用方法

　本書は SEL-8S（セルはちエス）学習プログラムの理論編にあたるもので，次のような疑問をおもちの方にぜひ読んでいただきたい。（　）に示したのは，それに対する答えの含まれている章である。

・なぜ，学校でわざわざ人間関係の学習をする必要があるのか。（第 1 章）
・社会性と情動の学習（SEL）や SEL-8S 学習プログラムとは，何を意味しているのか。（第 2 章）
・SEL-8S 学習プログラムはどのように指導すればよいのか。注意すべき点はあるのか。（第 3 章）
・学校で SEL-8S 学習プログラムを実施すると，具体的にどのような利点があるのか。（第 4 章）
・実際に SEL-8S 学習プログラムを学校に取り入れていくにはどうしたらよいのか。（第 5 章）
・SEL-8S 学習プログラムの教育効果はどうやって確認するのか。（第 6 章）
・SEL-8S 学習プログラムの実践例はあるのか。（第 7 章）

　上のような疑問の中でも，特に「そもそも SEL-8S 学習プログラムとは何なのかを知りたい」という方は，まずは第 2 章から読んでいただくのがよい。その後，他の章を見ていただければ，全体の理解が進むであろう。特にその教育効果に興味がある方は，第 4 章や第 7 章を見てほしい。また，効果的な実践に向けての準備には，第 3 章が役に立つ。学校で生徒指導や教育相談に関して学校全体をリードする立場にあり，SEL-8S 学習プログラムでの取組を始めたいがその進め方がわからないという方は，第 5 章と第 6 章を中心に読んでいただくのがよい。学級担任として，まずは自分の学級等で実践を始めたいという場合は，第 7 章の中の学級単位の実践例を見ていただくのがわかりやすいであろう。

　学習指導案を示した第 2 巻と第 3 巻での取組をさらに確固とした実践とするためにも，本書で SEL-8S 学習プログラムの全体像とその意義，そして導入と展開のポイントを理解していただくのがよいと考える。

　なお本書は，SEL の中の 1 つの特定プログラムである SEL-8S 学習プログラムを説明したものであるが，本書の多くの内容は子どもの社会性を育てることを目的とした他の学習プログラムにも該当する部分がある。すでに何らかの取組を始めているが，さらに実践を進展させることを願っている場合にも参考になる章は多いだろう。

目　次

まえがき
第1巻の利用方法

第1章　子どもの問題行動と社会的能力・対人関係能力　　1

1　問題行動の現状……………………………………………………………… 3
2　問題行動への学校心理学からのアプローチ…………………………… 5
　　1　学校心理学での3段階の援助サービス………………………………… 5
　　2　治療から予防・開発へ…………………………………………………… 7
　　3　消極的生徒指導と積極的生徒指導……………………………………… 8
3　社会的能力の重要性……………………………………………………… 8
　　1　予防的な取組と社会的能力……………………………………………… 8
　　2　学校生活の基盤としての社会的能力…………………………………… 10
　　3　自尊心の育成……………………………………………………………… 10
　　4　子どもの生活の現状……………………………………………………… 11

第2章　社会性と情動の学習（SEL）の概要　　13

1　社会性と情動の学習とは………………………………………………… 15
　　1　社会性と情動の学習（SEL）の意味…………………………………… 15
　　2　SELで目指す人間像……………………………………………………… 15
　　3　SELの学習内容…………………………………………………………… 16
　　4　SELの特徴………………………………………………………………… 16
2　SEL-8S学習プログラムとは…………………………………………… 18
　　1　8つの社会的能力………………………………………………………… 18
　　2　小学校でのSEL-8S学習プログラムの学習領域……………………… 21
　　3　中学校でのSEL-8S学習プログラムの学習領域……………………… 22
　　4　予防・開発的取組としてのSEL-8S学習プログラム………………… 43
　　5　教育課程での位置づけ…………………………………………………… 44

3 諸外国および日本での現在までの SEL の取組 ……………………… 47
1 アメリカでの取組 ………………………………………………… 47
2 ヨーロッパでの取組 ……………………………………………… 48
3 日本での取組 ……………………………………………………… 48

第3章　SEL-8S 学習プログラムの指導方法と留意点　51

1 学習のめあての明確化と個別化 ……………………………………… 53
1 めあての明確化 …………………………………………………… 53
2 めあての個別化 …………………………………………………… 54

2 学習形態の種類 ………………………………………………………… 54

3 指導方法の工夫 ………………………………………………………… 55
1 紙芝居やペープサート …………………………………………… 55
2 ゲームや身体活動 ………………………………………………… 56
3 ロールプレイ（役割演技） ……………………………………… 59
4 統計資料や解説資料 ……………………………………………… 63
5 気づきやスキルの要点の覚え方（語呂合わせとシンボル） … 64
6 板書や掲示物の工夫 ……………………………………………… 65
7 学校内外の環境づくり …………………………………………… 67

第4章　学校教育での SEL-8S 学習プログラムの意義　69

1 子どもの学校適応と SEL-8S 学習プログラム ……………………… 71
1 教育資源としての学校 …………………………………………… 71
2 生徒指導との関係 ………………………………………………… 71

2 学力問題と SEL-8S 学習プログラム ………………………………… 73

3 学級経営と SEL-8S 学習プログラム ………………………………… 74

4 規範意識・規範行動の向上と SEL-8S 学習プログラム …………… 75

5 キャリア教育と SEL-8S 学習プログラム …………………………… 77

6 保護者・地域社会との連携と SEL-8S 学習プログラム …………… 78

第5章　学校へのSEL-8S学習プログラムの導入と展開　　81

1　トップダウン型とボトムアップ型　　83
- 1　トップダウン型での導入　　83
- 2　ボトムアップ型での導入　　84

2　SELコーディネーター教員の役割　　84
- 1　SELコーディネーター教員の責任　　84
- 2　SELコーディネーター教員の選出と位置づけ　　85

3　試行的実践の重要性　　86

4　年間指導計画の作成　　89

5　学級経営との関連づけ　　93

6　校内研修会のもち方　　94

7　校内の組織づくり　　96

8　効果的な実践のための工夫　　97

9　小・中学校間等の連携　　99

10　保護者・地域社会との連携　　101
- 1　協働関係者としての保護者　　101
- 2　SEL学習者としての保護者　　101
- 3　地域社会のアンカーポイントとしての学校　　103

11　隣接校区やさらに広い地域での実践　　104

12　PDCAサイクルでの改善　　105

第6章　SEL-8S学習プログラムの評価方法　　107

1　エビデンスにもとづく教育の動向　　109

2　評価方法の決定　　109

3　実践状況に関する評価　　110

4　子どもの社会性の変容に関する評価　　111
- 1　子ども本人による評価　　111

2 教師による評価 …………………………………………… 120

　　　3 級友による評価 …………………………………………… 122

　　　4 保護者による評価 ………………………………………… 122

　　　5 地域住民による評価 ……………………………………… 123

　5 子どもの学校適応に関する評価 ……………………………… 124

　6 個別の目標設定 ………………………………………………… 124

第7章　実践例の紹介　　　　　　　　　　　　　　　　　　127

　1 学級単位での実践例（小学校）
　　　　　──「対人関係能力向上」を目指す取組 ………………… 129

　　　1 学級の実態 ………………………………………………… 129

　　　2 実施方法 …………………………………………………… 129

　　　3 効果検証 …………………………………………………… 130

　　　4 授業例 ……………………………………………………… 132

　　　5 成果と課題 ………………………………………………… 134

　　　6 まとめ ……………………………………………………… 137

　2 小学校全体での実践例
　　　　　──学校適応を促進するための全校での取組 …………… 138

　　　1 問題と目的 ………………………………………………… 138

　　　2 実施方法 …………………………………………………… 139

　　　3 効果検証 …………………………………………………… 142

　　　4 授業例 ……………………………………………………… 143

　　　5 成果と課題 ………………………………………………… 146

　　　6 まとめ ……………………………………………………… 147

　3 小学校全体での取組につなげるための実践例
　　　　　──規範意識を高め，規範的な行動を促すための取組 …… 149

　　　1 問題と目的 ………………………………………………… 149

　　　2 実施方法 …………………………………………………… 151

　　　3 効果検証 …………………………………………………… 152

　　　4 授業例 ……………………………………………………… 153

　　　5 成果と課題 ………………………………………………… 156

　　　6 まとめ ……………………………………………………… 160

4 学級単位での実践例（中学校）
——「生徒同士のトラブル解決」の学習 …………………… 161
1 学級の実態 …………………………………… 161
2 実施方法 ……………………………………… 161
3 効果検証 ……………………………………… 162
4 授業例 ………………………………………… 163
5 成果と課題 …………………………………… 167
6 まとめ ………………………………………… 167

5 学年単位での実践例（中学校）
——学校行事と関連づけた学習 ………………………… 168
1 学年の実態 …………………………………… 168
2 実施方法 ……………………………………… 168
3 効果検証 ……………………………………… 170
4 授業例 ………………………………………… 171
5 成果と課題 …………………………………… 174
6 まとめ ………………………………………… 176

6 SEL-8S 学習プログラムの効果と可能性 ………………………… 176

あとがき

第1章

子どもの問題行動と社会的能力・対人関係能力

　子どもの教育問題を語るときに，問題行動が取り上げられない時代はない。ただし，問題行動の内容やその実態，それらの解決方法，あるいは関係者の注目点などは時代とともに変化する。不登校やいじめなど，現代のわが国の問題行動の現状については，すでに日常的に聞き慣れた読者が多いかもしれないが，この章では実態からのスタートのために，まず改めて問題行動の全体像を概観する。

　その後，解決への取組として，最近の比較的新しい枠組みである学校心理学からのアプローチを説明する。そして本書のキーワードである社会的能力の重要性について見ていく。特に，生徒指導で重視されつつある予防・開発的な取組においては，社会的能力の育成は，今後の取組の重要なカギとなる。これまでも自尊心の育成が図られてきたが，社会的能力はそれと深い関係にあることを理解してほしい。

1　問題行動の現状

　小中学校の子どもの問題行動として，不登校，いじめ，暴力，非行などがあげられるが，どれも大きな改善を見ないままの状態が続いている。例えば，不登校の児童生徒数は増加が続き，多くの学校で教育課題となっている。しかも，統計として示される不登校の児童生徒とは年間30日以上欠席した者だが，その中には病気や経済的な理由による者は含まれていない。そのため，「風邪を引いた」という理由が保護者や家族から伝えられれば，基準の「30日」には含まれない。こういう状態が続いた場合は，教育上はやはり問題があると言わざるを得ないが，統計には加えられないため，学校に登校していない児童生徒数はさらに多くなる可能性がある。

　不登校に関しては，「学校に行きたいのに行けない」という神経症傾向だけでなく，「学校に行かない」という怠学傾向，そしてどちらとも言えない中間型など多様化している。また，発達障害が原因となって学習に遅れが出たり周囲の人との関係がうまくもてないために，二次障害として不登校になることもある。他に，いくつもの要因が重なっているケースもあり，原因の多様化や複合化が見られる。

　また，特に近年は小学校を卒業して中学校1年生になる時期に不登校生徒数が急増する「中1ギャップ」現象が課題となっている。中学校に入学すると一般に他の小学校からの入学者と一緒になるため，新しい人間関係をつくる必要がある。教師も，それまでの小学校での学級担任制から，教科ごとに教師が変わる教科担任制になる。また，学習については学習内容の増加や難しさが増すといったことが大きな変化となる。そして，子ども本人も発達段階として思春期に入り，心身の変化が著しい時期と重なる。ただし，こうした環境や本人の変化をともなう中学校入学という事態は以前からあるのに，なぜ近年になって不登校生徒数の増加が見られるようになったのかというのが注目すべき点である。これについては後ほど説明したい（本章「3　社会的能力の重要性」 4 参照）。

　いじめについては，いじめが原因と考えられる子どもの自殺事件が報道されるたびに，対策の必要性が叫ばれるが，十分な効果をあげているとは言えない。子どもの生活の中で，いじめたりいじめられたりといったことは昔からあったが，それが「いじめ」という名詞の状態で使われ出したのは，それほど昔のことではない。いじめ問題への取組で難しいのは，その基準のあいまいさにあり，近年は本人がどのように認知しているかが重要視されている。いじめが原因やきっかけとなって，不登校になることもある。さらに，いじめは被害者だけでなく加害者としても，人格の完成という教育の目的に照らせば大きな課題であるのは言うまでもない。

第1章　子どもの問題行動と社会的能力・対人関係能力

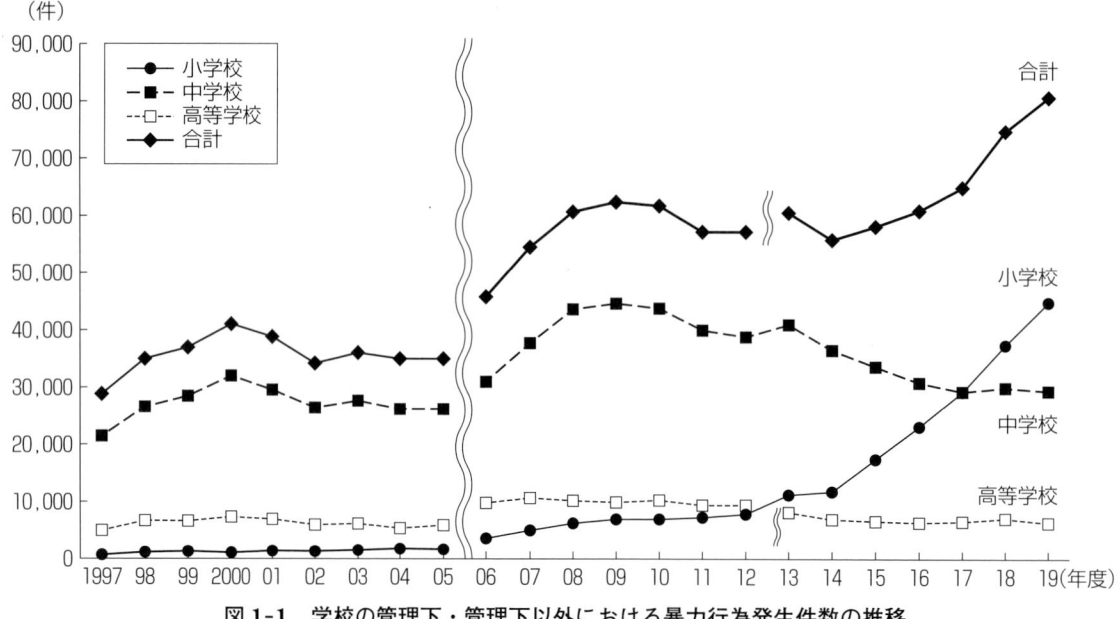

図1-1　学校の管理下・管理下以外における暴力行為発生件数の推移

(注) 1：1997年度からは公立小・中・高等学校を対象として，学校外の暴力行為についても調査。
2：2006年度からは国私立学校も調査。
3：2013年度からは高等学校に通信制課程を含める。
4：小学校には義務教育学校前期課程，中学校には義務教育学校後期課程及び中等教育学校前期課程，高等学校には中等教育学校後期課程を含める。
(出所)　文部科学省（2020）児童生徒の問題行動・不登校等生徒指導上の諸問題に関する調査結果の概要。

　また近年，暴力行為については文部科学省の統計（図1-1）でもわかるように，小学校，中学校，高等学校を合計した発生件数が伸びている。この統計には，対教師暴力，生徒間暴力，対人暴力，器物損壊が含まれていて，全国の学校の約3分の1の学校で発生している。特に注目されているのが小学校段階での増加であり，「低年齢化」という言葉が頻繁に使われるようになってきた。些細なことでカッとなり，暴力を振るったりする「キレる」という現象が，小学生についても見られるようになってきたと言われている。

　薬物乱用については，1980年代前半のシンナー等の乱用以降，特別法犯少年の送致人員は減少傾向にある（警察庁，2009）。しかし，新たな違法薬物などが出てくることも考えられるため，油断はできない。

　近年になって大きな問題となっているのが，インターネットや携帯電話に関する問題である。いじめでは「ネット上のいじめ」が問題化し，また性非行では出会い系サイトで被害者となるケースが出ている。薬物の取引でも携帯電話で売買が進められ，また薬物がどこで得られるかなど取得情報がばらまかれている。さまざまな情報が行き交うネット空間では，便利で有効な情報だけではなく，子どもにとって有害で危険な情報も混在しているのである。特に，保護者が情報関連機器に不慣れだったり，ネット空間の実態を知らなかったりする状況では，その危険性の認知も遅れる。「子ど

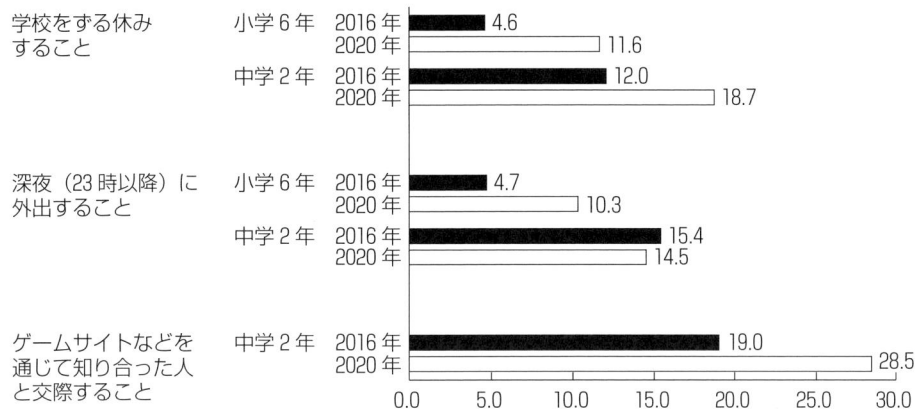

図1-2 規範意識の変化（「悪くない」と回答した子どもの割合）
（出所）福岡県（2021）青少年の健全育成に関する県民意識等調査報告書

もの方がよく知っている」「そんなこともできるなんて知らなかった！」といった感想が，保護者対象の講習会や講演会でつぶやかれる。周囲の大人が気づかないうちに，インターネットや携帯電話を通して，子どもがさまざまな危険にさらされる事態になっている。

以上のようなさまざまな問題行動の傾向の背後に，規範意識の変化があるのではないかと言われている。具体的には，学校をずる休みしない，深夜に外出しない，ゲームサイトで知り合った人と交際しない（図1-2），といった遵守的な行動から，困っている人を助ける，仕事や当番を進んで引き受ける，という他者への貢献的・奉仕的な行動まで幅広いものがある。全体的に，「自分にとって楽な方を選択する」という傾向（深谷，2004）が，規範意識の低下につながっているのかもしれない。

2 問題行動への学校心理学からのアプローチ

1 学校心理学での3段階の援助サービス

これまで述べたような問題行動に対しては，学校では生徒指導や教育相談での対応が中心になる。従来，補導やカウンセリングなどの手法が取られてきたが，近年はこれらを含めてさらに幅広く，学校心理学の視点からのアプローチが取り入れられつつある。

学校心理学とは，「子ども一人ひとりの学習面，心理・社会面，進路面，健康面など学校生活における苦戦への対処を援助し，子どもの成長を促進する『心理教育的援助サービス』の理論と実践の体系」と説明される学問領域である（福沢・石隈・小野瀬・

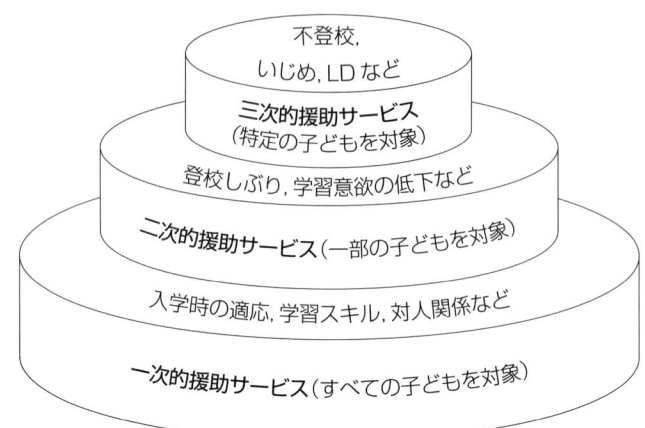

図 1-3　3 段階の心理教育的援助サービス，その対象，および問題の例
（出所）　学校心理士資格認定委員会（2007）より。

日本学校心理学会，2004）。この心理教育的援助サービスというのは，学習面，心理・社会面（子どもの学習や友人関係の適応），進路面，心身の健康面などで援助を必要としているときに，その解決を助けて子どもの成長を促進する教育活動を意味している。

　このように説明すると，心理教育的援助サービスの提供は，学校での教育活動全般を指していることがわかる。ただし，その提供の枠組みを少し整理して考えている。すなわち，図 1-3 に示したように，子どもがもつ教育的ニーズに合わせて 3 段階が設定されている。

　一次的援助サービスは，すべての子どもがもつ教育的ニーズに対応するもので，各種オリエンテーションや全員を対象に実施する指導等がこれにあたる。二次的援助サービスは，一部の子どもがもつ教育的ニーズを対象にしたもので，欠席が増えてきた，あるいはどうも学習への取組が疎かになっているといった子どもへの支援である。学校でよく耳にする「気になる子」への対応に該当すると考えればよい。そして，三次的援助サービスは，特定の子どもがもつ教育的ニーズへの対応である。問題行動が明らかになり，具体的な指導を行う際の従来の補導やカウンセリングは，ほとんどこれに該当すると考えてよいだろう。

　3 段階の援助サービスは，対象となる教育的ニーズや子どもの数の違いに合わせて，当然のことながら援助方法も異なってくる。一次的援助サービスはすべての子どもを対象にするので，一斉に指導するのが効率的であり，教育課程に位置づけて実施することが多い。学校行事（入学式など）での説明や授業のオリエンテーションなどをイメージすればよい。

　それに対して，二次的援助サービスは対象がある程度限られてくるので，個別の援助となる。さらに，三次的援助サービスとなると援助の対象がより明確に特定されるので，それぞれの子どもの教育的ニーズに合わせた援助が必要になる。この場合，最

近，急速に整備が進められている特別支援教育に見られるように，その子どもの教育的ニーズに合わせた援助の計画（例えば，個別の支援計画や個別の指導計画など）を立てる必要が出てくる。そこで，通常の教育課程（カリキュラム）を修正して対応することとなる。実は，いじめや不登校，あるいは反社会的な問題行動（暴力行為，窃盗など）でも，期間の長短はあっても，当事者である子どもについては，当初計画されていた教育課程を修正して対応している。

2 治療から予防・開発へ

　一次的～三次的という援助の区分は他の領域でも見られるもので，取組の進展の一定の帰着点にあたるのではないだろうか。例えば医療で言えば，ガンの治療はまずガン細胞やその周辺部位を手術で切除したり放射線で治療したり，あるいは薬物療法で対応する方法が開発された。学校心理学の区分で言えば三次的援助サービスにあたる。そして次は，早期発見・早期治療の努力がなされるようになった。発見が早ければ早いほど治癒率は高いだろうし，治療に要する時間や経済的な負担が軽くて済む。ガンが疑われる段階で，すぐに手を打つに越したことはない。これが学校心理学では二次的援助サービスにあたる。そしてさらに，ガンにならないための方法が探求される。私たちは，「こういう食べ物や生活習慣は避けた方が良い」と言われれば，やはり注意を払う。学校心理学の一次的援助サービスである。なお，一次的～三次的という名称は，分野によっては逆になることもあるようであるが，概念の構成としてはほぼ同じと考えてよい。

　問題行動への対応について，なぜ治療・事後対応から早期発見・早期対応へ，そしてさらに予防・開発という進展があるのか。理由は，問題行動が増加しまた多様化したことによって，治療・事後的対応による取組だけでは学校や教師の手に負えなくなってきたという現実がある。学校に求められることは増えているのに，子どもが学校にいる時間や教職員の正規の勤務時間の長さは変わらない。そのような実態の中で問題行動が生じると，当然のことながらそのまま放置することはできないので，結局は教職員の勤務している時間を延ばして対応する必要が出てくる。すると，やるべき教材研究や授業の準備をする余裕がなくなり，学習指導が充実しなくなる。また教職員の体調にも影響が出るだろう。その結果，そうした実態がさらに新たな問題行動を生じさせるきっかけになることもある。こうした悪循環に陥ると，学校の教育機能そのものが低下するのは必然である。

　上のような悪循環にいたらないためには，"早めに手を打つ"こと，そして未然に"予防すること"である。さらに一歩進めて，現在の状態を高めるために"開発する"ことができれば，人格の完成を目指すという学校教育の目標達成に適ったものとなる。

"開発する"ことは学校としての取組も進展しやすい性格のものである。なお，本書で紹介する社会性と情動の学習は，予防・開発的な取組が中心で，学校心理学の一次的援助サービスに該当する。

3 消極的生徒指導と積極的生徒指導

生徒指導の種類として，問題行動への対応を中心とした消極的生徒指導と，問題行動を予防する取組を目指した積極的生徒指導に分ける考え方がある。例えば，不登校問題への対応でも，不登校状態にある子どもが再登校したり学校に適応できるようにしたりする支援と，現在登校している子どもがこれから不登校にならないようにするための取組がある。すなわち，消極的生徒指導は治療や事後対応が中心であり，積極的生徒指導では予防やさらにはよりよい適応状態にするための支援（開発的支援と言われる）が行われる。

この消極的生徒指導と積極的生徒指導の分類と，先の学校心理学での3段階の援助サービスの構造とを比較すると，消極的生徒指導が三次的援助サービス全部と二次的援助サービスの一部，そして積極的生徒指導が二次的援助サービスの一部と一次的援助サービス全部に該当すると考えられる。

実は教育相談も，当初は治療や事後対応の役割が中心であったが，その後予防的あるいは開発的な機能が加えられるようになった。そして，これらも生徒指導と同様に，さらに学校心理学の3段階の援助サービスの枠組みに統合することができる。今後は，この学校心理学の枠組みでの取組が主流になるのではないかと予想される。

3 社会的能力の重要性

1 予防的な取組と社会的能力

学校心理学の3段階の援助サービスはどれも重要であるが，特に近年，一次的援助サービスの重要性が注目されている。理由は先に述べたとおりである。そして，実際に取組を進めるときにキーワードとなるのが社会的能力，すなわち周囲の人々や集団と良好な関係や関わりをもつ力である。

なぜ，社会的能力が重要なのか。これはそれぞれの問題行動について考えてみるとわかりやすい。例えば不登校の中で，「学校に行きたいのに行けない」という神経症傾向の子どもを考えてみよう。級友との関係を適切にもつことができて，自分の居場所が学級内にあれば，そうした事態にはなりにくい。もちろん，毎日の学校生活では

嫌なことやトラブルもあるだろう。しかし，それを自力で乗り越えたり，友だちに助けられて克服したりすることによって人間的な成長が進む。そこに必要なのが社会的能力である。人と関わるための社会的能力があれば，不登校にはなりにくいのである。

　学校に行かずに非行問題を起こしかねない怠学傾向の不登校も，学校に居場所がないという意味では同様である。そうした子どもは，教科の学習や学校生活のさまざまな場面で自分を発揮できずにいる。学校には教師や級友などがいるが，それらの人々との関わりが充実していれば，不登校にはならないであろう。やはり社会的能力が関係している。

　ただし，このような子どもも学校の外の世界ではグループで動き，そのメンバー内で人間関係を楽しんでいるかもしれない。しかし，それは適切な社会的能力にもとづくものかどうかは疑わしい。適切という言葉の反対は不適切であり，不適切な社会的能力も考えられる。反社会的な行動をとる集団内では，その集団内での行動のルールがあるが，それを支えるのは適切な社会的能力ではない。本書で，社会的能力という場合には，適切な社会的能力を意味している。

　不登校に関連して，中学校入学時に不登校生徒が急増する「中1ギャップ」への対応ではどうだろうか。他の小学校からの新入生との新しい人間関係をつくったり，各教科で変わる教科担任との関係を適切にもったりすることができれば，この現象は生じない。そのためには，子ども自身の社会的能力が必要になる。最近各地で進みつつある小・中学校の連携強化や，さらに教育の一貫性を目指した小中一貫教育では，学校としての取組の中にこれらの対応策が含まれている。中学校入学前に小学校段階で，行事の機会を活かして相互交流をもてるようにしたり，あるいは中学校の教師が出前授業をしたりするのにはこうしたねらいがある。

　いじめ問題の予防は，教師や保護者ができるだけ早くいじめの存在を知ることができるように，無記名のアンケートを実施することが多い。しかし，それだけでは不十分である。理想は子どもたち自身にまずいじめを起こさず，そしていじめの被害者にならず，さらにいじめを見たらその抑止力となれるような力を身につけさせることであろう。こうした力，すなわち社会的能力があれば予防は非常に進み，悲惨ないじめ事件は根絶できると言ってもよいだろう。

　暴力行為や窃盗，あるいは薬物乱用などはどうだろうか。これらの問題行動は，自分の欲求を満足させるために他人を傷つけたり，他人の持ち物を奪ったり，あるいは違法な薬物に手を出すことである。その予防には，何が社会的に認められないことなのか，つまりどういう行動が許されないことなのかを教えるだけでは，十分な効果を期待できない。まず，自分の欲求を正しく認知することから教えなければならないことがある。「何となくやってしまった」とか「やりたいからやった」といったように，正しく自分の欲求を認知していないことがあるからである。そして次に，他者に迷惑

をかけたり他者の権利を害したりせずに,自分の欲求を満足させるにはどうしたらよいかを教えることになる。他者の立場に立つ力,そして自己をコントロールする力が鍵になる。

社会的能力には,このように対他者だけでなく対自己の能力も含まれており,どちらも予防的な取組にとって非常に重要な意味をもつ。

2 学校生活の基盤としての社会的能力

そもそも学校での学習が成立するためには,社会的能力の中でも特に聞く・話すといったコミュニケーション能力が適切に発揮されることが必要不可欠である。授業中に教室内をウロウロしている,手遊びをしている,教室から出ていくといった状態では,いくらよく準備された授業がされていても,学習そのものが成立していない。

学習以外の面でも,例えば遅刻をしない,忘れ物をしない,指示されたことを守るといったことは,自分の言動をどのように統制するのかという自己コントロールの能力に直結している。もう少し寝ていたい,面倒なので前の日の学習道具と同じものを用意する,自分が好きなように行動したい,などといった欲求を抑えて,指示されたことやルールを守って行動するには,一定の心的エネルギーが必要で,それを豊かにもつことが人間を成長させていく。

このように,問題行動の予防だけでなく,日常の学習活動を効果的に進めるための基盤として社会的能力は非常に重要である。こうした社会的能力は,従来から学習面では学習規律,生活面では基本的生活習慣と呼ばれて重視されているが,単に「〇〇しなさい」とか「〇〇してはいけない」といった指示や命令によってだけでは,身につきにくい状況になっている。そこで,理由を考えさせたり,ちょっとしたコツを伝えたり,あるいはモデルとなる行動を見せたり,簡単な練習をしたりするといったように,少し丁寧な指導によって身につけさせる必要が出てきている。そうした学習を系統づけ,発達段階に合わせた指導を行おうとするのが,本書で紹介する社会性と情動の学習(Social and Emotional Learning)である。

3 自尊心の育成

以前から,生徒指導や教育相談の取組では子どもの自尊心(セルフ・エスティーム)が重要だと言われてきた。特に2000年頃以降は,教員対象の講習会などでも一般的に用いられるようになり,教員間での共通した教育用語の1つとなっている。

自尊心とは,「自分の価値,能力,適性などの自己評価が肯定的であること」を意味する(飯塚,1987)。すなわち,自分にはこういう価値がある,こういった能力や良さ

があるという評価や，自分を大切にしたいといった感情である。自尊心はさまざまな行動や結果の自己評価に関係しているが，実際の能力や適性に対して，高すぎても低すぎても問題があると言われている。つまり，実際の実力に比べて自尊心が高すぎると空威張りや虚栄心になるし，低すぎると劣等感につながる。

　この自尊心は，さまざまな問題行動に深く関係していると言われている。例えば，「シンナーを吸うと危険だ。身体がボロボロになる」と言われても，自分を大切に思う気持ちがなければ，「構わない。どうせ自分は価値がない」と思い，一時の快楽に走ってしまう。別室登校している不登校の子どもは，「今度の体育会は，出てみないか」と誘われても，級友の目や集団でいることによるストレスを想像して，どうしても「はい」と明言できない。また，根拠のない自信，すなわち自信過剰は不当に高い自尊心から生じる。「こういう場面では近づくと危険だ」と言われていても，「自分は絶対大丈夫」とか「おもしろそうだ」という思いから，注意や警告を無視して自ら問題状況に陥る結果になる。

　ではどうやって健全な自尊心を育てたらよいのだろうか。これは簡単なことではない。多くの要因が関係していると考えられ，実際さまざまな方法が試みられている。確かなことは，自分が自分自身をどう評価するかという問題であり，そうした評価は多くの場合，周囲の他者との関係の中でなされるということである。このことに注目したのが，本書で紹介する社会性と情動の学習である。詳しくは次章で説明する。

4　子どもの生活の現状

　これまで，問題行動への予防的な取組に子どもの社会的能力がいかに重要かを説明してきた。逆に言うと，問題行動の主要な原因として，社会的能力の低下や欠如があるということになる。

　なぜ，社会的能力が低下したり欠如したりしているのか。一言で言うと，日常的なさまざまな体験の不足が原因と考えられる。よく，遊びの体験や自然体験，そして大人を含めて人と関わる社会体験が減っていると言われるが，実はそうした場で周囲の人とのやりとりを通して，社会的能力が培われるのである。

　遊びの内容や質が変化していることは，日々の子どもの生活を見ていると実感できる。少なくとも昭和30年代から40年代は，公園や空き地で異年齢の子どもが群れて遊んでいた。身体を使った遊びの中ではいざこざやケンカもあるが，自分たちで何とか解決方法を見つけたり，あるいはやり過ごしたりする。その場のメンバーに合わせて遊びのルールを変えることを，上の年齢の子どもから習ったりする。思いきり汗をかいて疲れて家路についたり，日によっては遊びの中で負けが続いて，少しむしゃくしゃした気分で帰ったりすることもあるだろう。こうした体験の中で，自分の得手不得

手や他の子どもとの関わり方を身につけていく。

　スーパーマーケットやコンビニが出現する前は，買い物は店員とのやりとりを通して行われた。子どもでも，お遣いに行けば必ず会話をしなければならなかった。あるいは年少であれば，親が書いた買い物メモを店員に手渡す程度かもしれないが，その場合でも終始無言というわけにはいかない。今の買い物はどうだろう。欲しい物を店内のカゴにいれて，レジに持っていくのに言葉は要らない。「いらっしゃいませ」「カードはお持ちですか？」「○○円です」「ありがとうございました」。このようなレジでの店員の言葉は，すべて一方的なもので会話になっていない。子どもでも，一言も話さずに買い物ができてしまう。

　交通機関の利用でも，例えば切符を購入しようと思えば，切符売り場の窓口で「○○まで，子ども1枚ください」と言わなければならなかった。今は自動発券機やさらには事前に料金をチャージしたICカードなどが利用され，全く対人的な関わりがなくても電車やバスに乗れるようになった。

　このように，日常生活の中での人との関わり方が変化した結果，社会性を身につける体験の機会が減っているのである。"自然に身につける"ということがないので，やはり学校で教える必要が出てきたというのが現状である。そんなことまで学校で教えなければならないのか，という驚きや反論が少なからずあるが，子どもの生活体験や社会体験の質が変化している現状を考えると納得できることではないだろうか。

文　献

深谷昌志（監修）(2004)．　規範意識の「緩み」と「喪失」　モノグラフ・中学生の世界 VOL.76　ベネッセ未来教育センター

福沢周亮・石隈利紀・小野瀬雅人（責任編集）・日本学校心理学会（編）(2004)．学校心理学ハンドブック――「学校の力」の発見　教育出版

学校心理士資格認定委員会（編）(2007)．学校心理学ガイドブック　第2版　風間書房

飯塚雄一（1987）．自尊心　小川一夫（監修）　社会心理学用語辞典　北大路書房

警察庁（2009）．少年非行等の概要（平成20年1～12月）

国立教育政策研究所生徒指導研究センター（2009）．生徒指導資料第1集（改訂版）　生徒指導上の諸問題の推移とこれからの生徒指導――データに見る生徒指導の課題と展望　ぎょうせい

文部科学省（2010）．平成21年度「児童生徒の問題行動等生徒指導上の諸問題に関する調査」

第 2 章

社会性と情動の学習（SEL）の概要

　「社会性と情動の学習」という言葉になじみのない読者が多いであろう。本章ではまず，これは何を意味しているのか，どんな学習内容なのかを見ていく。実は，アメリカやヨーロッパの国々では次第に注目され，実践が導入されつつある教育である。日本も，コミュニケーション能力の育成や人間関係づくりという観点から，近年になって少しずつだが実践が始まっている。

　では，本書で紹介するSEL-8S学習プログラムとはどういったもので，何を目的としたものか。その特徴は何なのか。全体像はどのような構造になっているのか。具体的に小学校や中学校で教えるとなると，どういった内容がどのように配列されているのか。本章は，こうした疑問への回答と説明をまとめたものである。途中で表が多くなり，それらが続くことになるが，実際の学習内容の概要を理解する助けになるであろう。また，これらを教育課程に位置づける方法も説明してあるので，導入の際によく理解してほしい。

1 社会性と情動の学習とは

1 社会性と情動の学習（SEL）の意味

　本書では社会性と情動の学習（Social and Emotional Learning：以下，SELとする）を「自己の捉え方と他者との関わり方を基礎とした，社会性（対人関係）に関するスキル，態度，価値観を身につける学習」と定義する。実はSELとは特定の心理教育プログラム（心理学の考え方や研究成果などを基盤とした学習プログラム）を意味するのではなく，上のような説明に合致する数多くの心理教育プログラムの総称である。たとえで言うなら，風邪を引いたときに飲む薬は数多く販売されていて，それらを総称して「カゼ薬」と呼ぶのと同じである。

　アメリカでのSELの実践にもとづき，その必要性や導入・実践のポイントをまとめたイライアスらの『社会性と感情の教育——教育者のためのガイドライン39』（イライアス他，1999）によると，SELによって自己への気づきや衝動のコントロール，また協同での作業，そして自分自身や周囲の人々を思いやることができるようになるという。その結果，子どもは学習に積極的に取り組み，対人関係づくりが進み，日々の困難な状況でも問題を解決したり，成長や発達にともなって生じる複雑な欲求への対処もできるようになったりすると説明されている。

2 SELで目指す人間像

　SELが目指しているのは，一言で言うなら"良き市民"の育成である。それは，具体的には"知識と知性"，"思いやり"，"責任感"のある"健康"な市民である（Collaborative for Academic, Social, and Emotional Learning, 2003；イライアス他，1999）。

　経済社会状況や科学技術の変化の激しい時代にあって，子どもたちは"知識と知性（knowledge）"を身につけなければ新しい事態に対処できない。また，現代の日本は共生社会であると言われるが，実はどの時代にあっても，自己の関心だけでなく"思いやり（caring）"，すなわち他者への気づきと配慮がなければ心豊かな社会にはならない。そして，危機と好機を見分けられる力をもち，自己の責任において適切な行動選択と実行ができるように，"責任感（responsibility）"が必要である。さらにこれらの特徴とともに，人間の日々の生活の基本と言える"健康（health）"すなわち心身および社会的に安定している状態が維持・促進されることが，生産的で社会に貢献できる市民に要求される。

SEL はこれらの特徴をもつ市民の育成を目指しているのである。国や文化にかかわらず，民主主義社会においては共通に要求される特徴を，どの子どもも成長の過程で獲得できるようにすることが，学校における SEL の使命と言える。

3 SEL の学習内容

SEL は多数の心理教育プログラムの総称であり，その学習内容は初めから規定されているわけではない。アメリカなどの子どもの実態から，教育の必要性にもとづいて作成され，実践が進められている種々の学習プログラムについて，「全体を見回してみると，概略としてこういった学習内容になっている」といったまとめ方になる。別の言い方をすると，「学校での子どもの学習の中で，教科の勉強に関する学習プログラムなどと比較すると，こういった特徴をもった学習である」という説明になる。

先に紹介した『社会性と感情の教育——教育者のためのガイドライン39』では，SEL の学習内容は，大まかに次のような4つの学習領域に分類されている。

①ライフスキルと社会的能力

社会的スキル，セルフ・コントロール，ストレス・マネジメント，問題解決，適切な自己主張などの基礎的で一般的な能力が該当する。

②健康増進と問題防止のスキル

薬物乱用防止教育，性教育，非行防止教育などが該当する。

③人生移行，および危機のための対処スキルと社会的支援

中学校への進学，転居，死別，保護者の離婚等への対処に関する学習である。

④積極的・貢献的な奉仕活動

互いに支え合う活動やボランティア活動を意味する。

4 SEL の特徴

SEL には，少なくとも以下のような5つの特徴があると考えられる。

"自己"が関わっている

社会性というのは相手があっての話であり，対人関係とはその相手との相互作用にもとづいている。そして，そこには必ず"自己"が関わっている。どのように"自己"を見ているのかによって相互作用は変わってくる。「自分は，経済のことは全くわからない」と思う人は，あまり経済関係のことを話題には取り上げないだろう。逆に「鉄道のことについては自信がある」という人は，そのサークルに加わったり，同じ趣味の人と話に興じたりすることができる。

このように，自分についての認識は，周囲の人々との相互作用や日々の行動に大きく影響している。子どもの教育で自己概念や自尊感情が重視されているのも，こうした理由による。自己をどのように捉えるのかという点は，社会性の育成に必要不可欠なのである。

"スキル"概念にもとづいている

スキルとは技術や技能を意味しているが，ここではむしろコツと言った方がよいかもしれない。学校では学習のやり方に関する学習スキル，ビジネスの世界ではビジネススキルなどがある。人間関係についても人付き合いのコツがあり，これが社会的スキルと呼ばれるものである。

このスキルという概念で重要なのは，これがすべて生まれながらに定まっているものではなく，後天的に獲得可能であるという点である。経験や練習や学習によって習得やレベルアップが可能であるから，教育の場では非常に重要な概念と言える。もちろん，生得的なレベルや習得の速さに個人差があるのは事実であるが，一定段階までは学習によって高めることができる。そうなると，学習の機会と学習方法が重要になる。日常生活の自然な状況で身についていたものに対して，ここでは，学校教育の中で教育の一環として学習の場を提供しようとしているのである。

"態度"に関係している

ここで言う態度とは，何かに向かう姿勢あるいは構えを意味していて，さらには部分的に意欲なども含んでいる。何かができるという技術的なものが先に説明した"スキル"であれば，それを使用しようとするかどうかという姿勢が"態度"である。

私たちはスキルがあるからといって，必ずそれを使用したり実行したりするとは限らない。熱心に取り組むこともあれば，全く実行しようとしないときもある。「きちんと挨拶できるはずなのに，自分からは挨拶しようとしない」といった子どもがいる。このように，状況に合わせて自分がもつスキルを適切に活用したり実行したりしようとする姿勢や構えがないと，スキルは活かされない。

"価値観"が含まれている

価値観というのは，物事や行動を判断するときの基準である。ここでは社会に受け入れられるかどうか，あるいは社会的に好ましいかどうかという基準に注目している。

スキルがあり態度もよいのに，社会に受け入れられないときがある。わかりやすい例として，振り込め詐欺がある。犯人は実に言葉巧みに人を騙すし，複数の人間が手際よく役割分担をしている。彼らはコミュニケーション能力が高く，犯人グループ内での協力関係もよくできている。しかし，これは反社会的行動であり価値観について

は完全に間違っている。単にスキルが身につき態度がよいというだけでは，社会的な適応はできない。しっかりと正しい価値観を育てる必要がある。

スキルの学習方法としてロールプレイ（役割演技）があるが，そこで子どもに社会的に好ましくない役割を取らせないのは，この価値観の視点からである。例えば，煙草を吸うように誘われてそれを断る場面でのロールプレイでは，子どもに誘い役をさせてはいけない。誘い方のスキルや態度を身につけてしまう危険性があるからである。SELに限らないが，教育ではこの視点は非常に重要である。

一生涯続く

SELは学校だけでなく，学校の入学前に始まり，学校卒業後大人になっても継続されるものである。もちろん，学校のように授業での学習ではないが，経験によって行動や思考方法を変えていくことを学習と呼ぶなら，一生涯続くものである。

大人も日々の生活の中で，周囲の人々との相互作用を通して社会性を身につけている。わかりやすいのは，職場や立場が変わったときなどで，新しい人間関係や仕事の中で，言葉遣いやマナーを含めて人との付き合い方が変わっていく。個人的な生活の中でも，結婚して家庭をもつことで，パートナーとの関わり方を通して互いに新しい気づきがあるとともに，人間としての成長がある。また，熟年やさらに老年になる中で，そのライフ・ステージにふさわしい自己の捉え方や社会生活の中での言動を獲得していく。一生涯の歩みのそれぞれの段階で，その時期にふさわしいSELが適切になされないなら不適応に陥りやすいのである。義務教育段階の小中学校は，その基礎をつくっていく段階と言える。

2 SEL-8S学習プログラムとは

1 8つの社会的能力

総称としてのSELの中で，表2-1に示したような8つの社会的能力の育成を目指した特定の学習プログラムを，SEL-8S（Social and Emotional Learning of 8 Abilities at School）学習プログラムとする。日本語に訳すと，「学校における8つの社会的能力育成のための社会性と情動の学習」となる。表の中の基礎的社会的能力とは，対人関係において基礎となる社会的能力であり，汎用的で日常のさまざまな生活場面で必要な能力である。応用的社会的能力とは，5つの基礎的社会的能力をもとにしたもので，より複合的で応用的な3つの能力である。

表 2-1　SEL-8S 学習プログラムで育成を図る社会的能力

	能　力	説　明
基礎的社会的能力	自己への気づき	自分の感情に気づき，また自己の能力について現実的で根拠のある評価をする力
	他者への気づき	他者の感情を理解し，他者の立場に立つことができるとともに，多様な人がいることを認め，良好な関係をもつことができる力
	自己のコントロール	物事を適切に処理できるように情動をコントロールし，挫折や失敗を乗り越え，また妥協による一時的な満足にとどまることなく，目標を達成できるように一生懸命取り組む力
	対人関係	周囲の人との関係において情動を効果的に処理し，協力的で，必要ならば援助を得られるような健全で価値のある関係を築き，維持する力。ただし，悪い誘いは断り，意見が衝突しても解決策を探ることができるようにする力
	責任ある意思決定	関連するすべての要因と，いろいろな選択肢を選んだ場合に予想される結果を十分に考慮し，意思決定を行う。その際に，他者を尊重し，自己の決定については責任をもつ力
応用的社会的能力	生活上の問題防止のスキル	アルコール・タバコ・薬物乱用防止，病気とけがの予防，性教育の成果を含めた健全な家庭生活，身体活動プログラムを取り入れた運動の習慣化，暴力やケンカの回避，精神衛生の促進などに必要なスキル
	人生の重要事態に対処する能力	中学校・高校進学への対処，緊張緩和や葛藤解消の方法，支援の求め方（サポート源の知識，アクセス方法），家族内の大きな問題（例：両親の離婚や別居）や死別への対処などに関する能力
	積極的・貢献的な奉仕活動	ボランティア精神の保持と育成，ボランティア活動（学級内，異学年間，地域社会での活動）への意欲と実践力

基礎的社会的能力

　基礎的社会的能力の「自己への気づき」は，自分の感情や情動として，例えば怒りが爆発しそうだ，イライラしている，とても悲しいといった状態に気づき，自分ができることや達成可能な範囲などを一定の根拠にもとづいて現実的なレベルで自己評価できる能力を意味している。これには，感情や情動の適切な分類と名称化，そして外部の視点から自分を見つめるという自己の対象化が関連している。

　「他者への気づき」は，周囲の他者の感情や思いを理解し，それぞれの立場にわが身を置いて考えることができる力である。別の言葉で言えば，他者の視点に立てるかどうか（視点取得）ということである。そして，自分の感情や思いだけを絶対化せずに，多様な感じ方や思いがあることを認め，そうした人たちと良好な関係を築き維持することも含まれている。

　「自己のコントロール」は，行動の原動力となる情動を制御し，日常のさまざまな事態で適切に行動できる力である。例えばカッとなっても暴言を吐かない，すぐに暴力を振るわない，やるべきことがあるので誘惑に負けない，失敗してもすぐにくじけない，目標に向けて努力し続けるといった行動の原動力である。日常生活において束縛を受けたり困難にぶつかったりする体験が少なくなると，欲求不満への耐性が低下すると考えられる。そうした場合は，特にこの社会的能力の育成が重要な意味をもつ。

「対人関係」は日常生活の多くの場面で要求される力である。周囲の他者との双方向のやり取りの中で，あるときは情動を抑制してあるときは発揚して，良好で協力的な関係をつくり，それを維持・発展させる能力である。一般的な対人的コミュニケーション力の基礎をなす力と考えられる。なお，犯罪や反社会的行動への適用（例：言葉巧みな勧誘や詐欺行為）は厳に慎むように，正しい価値づけを忘れてはならない。

「責任ある意思決定」は，大きな出来事に限らず日常のさまざまな場面で要求される能力である。例えばテレビゲームをしたいが，宿題や入浴や家事の手伝いがあるし，でも全部をすると睡眠不足で部活に差し支えるといった状況で，何を選択するかといった場面である。また，友だちからの誘いを受けるのか断るのかといった事態もある。いずれも，強制ではなく，また他者への影響も考慮し，結果を予想して自分で決定する力が必要である。特に情報機器が発達した近年においては，さまざまな情報が保護者や教師の知らないところで子どもたちに届いている。そうした情報に惑わされることなく，しっかりと判断し意思決定できる能力は子どもにとって必須の社会的能力として重要になっている。

なお，SEL-8S 学習プログラムの5つの基礎的社会的能力は，SEL についての他の説明書（Collaborative for Academic, Social, and Emotional Learning, 2003）にある分類である。

応用的社会的能力

次に，応用的社会的能力の「生活上の問題防止のスキル」に関係する学習は，わが国では非行防止や保健体育の学習などですでに学校の教育課程に組み込まれているものが多い。ただし，それらを単独の学習として取り上げるのではなく，基礎的社会的能力との関連をよく考慮して指導することが重要である。すなわち，問題行動の原因となる自己の感情への気づき（自己への気づき），他者の心情を害することへの配慮（他者への気づき），さまざまな誘惑に対する自己コントロール（自己のコントロール），仲間からの圧力への断り方や対処スキル（対人関係），自律的な行動への自己決定（責任ある意思決定）などと関連づけた学習でなければ，十分な学習効果は期待できない。

「人生の重要事態に対処する能力」は，進学や就職などのように環境が大きく変わる事態（環境移行事態）や，両親の離婚や別居あるいは家族成員の死別などのように家族が直面する危機的事態にどう対処するかに関する能力である。これらの内で，学校に関わるものはキャリア教育に含まれる部分があるが，それらを含めてさらに具体的にストレスへの対処やサポートの求め方などの心理・社会的能力に注目している。学校では扱いにくかったりあるいは計画的な指導が困難な事態も含まれているが，しかし人生の節目等で出合う重要な局面での対処能力として，ぜひとも身につけておくべきものであろう。学校ではこうした事態が発生したときに折に触れて指導がなされ

るが，重要な社会的能力として意識し，特に5つの基礎的社会的能力と関連づけておくこと（例：「自己への気づき」としての自分のストレス状態の認知，「対人関係」としての適切なサポートの求め方など）が大切である。

　最後に「積極的・貢献的な奉仕活動」とはボランティア活動，すなわち自発的で代価を求めず利他性に基づく行動であるが，ボランティア団体などが行う組織的・計画的活動だけを意味するのではなく，身近な人たちのための自発的なちょっとした手伝いや配慮を重視している。実は，この能力が最終的に人々の日々の生活を豊かにし，また問題状況にあってもそれを克服していく原動力になると考えられる。これを実施するためにも，5つの基礎的社会的能力をフルに活用する必要がある。例えば，「他者への気づき」の能力がなければボランティア活動は開始されないか，あるいは逆に迷惑なお節介に終わってしまう。また「責任ある意思決定」能力が不足していると，自分の不都合や不利益が蓄積されて他者への援助が後悔のもとになり自己嫌悪に陥るだろう。ここでも，基礎的社会的能力との関連づけを十分意識する必要がある。

「社会的能力」と「学習領域」との対応関係

　なお，SEL-8S学習プログラムの8つの社会的能力は，SELの4つの学習領域（本章「1　社会性と情動の学習とは」 3 ）と一定の対応関係がある。SEL-8S学習プログラムの5つの基礎的社会的能力は，SELの①「ライフスキルと社会的能力」に該当する。そして，SEL-8S学習プログラムの3つの応用的社会的能力は，SELの②「健康増進と問題防止のスキル」，③「人生移行，および危機のための対処スキルと社会的支援」，そして④「積極的・貢献的な奉仕活動」に対応している。

　以上の説明をまとめると，SEL-8S学習プログラムで育成を図る社会的能力は，多くのSELを概観したときに見られる学習内容をもとにするとともに，基礎的社会的能力については①「ライフスキルと社会的能力」をさらに細分化し，最終的に8つの能力にまとめたものであるということである（小泉，2005）。これらの社会的能力を育てるために，特に学校教育の場面での学習を念頭に開発されたものがSEL-8S学習プログラムである。

2　小学校でのSEL-8S学習プログラムの学習領域

　小学校でSEL-8S学習プログラムの8つの社会的能力を育てるために，表2-2のような学習領域を構成した。その構成は，次のような手順で行った。

　①小学生の生活に即した領域として，(A)基本的生活習慣，(B)自己・他者への気づき，聞く，(C)伝える，(D)関係づくり，(E)ストレスマネジメント，(F)問題防止，(G)環境変化

への対応，(H)ボランティアの8つを設定した。各領域が単独の社会的能力に対応するのではなく，1つの領域が複数の社会的能力の育成に関わっている。

②1単位時間（45分）の学習を単位とし，これをユニットと呼ぶ。

③発達段階に即した学習内容とするために，低学年（1・2年），中学年（3・4年），高学年（5・6年）に区分して，それぞれの学年区分に領域ごとに適宜ユニットを配置する（表2-3）。

④ユニットごとに，達成目標となる気づき，スキル，態度等を明らかにしておく（表2-4～表2-11）。

領域構成表をもとに作成した各ユニットの授業案は，第2巻『社会性と情動の学習（SEL-8S）の進め方　小学校編』にまとめてある。指導のための要点とともに，準備すべき教材プリントや資料もできるだけ添付してあるので，ぜひ実践に役立てていただきたい。なお，これらのユニットは，表2-1の8つの社会的能力を育成するために，今後さらに付加修正する必要がある。

3　中学校でのSEL-8S学習プログラムの学習領域

中学校についても，小学校と同様の方針（①～④）にもとづいて，表2-12のような領域構成を行った。

①中学生の生活に即した領域として，(A)基本的生活習慣，(B)自己・他者への気づき，聞く，(C)伝える，(D)関係づくり，(E)ストレスマネジメント，(F)問題防止，(G)進路，(H)ボランティアの8つを設定した。基本的な構成は小学校と同じであるが，義務教育段階の最後にあたるため，(G)進路を設定した。

②ユニットの概念も同じであるが，1単位時間は50分とした。

③発達段階へ対応については，中学1・2・3年という学年区分とした（表2-13）。

④ユニットごとの達成目標となる気づき，スキル，態度等の考え方は小学校と同じである（表2-14～表2-21）。

領域構成表をもとに作成した各ユニットの授業案は，第3巻『社会性と情動の学習（SEL-8S）の進め方　中学校編』にまとめてある。小学校編と同じように指導のための要点や，準備すべき教材プリントや資料もできるだけ添付してあるので，ぜひ実践に利用していただきたい。なお，中学校に関しても小学校と同様に，ユニットの付加修正が必要である。

2　SEL-8S学習プログラムとは

表2-2　8つの学習領域で育成を図る社会的能力（小学校）

	学習領域	A 基本的生活習慣	B 自己・他者への気づき、聞く	C 伝える	D 関係づくり	E ストレスマネジメント	F 問題防止	G 環境変化への対処	H ボランティア
基礎的	自己への気づき		○			○		○	
	他者への気づき		○						○
	自己のコントロール	○		○		○	○		
	対人関係	○		○	○		○		
	責任ある意思決定			○	○		○		
応用的	生活上の問題防止のスキル						○		
	人生の重要事態に対処する能力							○	
	積極的・貢献的な奉仕活動								○
	各学習領域の主テーマ	・あいさつ ・生活リズム ・整理整頓 ・食生活 ・金銭管理	・自己の感情理解 ・他者の感情理解 ・感情理解 ・他者理解	・感情伝達 ・意思伝達	・関係開始 ・協力関係 ・自己制御 ・問題解決	・ストレス認知 ・ストレス対処	・誘拐防止 ・交通安全 ・健康管理 ・安全教育 ・万引き防止 ・喫煙防止 ・薬物乱用防止 ・携帯電話 ・性教育	・家族のサポート ・進級 ・転校 ・卒業・進学	・学校でのボランティア ・家庭でのボランティア ・身の回りや地域でのボランティア
	ユニット数　低学年（合計18）	4	2	2	2	1	3	2	2
	中学年（合計18）	3	2	3	2	2	2	2	2
	高学年（合計18）	2	2	1	2	2	5	2	2

（注）○は各学習領域において育成を図る主要な社会的能力を表す。

第2章　社会性と情動の学習（SEL）の概要

表2-3　学習領域ごとのユニット構成（小学校）

	A 基本的生活習慣	B 自己・他者の気づき、聞く	C 伝える	D 関係づくり	E ストレスマネジメント	F 問題防止	G 環境変化への対処	H ボランティア
低学年 社会性の基礎形成期	(A1) あいさつ「おはようございます」 (A2) 生活リズム「チャイムの合図」 (A3) 整理整頓「自分のもちもの」 (A4) 食生活「何でも食べよう」	(B1) 自己の感情理解「おこっているわたし」 (B2) 感情理解「いろんな気もち」	(C1) 感情伝達「とてもうれしい！」 (C2) 意思伝達「"はい"と"いいえ"」	(D1) 関係開始「入れて！」 (D2) 協力関係「手つだってあげよう」	(E1) ストレス認知「うれしいこと、しんぱいなこと」	(F1) 誘拐防止「ぜったいについていかない！」 (F2) 交通安全「交通ルールをまもろう」 (F3) 健康管理「びょうきにならないために」	(G1) 家族のサポート「学校のことをお話ししよう」 (G2) 進級「もうすぐ（3）年生」	(H1) 学校でのボランティア「かかりのしごと」 (H2) 家庭でのボランティア「わたしにできること」
中学年 対人関係の拡大期	(A5) あいさつ「おはよう、こんにちは、さようなら」 (A6) 生活リズム「早寝早起き朝ご飯」 (A7) 整理整頓「忘れ物」	(B3) 自己の感情理解「自分はどんな気持ち？」 (B4) 他者理解「しっかり聞こう」	(C3) 感情伝達「じょうずにね」 (C4) 意思伝達「手伝ってほしい」 (C5) 意思伝達「断る方法いろいろ」	(D3) 自己制御「こころの信号機」 (D4) 協力関係「みんなで力を合わせて」	(E2) ストレス認知「イライラよ、さようなら」 (E3) ストレス対処「こんなときはこんな方法があるよ」	(F4) 安全教育「危険な場所」 (F5) 誘拐防止「こんなときは注意！」	(G3) 転校「ようこそ転校生！」 (G4) 進級「もうすぐ（5）年生」	(H3) 学校でのボランティア「持ってあげようか」 (H4) 家庭でのボランティア「わたしの役割」
高学年 社会性の充実期	(A8) あいさつ「こんにちは」 (A9) 金銭管理「おこづかい」	(B5) 他者理解「じょうずにたずねよう」 (B6) 他者の感情理解「相手はどんな気持ち？」	(C6) 意思伝達「わたしはしない」	(D5) 問題解決「トラブルの解決」 (D6) 自己制御「ちょっと落ち着いて」	(E4) ストレス対処「リラックスして」 (E5) ストレス対処「わたしの対処法」	(F6) 万引き防止「それはしないよ！」 (F7) 喫煙防止「わたしはイヤ！」 (F8) 薬物乱用防止「ぜったいダメ！」 (F9) 携帯電話「マナーを守ろう」 (F10) 性教育「男の子女の子」	(G5) 進級「最高学年になって」 (G6) 卒業・進学「いよいよ中学生」	(H5) 学校でのボランティア「下級生のお世話」 (H6) 身の回りや地域でのボランティア「いろいろあるよ」

2 SEL-8S 学習プログラムとは

表2-4 各ユニットの学習内容［A 基本的生活習慣］（小学校）

	A 基本的生活習慣	内容	重要な気づきやスキル
低学年 社会性の 基礎形成期	(A1) あいさつ 「おはようございます」	学校では、朝や帰りに教師やクラスの友だちにあいさつすることの大切さを知り、「あいさつのポイント」（姿勢、視線、声の大きさ、言葉の明瞭さ）を学ぶ。	・友だちや先生へのあいさつの大切さを知る。 ・「あいさつのポイント」（姿勢、視線、声の大きさ、言葉の明瞭さ）を知る。 ・「あいさつのポイント」を押さえたあいさつができる。
	(A2) 生活リズム 「チャイムの合図」	学校では、チャイムに従って学習やいろいろな活動が進められていることを知る。チャイムの合図に従うことの大切さを学び、動機づけを高める（注：チャイムの有無など、学校の実態に合わせた学習内容とする）。	・学校生活でのチャイムの意味に気づく。 ・チャイムに従って行動することの大切さを知る。 ・チャイムに従って行動できる。
	(A3) 整理整頓 「自分のもちもの」	自分の持ち物を無くしたりしないように記名することと、必要なときにすぐに取り出せるように整理整頓することの大切さを学び、上手な整理整頓の方法を身につける。	・持ち物に記名することと、整理整頓の大切さを知る。 ・自分の持ち物に記名する習慣を身につける。 ・上手な整理整頓の方法を知り、実行できる。
	(A4) 食生活 「何でも食べよう」	健やかな成長と健康な生活を送るために、偏食しないで何でも食べることの大切さを学び、自分が嫌いなものを少しでも減らそうと努力する態度を身につける。	・自分の好きな食べ物と嫌いな食べ物を説明できる。 ・偏食しないで何でも食べることの大切さを知る。 ・嫌いな食べ物を減らす目標を立て、努力を始める。
中学年 対人関係の 拡大期	(A5) あいさつ 「おはよう、こんにちは、さようなら」	家庭や地域社会でもしっかりとあいさつの大切さを知り、「あいさつのポイント」（姿勢、視線、声の大きさ、言葉の明瞭さ）に従って実行できるようにする。	・家庭や地域社会でも、あいさつが大切であることを知る。 ・「あいさつのポイント」（姿勢、視線、声の大きさ、言葉の明瞭さ）を押さえたあいさつへの意欲が高まる。
	(A6) 生活リズム 「早寝早起き朝ご飯」	生活のリズムを整えることの大切さを知り、そのために早寝早起きや、朝ご飯をちゃんと食べる習慣を身につけようと努力する態度を身につける。	・生活のリズムが不規則な場合の問題点（発育の問題、活動の低さなど）を知る。 ・自分の就寝・起床時刻、朝食についての問題点の有無とその内容に気づく。 ・生活のリズムを整えるための目標を立て、努力を始める。
	(A7) 整理整頓 「忘れ物」	忘れ物をすることの問題点（学習に不都合である、他の人に迷惑をかけるなど）を確認し、忘れ物をしない方法を考え、それを実行できるようにする。	・忘れ物をすることの問題点（学習に不都合である、他の人に迷惑をかけるなど）を確認する。 ・自分の忘れ物の実情に注目し、改善策をまとめる。 ・忘れ物をしないための改善策を実行できる。
高学年 社会性の 充実期	(A8) あいさつ 「こんにちは」	学校行事や学習活動で出会う人にも、元気にあいさつすることの大切さを知り、「あいさつのポイント」（姿勢、視線、声の大きさ、言葉の明瞭さ）を適用したあいさつが実行できるようにする。	・学校行事や学習活動で出会う人に対する自分のあいさつの仕方を振り返り、改めるべき点に気づく。 ・あいさつの改善点を実行に移そうとする努力を始める。
	(A9) 金銭管理 「おこづかい」	おこづかいなどを例にして、自分の金銭の使い方を振り返り、計画性をもった金銭管理と使用方法（目標、商品の選び方、予算、購入場所の決定、購入後の評価）を適用した金銭管理と使用方法を身につける。	・おこづかいなど自分の金銭の使い方を振り返る。 ・計画的な金銭管理と使用方法（目標、商品の選び方、予算、購入場所の決定、購入後の評価）を知る。 ・適切な金銭管理と使用方法の実行意欲が高まる。

第 2 章 社会性と情動の学習（SEL）の概要

表 2-5 各ユニットの学習内容［B 自己・他者への気づき、聞く］（小学校）

		内容	重要な気づきやスキル
	B 自己・他者への気づき、聞く		
低学年 社会性の 基礎形成期	(B1) 自己の感情理解 「おこっているわたし」	自分が怒っているときの体や表情や言葉づかいの特徴に注目するとともに、それらによって自分の怒りの程度を知ることができるようにする。また、自分の怒りの表出方法について、より適切な方法が何なのかを考える。	・自分が怒っているときの体や表情や言葉づかいの特徴を知る。 ・自分の怒りのレベルに気づく方法を知る。 ・適切な怒りの表出方法（適切な言語表現）があることを知る。
	(B2) 感情理解 「いろんな気もち」	感情には、怒り、恐れ、悲しみ、喜び、恥などがあり、それぞれを表現する言葉（腹が立つ、恐ろしい、悲しい、うれしい、恥ずかしいなど）があることを知る。また、それぞれの感情の生起場面と、そのときの体の様子や表情を考える。	・感情語を5つ以上あげることができる。 ・感情語に該当する日常生活の場面を説明できる。 ・感情の違いによって、体の様子や表情が異なることを知る。
中学年 対人関係の 拡大期	(B3) 自己の感情理解 「自分はどんな気持ち？」	毎日の生活のいろいろな場面で、どんなときにどんな感情を抱くのかに注目し、それらを言語化して表現できるようにする。また、不適切な表現方法があれば、適切な方法を選択できるようにする。	・感情に該当する自分の日常生活場面を説明できる。 ・自分の感情表現の中で不適切なものの有無がわかる。 ・適切な感情表現方法（言語化、話し方の工夫など）を選択できる。
	(B4) 他者理解 「しっかり聞こう」	友だちや周囲の人（家族、教師、地域の人）が、自分や他の人に伝えようとしていることを正確に聞くことの大切さを知り、そのための具体的なスキルを学ぶ。	・相手の話の内容を理解するための正しい聞き方（姿勢、視線、態度）を知る。 ・正しい聞き方を身につける。
高学年 社会性の 充実期	(B5) 他者理解 「じょうずにたずねよう」	友だちや周囲の人（家族、教師、地域の人）が、自分や他の人に伝えようとしていることについて、不明な点を質問する方法を身につける。	・不明点について質問することの重要性に気づく。 ・「質問のポイント」（疑問点の明確化、許可、感謝の言葉）を知る。 ・不明な点があるときは「質問のポイント」を踏まえて質問できる。
	(B6) 他者の感情理解 「相手はどんな気持ち？」	友だちや周囲の人（家族、教師、地域の人）が、どんな気持ちなのかを理解することの重要性に気づき、その気持ちを表情、話し方、行動などを見て、その気持ちを理解できるようにする。	・相手の感情を理解することの重要性に気づく。 ・「相手の気持ちを知るヒント」（しぐさ、表情、声の大きさ、周りの様子）を知る。 ・適切に感情を理解することができる。

2 SEL-8S 学習プログラムとは

表 2-6 各ユニットの学習内容 [C 伝える] (小学校)

	C 伝える	内 容	重要な気づきやスキル
低学年 社会性の 基礎形成期	(C1) 感情伝達 「とてもうれしい!」	自分の気持ちを相手に伝えることの大切さに気づき、その伝え方のポイント (ぼく・わたし+感情語) を学んで、適切な伝達ができるようにする。	・自分の気持ちを相手に伝えることの大切さを知る。 ・気持ちの伝え方のポイント (ぼく・わたし+感情語) を使って、感情伝達ができるようになる。
	(C2) 意思伝達 「"はい"と"いいえ"」	自分の意思を表す基本形は「はい」と「いいえ」であり、これに「わからない」を含めた3つの言い方があることを学び、適切な方法 (声の大きさ、視線、態度など) で自分の意思を明確に伝えることができるようにする。	・自分の意思を表すために、「はい」「いいえ」「わからない」の3つの言い方があることに気づく。 ・これらの言葉を使うための適切な方法 (声の大きさ、視線、態度など) があることを知る。 ・適切な方法で自分の意思を明確に伝えようとする意欲が高まる。
	(C3) 感情伝達 「じょうずだね」	相手を賞賛したり認めたりすることの大切さに気づき、その伝え方のポイント (あなた+形容語) を学んで、適切な伝達ができるようにする。	・相手を賞賛したり認めたりすることの大切さを知る。 ・ほめ方のポイント (あなた+形容語) を知る。 ・相手を賞賛したり認めたりできるようになろうとする意欲が高まる。
中学年 対人関係の 拡大期	(C4) 意思伝達 「手伝ってほしい」	家族や友だちなど周囲の人に何かを依頼する場面での「頼み方のポイント」(内容の明確化、理由、感謝の言葉) を学び、適切に依頼できるようにする。	・周囲の人に何かを依頼する場面での自分の行動を振り返り、改善点の有無に気づく。 ・頼み方のポイント (内容の明確化、理由、感謝の言葉) を知る。 ・適切な依頼を実行しようとする意欲を高める。
	(C5) 意思伝達 「断る方法いろいろ」	友だちからの誘いや依頼に対して、承諾や断りの言葉を明確に伝えることの大切さを知り、具体的な断りの意思表明方法 (「断り方のポイント」) を学ぶ。	・誘いや依頼に対して、承諾や断りを明確に伝えることの重要性に気づく。 ・攻撃的、非主張的、主張的の3通りの断り方を知る。 ・断り方のポイント (明確な断り、理由、代案提示) を身につける。
高学年 社会性の 充実期	(C6) 意思伝達 「わたしはしない」	友だちからの悪い誘いや、身の安全が脅かされそうな場面では、明確に断る必要があることを学び、そのための具体的な意思伝達方法を身につける。	・反社会的行動への誘いや身の安全が脅かされる場面で、明確に断ることの重要性を知る。 ・不当な要求への明確な断り方の言語・非言語的スキル (明確に断る、目を見る) を身につける。

(注) 1:B1、B2との関連づけを図る。

27

第2章 社会性と情動の学習（SEL）の概要

表2-7 各ユニットの学習内容［D 関係づくり］（小学校）

	D 関係づくり	内容	重要な気づきやスキル
低学年 社会性の基礎形成期	(D1) 関係開始 「入れて！」	遊びのグループに加わりたいときの声のかけ方を例にして、自分から対人関係を開始するときの方法に注目し、そのスキル（距離、視線、話し方）を身につける。	・自分から対人関係を開始することの大切さに気づく。 ・（仲間に声をかけるときのポイント（近づく、相手を見る、はっきり言う、相手の気持ちにあわせる）を知る。 ・（仲間に声をかけるときのポイント）を身につける。
	(D2) 協力関係 「手つだってあげよう」	友だちを手伝うために声をかけることを例にして、相手のために対人関係を開始する方法に注目し、そのときの留意点を踏まえて積極的な対人関係を築いていくことができるようにする。	・相手のために自分から対人関係を開始することの意義に気づく。 ・積極的な対人関係を築くことへの意欲を高める。 ・（仲間に声をかけるときのポイント）に加えて、相手には受け入れの決定権があり、自分の申し出が断られることもあることを知る。
中学年 対人関係の拡大期	(D3) 自己制御 「こころの信号機」	怒りや強い衝動を感じたときに、すぐに行動してしまうことの危険性に気づき、3ステップの対応方法（止まる、考える、実行する）があることを知って、それを実行できるようにする。	・怒りや強い衝動を感じたときに、すぐに手や足を出すことの危険性に気づく。 ・「こころの信号機」モデル（赤：立ち止まる、黄：よく考える、青：最適の選択肢を実行する）を知る。 ・「こころの信号機」モデル実行への意欲を高める。
	(D4) 協力関係 「みんなで力を合わせて」	学習や遊びなど学校生活の多くの場面で、互いに協力することの大切さを知るとともに、自分とは異なる考え方ややり方があることに気づき、それらに柔軟に対応していけるようにする。	・学校生活では、多くの場面で互いに協力していくことが大切なことを知る。 ・物事にはさまざまな意見ややり方があることに気づく。 ・意見が違っても怒ったり途中で投げ出したりしないで、互いに協力していこうとする意欲を高める。
高学年 社会性の充実期	(D5) 問題解決 「トラブルの解決」	人間関係のトラブルは無理に避けるのではなく、その解決が重要であることに気づくとともに、具体的なトラブル解決のスキル（目標、方法案出、予想、選択と実行）を身につける。	・トラブルは無理に回避するのではなく、解決が重要であることに気づく。 ・「トラブル解決のポイント」（目標設定、多様な解決案の案出、結果の予想、最善策の選択と実行）を知る。 ・「トラブル解決のポイント」を使って対処しようとする意欲を高める。
	(D6) 自己制御 「ちょっと落ち着いて」	さまざまな問題状況に出会ったときに、まず落ち着くことの大切さを知り、そのためのスキルを学んで、日常場面で実践できるようにする。	・予期せぬ事態やさまざまな問題状況では、まず落ち着くことが大切であることに気づく。 ・気を落ち着かせるスキル（深呼吸、数える）を知る。 ・自分に合った気を落ち着かせるスキルを身につける。

2 SEL-8S学習プログラムとは

表 2-8　各ユニットの学習内容 [E ストレスマネジメント] (小学校)

	E ストレスマネジメント	内　容	重要な気づきやスキル
低学年 社会性の 基礎形成期	(E1) ストレス認知 「うれしいこと、しんぱいなこと」	どういったときにうれしさや楽しさを感じ、また心配したりイライラしたりするのかを話し合い、そうした気持ちを周囲の人に言葉で適切に表現する方法を身につける。	・誰にでも、うれしさ、楽しさ、心配、イライラの感情があることに気づく。 ・これらの感情が生起する場面を説明できる。 ・周囲の人（親、教師、友だち）に、これらの感情を言葉で伝えることができる。
中学年 対人関係の 拡大期	(E2) ストレス認知 「イライラよ、さようなら」	どんな場面でイライラを感じるのか、また自分がイライラしていることがどうしてわかるのかを話し合う。そして、そうしたイライラをなくす方法を知る。	・イライラが生起する場面での、自分の言動の特徴（怒りやすくなる、話さなくなる、整理整頓ができなくなるなど）に気づく。 ・イライラを解消する方法（遊ぶ、誰かに話すなど）があることを知り、自分で試してみる。
	(E3) ストレス対処 「こんな方法があるよ」	ストレスへの対処にはさまざまな方法があるが、社会的に受け入れられるものと受け入れられないものがあり、社会的に受け入れられるものの中から自分に合った方法を選択できるようにする。	・ストレス対処法には、多くの種類があることに気づく。 ・ストレス対処法は、社会的に受容されるものと受容されないものに分類できることを知る。 ・自分に合ったストレス対処法を見つけることができる。
高学年 社会性の 充実期	(E4) ストレス対処 「リラックスして」	ストレス対処法の1つとして、身体をリラックスさせるリラクセーション法を体験し、そのやり方を身につける。	・ストレス対処法の1つとして、リラクセーション法があることを知る。 ・リラクセーション法を学び、体験する。 ・リラクセーション法のやり方を身につける。
	(E5) ストレス対処 「わたしの対処法」	友だちのストレス対処法を聞き、複数の方法がある中で、それらの中から社会的に好ましいものでかつ自分に適したものを選択して実行できるようにする。	・友だちが使っているストレス対処法には多くの種類があることを知る。 ・各ストレス対処法の特徴を説明できる。 ・自分に適したストレス対処法を選択して実行への動機づけを高める。

(注)　1：B1, B2との関連づけを図る。
　　　2：E2との関連づけを図る。

第 2 章　社会性と情動の学習（SEL）の概要

表 2-9　各ユニットの学習内容 [F　問題防止]（小学校）

	F　問題防止	内容	重要な気づきやスキル
低学年 社会性の 基礎形成期	(F1) 誘拐防止 [ぜったいについて いかない!]	通学時に誘拐事件に巻き込まれないように、どういった状況や場面が危ないのかを知り、危険な状況で自分の身を守るスキルを身につける。	・通学時の誘拐事件の被害者になることの危険性を知る。 ・どんな状況や場面が危険なのかを知る。 ・自分の身を守るポイント（大きな声で助けを呼ぶ、ついて行かない、逃げる、家に帰って伝える）を身につける。
	(F2) 交通安全 [交通ルールをまも ろう]	交通事故の危険性を知り、交通事故に遭わないために気をつけるべき点として、交通ルールを守ることの大切さを学ぶ。	・交通事故の危険性を知る。 ・交通ルール（道の歩き方、道路の横断方法）を守ることの大切さを知る。 ・交通事故に遭わないように注意する意欲を高める。
	(F3) 健康管理 [びょうきにならな いために]	病気にならないように、生活のリズムを整える。偏食をしないで何でも食べる。食事やおやつの前には手を洗う、清潔な衣類を着るといった習慣を身につけられるようにする。	・生活のリズムを整える。偏食しない。食事やおやつの前には手を洗う、清潔な衣類を着る習慣が大切であることを知る。 ・健康を管理して病気を予防することが重要であることを知る。 ・自分の健康管理のための目標を立て、実行への意欲を高める。
中学年 対人関係の 拡大期	(F4) 安全教育 [危険な場所]	自宅の近所や校区の中で、交通事故や犯罪に遭いやすい危険な場所がどこであるのかを知り、犯罪に巻き込まれやすい場所には近づかないことの大切さを学ぶ。	・自宅の近所や校区の中で、交通事故に遭いやすい危険な場所を確認する。 ・犯罪に巻き込まれやすい場所（繁華街、人気のない空き地、公園の樹木の陰など）がどこなのかを知る。 ・危険な場所には子どもだけで近寄らないという決意をする。
	(F5) 誘拐防止 [こんなときは注 意!]	帰宅後や休みの日に、自宅や友だちの家の近所、習い事の行き帰りの経路などで、誘拐事件等に巻き込まれないようにするため、どんな点に気をつけたらよいのかを学ぶ。	・通学以外にも誘拐事件の被害者になることの危険性を知る。 ・どんな場所や状況が危険なのかを知る。 ・自分の身を守るポイント（大きな声で助けを呼ぶ、ついて行かない、逃げる、家に帰って伝える）を復習する。
	(F6) 万引き防止 [それはしない!]	万引きは犯罪であり、遊び心やゲーム感覚で店の商品を盗んではいけないことを知る。また、万引きに誘われても絶対にしないという決意をし、さらに万引きを止めさせる努力への意欲を高める。	・万引きの実態を知り被害の大きさを知る。 ・万引きに誘われても絶対にしないと断るスキルを身につける。 ・万引きを止めさせる努力への意欲を高める。

2 SEL-8S学習プログラムとは

高学年 社会性の充実期	(F7) 喫煙防止「わたしはイヤ！」	未成年者が喫煙することによる心身への悪い影響を学び、興味本位で喫煙しないようにすることと、上級生や大人から誘われてもはっきりと断ることができるようにする。	・未成年者が喫煙した場合の心身への悪い影響を知る。 ・自分から興味本位で喫煙しないという決意をする。 ・他の人などから誘われたとき、「危険な状況での断り方のポイント」を押さえて断ることができる。
	(F8) 薬物乱用防止「ぜったいダメ！」	シンナーや違法薬物の種類およびその害について科学的な根拠をもとに学び、絶対にシンナーや薬物を試したりしないという決意をするとともに、誘いがあっても断固拒否することができるようにする。	・シンナーや違法薬物の種類や、心身への害を知る。 ・自分からシンナーや違法薬物を試したりしないという決意をする。 ・他の人などから誘われたとき、「危険な状況での断り方のポイント」を押さえて断ることができる。
	(F9) 携帯電話「マナーを守ろう」	携帯電話は便利な通信機器だが、使い方を間違えると、高額の料金になったり、犯罪に巻き込まれたりする危険があることを学ぶ。そして、保護者と相談してルールを決め、マナーを守って使うようにする。	・携帯電話の特徴と危険性（高額請求、アダルトサイト、犯罪につながるなど）を知る。 ・マナー（チェーンメール転送、迷惑メール返信、デジタル万引きをしない）をきちんと守って使うことへの意欲を高める。 ・保護者と相談してルールを決め、使うようにする。
	(F10) 性教育「男の子と女の子」	身の回りには性に関する情報が氾濫しているが、重要なのは自分も相手も大切にすることであり、そのために異性を理解しようとする姿勢が大切なことを学ぶ。また、性被害に遭わないための留意点を知る。	・異性との相違点を整理し、さらに互いに理解を深める大切さに気づく。 ・自分も相手も大切にしようとする態度をもつ。 ・性被害防止のために、外出時の時間帯や服装、危険な場所、携帯電話の使用方法などに気をつけなければならないことを知る。

（注）1：A4との関連づけを図る。
　　　2：C5との関連づけを図る。
　　　3：B6との関連づけを図る。

第2章 社会性と情動の学習（SEL）の概要

表2-10 各ユニットの学習内容［G 環境変化への対処］（小学校）

	G 環境変化への対処	内容	重要な気づきやスキル
低学年 社会性の基礎形成期	(G1) 家族のサポート 「学校のことをお話ししよう」	学校で見たこと、聞いたこと、学習したこと、体験したことを毎日家族に話したり、保護者への連絡プリントをきちんと渡したりすることによって、保護者から物心両面でのサポートを得やすくなるようにする。	・保護者に話していることの頻度や内容を思い起こす。 ・学校生活の様子を話したり、連絡プリントを渡さずに渡したりすることの大切さを理解する。 ・学校での体験を保護者に積極的に話したり、連絡プリントを忘れずに渡したりしようとする意欲を高める。
低学年 社会性の基礎形成期	(G2) 進級 「もうすぐ2（3）年生」	学年の進級にあたって、この1年間の学校生活を振り返り、心身の成長を実感するとともに、自分の目標を立て、新しい体験を期待しつつ次の学年を迎えることができるようにする。	・この1年間の学校生活を振り返り、心身の成長（身体、基本的生活習慣、友人関係、学習内容）を実感する。 ・新しい学年での生活の様子を想像し期待する。 ・新学年での自分の目標を立て、できるだけ具体的な方法を自己決定する。
中学年 対人関係の拡大期	(G3) 転校 「ようこそ転校生！」	転校経験のある児童がいればその話を聞き、またいない場合には資料をもとに、転校生が困ったことや助かったことを知る。それを踏まえて、転校生の迎え方を考え、具体的な援助ができるようにする。	・転校生の立場に立って、新しい学校で感じる不安や問題点、また助けとなる点を知る。 ・［仲間に声をかけるときのポイント］を使って、転校生を具体的に援助する方法を考える。 ・転校生が来たら、援助しようとする意欲を高める。
中学年 対人関係の拡大期	(G4) 進級 「もうすぐ4（5）年生」	学年の進級にあたって、この1年間の学校・家庭・地域社会での生活を振り返り、心身の成長を実感するとともに、自分の目標を立て、新しい体験を期待しつつ次の学年を迎えることができるようにする。	・この1年間の学校・家庭・地域社会での生活を振り返り、心身の成長（身体、基本的生活習慣、友人関係、学習内容）を実感する。 ・新しい学年での生活の目標を想像し期待する。 ・新学年での自分の目標を立て、具体的な方法を自己決定する。
高学年 社会性の充実期	(G5) 進級 「最高学年になって」	（最）上級生は、学校行事や日々の学校生活で中心となって活動することが求められる。そのために、相手の立場に立ちまた適切に自己をコントロールして、そうした役割を果たせるように、自己の目標を定めて取り組めるようにする。	・（最）上級生としての学校内での役割を確認する。 ・役割を果たすために必要なスキルや能力を説明できる。 ・自分の目標を定めた上で、自分の役割を果たそうとする意欲を高める。
高学年 社会性の充実期	(G6) 卒業・進学 「いよいよ中学生」	小学校生活を振り返って、自分が立てた目標の達成状況を確認する。それを踏まえて、新しい中学校生活の様子を予想して、目標を立てる。	・自分の目標の達成状況を確認し、その原因を説明する。 ・中学校生活と小学校生活の違いを知る。 ・中学校生活での自分の目標を立てる。

（注） 1：D1との関連づけを図る。

2 SEL-8S 学習プログラムとは

表2-11 各ユニットの学習内容［H ボランティア］（小学校）

	H ボランティア	内容	重要な気づきやスキル
低学年 社会性の 基礎形成期	(H1) 学校でのボランティア「かかりのしごと」	学級の中にはいろいろな当番や係があり、それぞれが大切な働きであることに気づく。そして、自分の当番や係の責任を果たすための大切さを知り、しっかりと実施しようとする意欲を果たす。	・学級のさまざまな当番や係の仕事の意味を確認する。 ・当番や係の仕事の責任を果たすことの大切さを知る。 ・当番や係の仕事の責任を果たそうとする意欲を高める。
	(H2) 家庭でのボランティア「わたしにできること」	家庭が毎日の生活を送るために、家の中にはどのような仕事があるのかを学び、その中で自分にできることを探す。そして、家族と相談して自分の仕事を決め、しっかりと取り組めるようにする。	・家庭生活には多くの仕事があることを知る。 ・自分にできそうな仕事を考え、その中から1つを選ぶ。 ・家族と相談して一定期間の取組を約束し、実施する。
中学年 対人関係の 拡大期	(H3) 学校でのボランティア「持ってあげようか」	友だちが困っているときに助けてあげると、互いに気持ちよく学校生活が送れることを学ぶ。そのために、まずちょっと声をかけて相手に関心があることを伝え、手助けの必要性を聞いてみるやり方を身につける。	・困っているときに助けたり助けてもらったりすると、気持ちよく学校生活を送ることができることに気づく。 ・手助けの必要性に気づいたら、まず声をかけて、助けの必要性を聞いてみることが大切であることを知る。 ・友だちが困っていたら、声をかけようとする意欲を高める。
	(H4) 家庭でのボランティア「わたしの役割」	家の中の現在のさまざまな仕事とその分担を整理し、さらに今後、自分にできる新しい仕事を提案し、積極的に取り組んでいくことができるようにする。	・家の中の仕事とその分担を整理し、現状を知る。 ・自分ができる新しい仕事を1つ考える。 ・家族と相談して一定期間の取組を実施する。
高学年 社会性の 充実期	(H5) 学校でのボランティア「下級生のお世話」	高学年として下級生と一緒に活動したり、その世話をしたりする機会が増える。そうした場面で、どのようにしたら相手に喜んでもらい、また本当の助けになるのかを学ぶ。	・下級生との活動や世話をした経験から、相手が喜んでくれた経験を共有する。 ・下級生の立場に立って世話をすることの意義を知る。 ・他者理解のスキルを使って相手のニーズや思いを知り、世話をしようとする意欲を高める。
	(H6) 身の回りや地域でのボランティア「いろいろあるよ」	身の回りや地域社会での行事の中には、子どもができるボランティア活動があることを知る。また、学校でもできる小さなボランティアに気づき、具体的に活動したり、参加してみようとする思いをもつ。	・学校でもできる小さなボランティア（ミニボラ）に気づく。 ・地域社会での行事の中で小学生ができるボランティアがあることを知る。 ・ミニボラや地域でのボランティア活動への参加意欲を高める。

（注）1：D2との関連づけを図る。
2：B6との関連づけを図る。

第2章 社会性と情動の学習（SEL）の概要

表2-12　8つの学習領域で育成を図る社会的能力（中学校）

社会的能力		学習領域	A 基本的生活習慣	B 自己・他者への気づき、聞く	C 伝える	D 関係づくり	E ストレスマネジメント	F 問題防止	G 進路	H ボランティア
基礎的		自己への気づき		○			○		○	
		他者への気づき		○		○				○
		自己のコントロール	○	○	○		○	○		
		対人関係	○	○	○	○				
		責任ある意思決定	○		○			○		
応用的		生活上の問題防止のスキル						○	○	
		人生の重要事態に対処する能力							○	
		積極的・貢献的な奉仕活動								○
各学習領域の主テーマ			・あいさつ ・規範遵守 ・時間管理 ・整理整頓 ・金銭管理	・自己理解 ・他者理解	・感情伝達 ・意思伝達 ・非言語による伝達	・協力関係 ・問題解決 ・携帯電話	・ストレス認知 ・ストレス対処 ・サポート希求	・万引き防止 ・喫煙防止 ・精神衛生 ・薬物乱用防止 ・性教育 ・健康教育	・自己理解 ・進路選択 ・進路決定	・学校でのボランティア ・地域でのボランティア
ユニット数	1年（合計12）		2	1	2	2	1	2	1	1
	2年（合計12）		2	1	2	2	1	2	1	1
	3年（合計12）		2	1	2	2	1	2	1	1

（注）○は各学習領域において育成を図る主要な社会的能力を表す。

2 SEL-8S学習プログラムとは

表2-13 学習単元ごとのユニット構成（中学校）

	A 基本的生活習慣	B 自己・他者への気づき，聞く	C 伝える	D 関係づくり	E ストレスマネジメント	F 問題防止	G 進路	H ボランティア
1年	(A1) 同級生へのあいさつ「どうぞよろしく」 (A2) 規範遵守「私たちの生徒規則」	(B1) 他者理解「"聞く"と"聴く"」	(C1) 意思伝達「わかりやすく伝えよう」 (C2) 意思伝達「はっきり断ろう」	(D1) 協力関係「いろんな意見」 (D2) 問題解決「友だちが怒っちゃった!?」	(E1) ストレス認知＆対処「ストレスマネジメントⅠ」	(F1) 万引き防止「ダメ！万引き」 (F2) 喫煙防止「タバコってかっこいい？」	(G1) 自己理解「"私"のいいところ」	(H1) 学校でのボランティア「学校でのミニボラ？」
2年	(A3) 時間管理「時間を大切に」 (A4) 整理整頓「道具の管理」	(B2) 自己理解「短所を乗り越えるⅠ」	(C3) 非言語による伝達「しぐさと態度のコミュニケーション」 (C4) 感情伝達「冷静に伝える」	(D3) 携帯電話「顔の見えないコミュニケーション」 (D4) 問題解決「ストップ！いじめ」	(E2) ストレス認知＆対処「ストレスマネジメントⅡ」	(F3) 精神衛生「ポジティブに考えよう！」 (F4) 薬物乱用防止「他人事じゃない！シンナー＆覚せい剤」	(G2) 進路選択「私の"夢"」	(H2) 地域でのボランティア「地域でのボランティア」
3年	(A5) 下級生や大人へのあいさつ「状況に応じたあいさつ」 (A6) 金銭管理「見えないお金"の使い方」	(B3) 他者理解「"私"への思い」	(C5) 意思伝達「上手な教え方」 (C6) 意思伝達「初対面での話し方」	(D5) 携帯電話「携帯電話のマナー」 (D6) 男女の協力関係「男らしさ・女らしさ」	(E3) サポート希求「ストレスマネジメントⅢ」	(F5) 性教育「恋愛と責任」 (F6) 健康教育「太ってる？やせてる？」	(G3) 進路決定「私が進む道」	(H3) 学校でのボランティア「最高学年になって」

35

第2章 社会性と情動の学習（SEL）の概要

表2-14 各ユニットの学習内容〔A 基本的生活習慣〕（中学校）

	A 基本的生活習慣	内容	重要な気づきやスキル
1年	(A1) 同級生や大人へのあいさつ 「どうぞよろしく」	中学生になったことを自覚し、日常生活場面で自信をもって自己紹介などあいさつや自己紹介ができるようになる。	・同級生にさまざまな場面で自己紹介をすることの大切さを知る。 ・「自己紹介のポイント（あいさつ、名前、一言アピールなど）を身につけ、適切な自己紹介ができる。
1年	(A2) 規範遵守 「私たちの生徒規則」	中学校の生徒規則の内容を知り、その必要性と意義を考えて、自らを守ろうとする意欲を高める。	・自分の学校の生徒規則の内容を知る。 ・規則やルールの必要性や意義について理解し、生徒規則を守ろうとする意欲が高まる。
2年	(A3) 時間管理 「時間を大切に」	日々の生活を振り返って、時間管理の重要性に気づき、授業の予習・復習や部活動、遊びなどの予定のさまざまな工夫を考え、実行できるようになる。	・自分の生活を振り返り、時間を管理することの重要性に気づく。 ・自分で1週間程度のスケジュールを立て、計画通りに実行できる。
2年	(A4) 整理整頓 「道具の管理」	学習用具や部活動の道具などを適切に管理することのメリットを知り、そのためのさまざまな管理方法を考え、自分に合った管理方法を試みるようになる。	・必要な用具や道具を管理する「道具管理のポイント」（グループ分けをする、置く場所を決める、元に戻す、不要な物は捨てる）を知る。 ・自分に適した整理整頓の方法を考え、実行できる。
3年	(A5) 下級生や大人へのあいさつ 「状況に応じたあいさつ」	委員会活動や部活動での下級生に対するあいさつや、初対面の大人（他校の教師、PTA関係者、商業施設の店員など）に対する接し方など、状況に応じた適切なあいさつと対応ができるようになる。	・下級生がスムーズに活動になじめるように上級生としてリードしなければならないことに気づき、それに適したあいさつや言葉かけができる。 ・初対面の大人に対して、「自己紹介のポイント（あいさつ、名前、一言アピールなど）をおさえたあいさつができる。
3年	(A6) 金銭管理 「"見えないお金"の使い方」	クレジットカードやプリペイドカードなど電子マネー（見えないお金）の仕組みを理解し、消費者として果たすべき義務や権利を考える。	・電子マネーの仕組みや使用上の留意点（リスク、管理方法など）を知る。 ・売買契約における消費者として果たすべき義務と権利について理解し、消費者としての自覚を意思表示する。

（注）　1：A1との関連づけを図る。

2 SEL-8S学習プログラムとは

表2-15 各ユニットの学習内容 [B 自己・他者への気づき、聞く] (中学校)

B 自己・他者への気づき、聞く	内　容	重要な気づきやスキル
1年 (B1) 他者理解 「"聞く"と"聴く"」	話を聞くことと気持ちを聴くことの違いについて学び、絶対傾聴のロールプレイによって聴くことの難しさを体感する。	・話を聞いて事実を知ること、話の内容から相手の気持ちを理解する（聴く）ことの違いを理解する。 ・正しい聞き方のポイント（姿勢、視線、態度、あいづち）と相手の気持ちを知るヒント（しぐさ、表情、声の大きさ、周りの様子）をおさえた聴き方ができるようになる。
2年 (B2) 自己理解 「短所を乗り越える！」	自分の長所と短所に気づき、それらが表裏一体であることを知る。そして、自分の短所を克服する方法を考え、自己の成長につなげる機会とする。	・自分の長所や短所に気づく。 ・自分の短所に建設的に取り組む方法を知り、実行への意欲をもつ。
3年 (B3) 他者理解 「"私"への思い」	ロール・レタリング（役割交換書簡法）を用いて、保護者の立場について洞察を深め、そうした他者の気持ちに立つことの大切さを知る。	・ロール・レタリングを用いて、保護者の気持ちに気づく。 ・他者の気持ちに気づくことの大切さを知る。

第2章 社会性と情動の学習（SEL）の概要

表2-16 各ユニットの学習内容「C 伝える」（中学校）

	C 伝える	内 容	重要な気づきやスキル
1年	(C1) 意思伝達 「わかりやすく伝えよう」	相手に出来事や伝達事項を伝えるためには、まず伝えたい内容を伝えることとわかりやすいことに気づき、これを使った適切な伝達ができるようにする。	・相手にわかりやすく伝えるための「伝え方のポイント」（最も伝えたい内容の説明、補足説明、「伝え方のポイント」を使って、上手に伝達できるようになる。
1年	(C2) 意思伝達 「はっきり断ろう」	断るべき場面では適切に断ることが人間関係を円滑にすることを理解し、状況に応じた断り方を考えて実行できる。特に、違法行為への誘いについては、しっかり断ることができるようにする。	・断ることの重要性を学び、「断り方のポイント」（明確な断り、理由、代案提示）を知り、必要な場面で断ることができるようになる。 ・違法行為への誘いについては、「危険な状況での断り方のポイント」（明確な断り、理由、代案提示、最後は逃げる）を使って断ることができるようになる。
2年	(C3) 非言語による伝達 「しぐさと態度のコミュニケーション」	日頃意識していない自分のノンバーバル（非言語的）コミュニケーションの特徴を知り、さらに適切なコミュニケーションの方法を工夫する。 （例：視線を合わせていない、表情がかたい……）	・自分のノンバーバル（非言語的）コミュニケーションの特徴に気づく。 ・適切な伝達のための改善点を知り、好ましいスキル（しぐさや態度）を身につける。
2年	(C4) 感情伝達 「冷静に伝える」	怒りが暴発するような場面でも、気持ちを抑えて冷静に状況を判断し、自分の主張が伝えられるように、落ち着く方法や柔軟な考え方、また気持ちを伝えるスキルを身につける。	・怒りを冷静に伝えるための「こころの信号機」モデル（赤：まずは一呼吸、黄："ひょっとしたら""もしも"の状況分析、青：適切な行動）を理解する。 ・「I（私）メッセージ」で自分の気持ちや思いを伝えることができる。
3年	(C5) 意思伝達 「上手な教え方」	部活動や体育祭で後輩を指導するときに、相手がよく理解できて、意欲が高まるような理由や効果の説明、適切な意思伝達や教え方のスキルを学ぶ。	・「教え方のポイント」（タイミング、相手の気持ちに配慮した言葉づかい、教える理由や効果の説明）を理解する。 ・「教え方のポイント」に従った教え方を実行できる。
3年	(C6) 意思伝達 「初対面での話し方」	他校の先生や生徒など初対面の人に対しても、適切な意思伝達や応対ができるように、伝え方や敬語表現を身につける。	・正しい敬語表現の基本を身につける。 ・「わかりやすく伝えるための5W1H」や「自己紹介のポイント」「話す姿勢」を使った伝え方や応対ができるようになる。

（注） 1：C1との関連づけを図る。
2：B1との関連づけを図る。
3：A5との関連づけを図る。

2 SEL-8S学習プログラムとは

表2-17 各ユニットの学習内容［D 関係づくり］（中学校）

	D 関係づくり	内容	重要な気づきやスキル
1年	(D1) 協力関係 「いろんな意見」	自己主張の強い人や一部の人の意見で、集団全体が左右されることがないように、多様な意見を活かすブレーンストーミングを体験して、そのよさを知る。	・ブレーンストーミングの手順を知る。 ・ブレーンストーミングの手法を使い、全員の意見を踏まえた最善の集団意思の決定ができるようになる。
	(D2) 問題解決 「友だちが怒っちゃった!?」	友人間でトラブルが起こったとき、どのように行動したらうまく解決できるかを考え、トラブル解決の手順を身につける。	・人間関係においてトラブルが起きたときに「トラブル解決のポイント」（目標の設定、多様な解決方法の案出、結果の予想、最善の方法の選択と実行）を理解する。 ・「トラブル解決のポイント」を使って、自分の身に起こったトラブルを解決することができるようになる。
2年	(D3) 携帯電話 「顔の見えないコミュニケーション」	携帯電話やインターネットを使ったコミュニケーションは、相手に気持ちや出来事を伝えることが難しく、間違って解釈される場合があることを理解し、適切なコミュニケーションを取ろうとする意欲をもつ。	・携帯電話やインターネットを使ったコミュニケーションのメリット・デメリットを理解する。 ・[メール・書き込みのポイント]（大人に相談、言葉づかい、冷静な判断、丁寧に書く）を知り、携帯電話やインターネットでの適切なコミュニケーションをとるための決意を表明する。[2]
	(D4) 問題解決 「ストップ！いじめ」	いじめの具体的な場面を取り上げ、被害者や傍観者の立場からいじめを考え、トラブルの解決策を学ぶ。	・クラスでいじめがあった場合を想定し、被害者や傍観者の立場から考える。 ・「トラブル解決のポイント」を使って、傍観者の立場からいじめ解決のための最善の方法を考えることができる。
3年	(D5) 携帯電話 「携帯電話のマナー」	携帯電話を使う上で大切なマナーを考え、携帯電話の使用方法について自分のルールを決定する。	・携帯電話を使う上で大切なマナーについて考える。 ・携帯電話を使う上でのルールを家族と相談して決める。[3]
	(D6) 男女の協力関係 「男らしさ・女らしさ」	異性に対する意識や異性の立場を考え、お互いを理解し、協力し合える関係を築けるようにする。	・異性の考え方の性差について考え、異性の特徴を理解する。 ・行動や考え方の違いを踏まえて、互いに協力していこうとする態度をもつ。

（注）1：E領域、C4、G2との関連づけを図る。
2：D5との関連づけを図る。
3：D3との関連づけを図る。

39

第 2 章 社会性と情動の学習（SEL）の概要

表 2-18 各ユニットの学習内容 ［E ストレスマネジメント］（中学校）

	E ストレスマネジメント	内　容	重要な気づきやスキル
1年	(E1) ストレス認知＆対処 ［ストレスマネジメントⅠ］	ストレスには善玉と悪玉の2種類があることを知り、「善玉ストレッサー」の特徴を知るとともに、「悪玉ストレッサー」を解消するために有効なストレス対処法について学ぶ。	・「善玉ストレッサー」と「悪玉ストレッサー」について知り、「善玉ストレッサー」を活かすことで目標達成の動機づけが高まることを知る。 ・「悪玉ストレッサー」を感じた場合は、適切なストレス対処を行う必要があることを理解する。
2年	(E2) ストレス認知＆対処 ［ストレスマネジメントⅡ］	試験前や何か失敗をした後などストレスがたまっているときに、自分でその状況に気づき、うまく対処できる方法を身につける。	・ストレス対処法が、いくつかの方法に分類されることを理解する。 ・自分に適したストレス対処法を見つけ、それを有効に使うことができる。
3年	(E3) サポート希求 ［ストレスマネジメントⅢ］	自分でストレスを解消できないときは、適切な人（親、教師、親友など）や相談機関にサポートを求めることができることを学び、具体的な相談機関などを調べて、実際に利用できるようにする。	・ストレスを自分で解消できないとき、適切な人や相談機関などにサポートを求めることが有益であることを知る。 ・身の周りに相談できる相手や相談機関があることを知り、サポートを求めることができる。

（注）　1：C4との関連づけを図る。

2 SEL-8S 学習プログラムとは

表2-19 各ユニットの学習内容［F 問題防止］（中学校）

	F 問題防止	内容	重要な気づきやスキル
1年	(F1) 万引き防止［ダメ！万引き］	万引きによる被害や経済的損失の補填について学び、万引きが重大な犯罪であることを理解し、ゲーム感覚での万引きをしない意志を確認するとともに、友人に誘われたときに断るスキルを身につける。	・万引きによる被害や経済的損失の補填について理解する。 ・自らゲーム感覚での万引きをしない意志をもつ。 ・友人から万引きに誘われた際に、適切に断ることができる。[1]
1年	(F2) 喫煙防止［タバコってかっこいい？］	タバコが未成年者には法律で禁止されているわけやタバコの健康への害を知り、興味本意で手を出さない決意をする。また、親しい友人や先輩であっても、喫煙に誘われたら、きっぱりと断るスキルを身につける。	・未成年におけるタバコの健康への害や依存性について理解する。 ・タバコに手を出さない意志をもつ。 ・友人から喫煙に誘われたときに、適切に断ることができる。[1]
2年	(F3) 精神衛生［ポジティブに考えよう！］	「うつ」の症状やその原因について学び、自他の体調や気分の変化に気づいて、適切に対処する方法を学ぶ。	・「うつ」の症状やその原因を知り、「うつ」の特徴を理解する。 ・落ち込んだときでも、悲観的にならずに、ポジティブな考え方ができるようにする。[2]
2年	(F4) 薬物乱用防止［他人事じゃない！シンナー＆覚せい剤］	シンナーや覚せい剤が中学生にも広がっていることとその害を知り、きっぱりと断るスキルを身につけるとともに、知り合いや友人から違法薬物に関わっていることを知ったときには、信頼できる大人に相談する必要性を理解する。	・シンナーや覚せい剤など違法薬物の背景と、身体に及ぼす害について知る。 ・違法薬物乱用に誘われた際に、適切に断ることができる。[1] ・友人や知り合いが違法薬物に関わっていることを知った場合、信頼できる大人に相談することができる。
3年	(F5) 性教育［恋愛と責任］	人を好きになる気持ちが家庭の形成や種の保存につながることを学び、性行動のあり方について考えるとともに、自分なりの意思をもつ。	・恋愛の意味と性行動のあり方について考える。 ・自分がどのような姿勢で恋愛に臨むかを考え、自分の意思をもつ。
3年	(F6) 健康教育［太ってる？やせてる？］	健康的な食生活と運動について学び、極端なダイエットをせず、正しい食と健康の知識を身につけて実践への意欲をもつ。	・BMI値、適正体重の計算方法を知り、自分の生活の健康度を理解する。 ・栄養バランスについて知り、健康のための実践に意欲をもつ。

（注）　1：C2との関連づけを図る。
　　　 2：E領域との関連づけを図る。

第2章 社会性と情動の学習（SEL）の概要

表2-20 各ユニットの学習内容［G 進路］（中学校）

	G 進路	内容	重要な気づきやスキル
1年	(G1) 自己理解 「"私"のいいところ」	チェックシートを用いて普段の自分の行動パターンを明らかにし、「自分らしさ」について考えた上で、将来の自分や進路について考える契機とする。	・自分のよさや長所に目を向け、自己理解を深める。 ・自分の特徴をもとに、自分の将来や進路について考える。
2年	(G2) 進路選択 「私の"夢"」	進路決定を控え、自分はどんな職業に興味があり、そのためにはどんな勉強や準備をする必要があるのかを、進路選択の手順に従って考える。	・自分自身の目標（なりたい職業）を設定し、目標達成の手順に沿って必要な情報を調べ、「進路決定プロセス表」を完成させる。 ・目標に変更があった場合も、プロセス表に沿って考えることで、目標に近づくことができることを知る。
3年	(G3) 進路決定 「私が進む道」	私の"夢"で作成した「進路決定プロセス表」の達成度を確認し、プロセス表の修正・情報の追加を行う。さらに、目標達成の為に現時点で行うべきことを確認し、自己の現状を把握するとともに目標達成への動機づけを行う。	・「進路決定プロセス表」の修正を適宜行うことができる。 ・目標達成に向けて、目標達成のポイント（スケジュールの確認、生活リズムの調整、苦手科目の克服）に取りかかる。

（注） 1：D2との関連づけを図る。
　　　 2：G2との関連づけを図る。

表2-21 各ユニットの学習内容［H ボランティア］（中学校）

	H ボランティア	内容	重要な気づきやスキル
1年	(H1) 学校でのボランティア 「学校でのミニボラ」	文化祭や体育祭など、学校行事で与えられた役割を果たすことで、自分が楽しみながらも人の役にも立てる「小さなボランティア（ミニボラ）」の精神について学ぶ。	・学校行事で積極的に役割を果たすことが、ボランティアになることに気づく。 ・積極的に学校行事や委員会活動に参加する意志をもち、具体的な活動内容を決定する。
2年	(H2) 地域でのボランティア 「地域でのボランティア」	住民として地域に貢献する必要があることを知り、地域でどんなミニボラができるかを考える。	・地域行事の参加や近所の清掃活動など、地域の振興や環境維持の面で地域でのボランティアであることに気づく。 ・地域のボランティア活動に参加する意志をもち、参加したい活動内容を決定する。
3年	(H3) 学校でのボランティア 「最高学年になって」	3年生になり諸活動でのリーダーとなることが求められる状況で、ボランティアの要素があるリーダーの責任について考える。	・上級生としてリーダーシップを発揮することは、ボランティアの要素があることに気づく。 ・3年生としてリーダーの責任を果たしていく場面を考え、決意表明をする。

4　予防・開発的取組としての SEL-8S 学習プログラム

　第1章で述べたように，SEL は予防・開発的な取組が中心で，学校心理学の一次的教育援助に該当する。それでは，これまで実施されている予防・開発的な学習とはどのような関係になっているのだろうか。

　現在までに，学校ではすでに多くの予防・開発的な取組が導入され実践されている。従来の交通安全教育，禁煙教育（未成年の喫煙防止教育），薬物乱用防止教育，性教育などに加えて，近年は食育や非行防止教育も実施されている。学校としては，それらの取組のねらいは理解できるが，具体的な指導内容の確認や指導方法の開発，そして実施のための時間の確保に苦労することが多い。

　実は，これらの取組が導入される経緯や時期がばらばらであったために，図2-1(a)に示したように，必ずしも全体として整合性が取れていてまとまりがあるわけではない。わかりやすい例として，禁煙教育と薬物乱用防止教育を考えてみよう。タバコと違法薬物という相違点はあるが，どちらも最初のきっかけは誘われて始めることが多く，また断るにはスキルが必要であり，対人関係の中での対処能力を養う必要がある。さらに，「するな！」と言われた違法なことはしない，誘惑に打ち勝つといった自己制御の力が必須である。こうした周囲の他者との関係のもち方や自己の捉え方に関する共通点やあるいは類似点を考慮して指導にあたるならば，教育効果が増すと考えられるが，現状では必ずしもそうなっていない。

　比較的最近導入された食育についても同様である。食に関する知識や理解だけでなく，人との関わりの中で楽しく食べるという対人関係能力や，また自らの健康のために正しい選択と好ましい行動を取るための自己決定と自己制御ができるという自己に関する力が必要である。

　このように見てみると，種々の予防・開発的な取組を一定の"共通の枠組み"（図

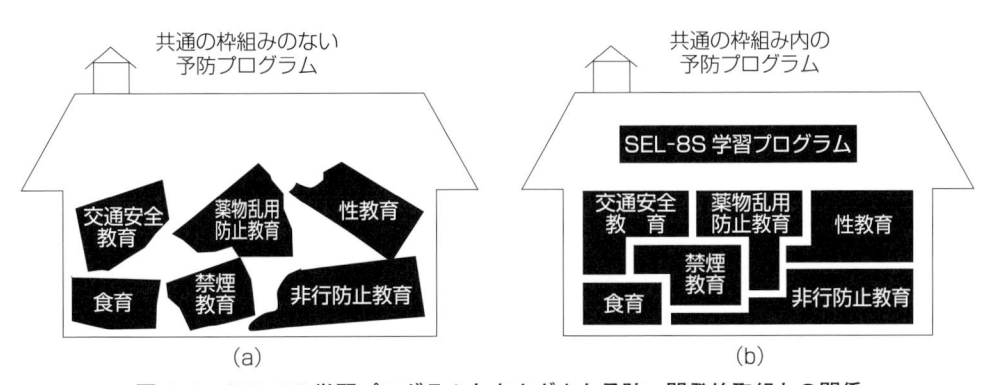

図2-1　SEL-8S 学習プログラムとさまざまな予防・開発的取組との関係

（出所）イライアス他（1999）の概念図を日本に合わせて修正。

2-1（b））の中で整理することによって、全体の統一性が取れ指導がより効果的になるのではないかと考えられる。この"共通の枠組み"が SEL であり、その具体例が本書で紹介している SEL-8S 学習プログラムである。SEL-8S 学習プログラム（前掲表 2-1）では、応用的社会的能力の「生活上の問題防止のスキル」として、学校ですでに実施されているアルコール・タバコ・薬物乱用防止教育、病気とけがの予防、性教育などの種々の取組を含んでいるので、予防・開発的な取組を統括する学習プログラムとして理解されやすいであろう。

5　教育課程での位置づけ

　学校で実際に SEL-8S 学習プログラムを実践しようとすると、教育課程への位置づけが重要なポイントになる。図 2-2 はその関係を示したものであるが、学校教育全体を SEL-8S 学習プログラムの枠組みに含むことが可能である。なお、実際の教育実践上の区分として領域①、領域②、領域③の 3 つを設定する。

領域①——学習のねらいが SEL-8S 学習プログラムと一致する学習領域

　これは SEL-8S 学習プログラムで育成を図ろうとする 8 つの能力のいずれか、またはいくつかを学習のねらいとする実践である。現在、わが国で実施されている心理教育プログラムの大部分が、これに該当する。教育課程上は、特別活動や総合的な学習の時間への割り振りが多いと考えられる。しかし、SEL-8S 学習プログラムでは各教科等を含めてより幅広い範囲で展開する。例えば「生活上の問題防止のスキル」であれば、保健に関わる学習内容として、教科としての保健体育に位置づけられるものがある。

　また、「他者への気づき」は、道徳の「相手のことを思いやり、親切にする」といった価値と強い関わりをもつ。さらに、SEL-8S 学習プログラムの基礎的社会的能力としてあげられている 5 つの能力は、どれも自己の捉え方と対人関係に関わるものであり、これらはわが国で現在進められている特別支援教育の個別の指導計画（IEP）、すなわち子ども個々人の実態に合わせた指導計画の主要な学習内容の 1 つとなっていることが多い。また、周囲の子どもについては、特別支援教育の対象となっている子どもを理解するための教育として、「他者への気づき」は重要な意味をもつ。

領域②——SEL-8S 学習プログラムが学習の土台となっている学習領域

　この領域は、既存の学習内容と SEL-8S 学習プログラムのねらいとの重なりが領域①ほど大きくないが、学習の過程や背景において SEL-8S 学習プログラムの社会的能力の獲得や伸張が図られているものである。SEL-8S 学習プログラムが学習の土台と

2 SEL-8S 学習プログラムとは

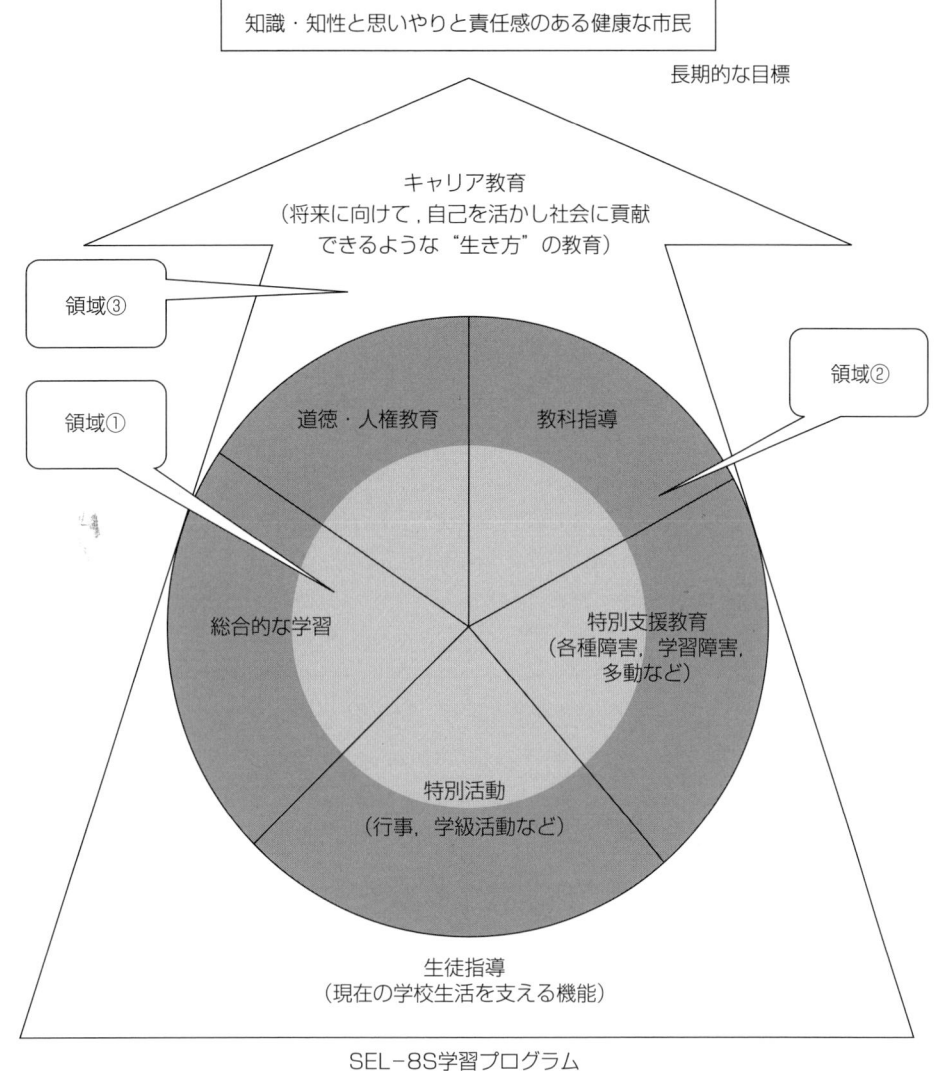

```
                知識・知性と思いやりと責任感のある健康な市民
                                            長期的な目標
                        キャリア教育
                   （将来に向けて，自己を活かし社会に貢献
                      できるような"生き方"の教育）

      領域③

                                                    領域②
      領域①
                        道徳・人権教育    教科指導


                     総合的な学習
                                          特別支援教育
                                        （各種障害，学習障害，
                                             多動など）

                              特別活動
                           （行事，学級活動など）


                        生徒指導
                   （現在の学校生活を支える機能）

                    SEL-8S学習プログラム
```

図 2-2　教育課程への SEL-8S 学習プログラムの位置づけ
（出所）小泉（2005）より。

なっているという表現の方が適切かもしれない。例えば，授業中の発言や聞く態度などのコミュニケーション能力は「対人関係」にもとづくものであり，総合的な学習での個別の問題解決場面は，忍耐強く取り組むために「自己のコントロール」を必要とし，かつ育成する好機であろう。

　以上の領域①と領域②の違いは，学習指導案において明確である。すなわち，領域①では，学習指導のねらいが SEL-8S 学習プログラムの目指す能力と一致している。それに対して，領域②では学習指導案の「指導上の留意点」や「備考」の欄で SEL-8S 学習プログラムに言及されることとなる。例えば，小グループでの話し合い活動での留意点は，"「対人関係」の学びを活かして……" といった趣旨になる。また，子

どもの作品に関する相互評価場面では，"「他者への気づき」により，努力した部分を積極的に見つけるように促す"という趣旨のことが備考欄に書かれる。このように見てくると，すべての学習場面でSEL-8S学習プログラムの基礎的社会的能力が関係していることがわかる。

領域③——SEL-8S学習プログラムが実践される生活場面

　領域Cは，通常，学習指導案は作成しないが，その教育場面あるいは生活場面でSEL-8S学習プログラムが実施されるものである。これは，学校生活における教育課程外のすべての生活が該当する。例えば，朝の会や帰りの会，当番の活動，また休憩時間や放課後の時間などである。こうした時間は，指導案のようなものはないが，だからといってSEL-8S学習プログラムの教育効果が低いとは言えない。むしろ，領域①や領域②でのSEL-8S学習プログラムを自発的に実践に移してみる場であったり，その実践を教師が賞賛してさらに定着を図る場であったりして，非常に重要である。

3つの領域の関係

　実は領域①，領域②，領域③は，この順でSEL-8S学習プログラムの導入・進展の過程と一致することが多い。すなわち，まず領域①の学習で，SEL-8S学習プログラムで育成を図る社会的能力をねらいとした授業を行う。次に領域②，すなわち教育課程内の他の学習でもSEL-8S学習プログラムが位置づけられ，子どもの社会的能力が高められるとともに学習の深化や充実が進む。最後にその他の学校生活である領域③で，SEL-8S学習プログラムが実践に移されることとなる。

　このように見てくると，SEL-8S学習プログラムの実践では教育課程内外の特定部分に偏ることなく，子どもの学校生活全般を視野に入れるということになる。実は，SEL-8S学習プログラムを"名人芸"的に実践している教師がいる。こうした教師は，教育課程内外を問わず，子どもの学校生活のあらゆる場面で，自己の捉え方と他者との関わり方を教育している。当の教師本人の中では意識されていないかもしれないが，領域①，領域②，領域③のすべてでSEL-8S学習プログラムを実践しているのである。

　なお，図2-2の中で「生徒指導」と「キャリア教育」は，領域③にのみ該当するのではない。この2つは，子どもの生活の現在を中心にしたものか，それとも将来に向けたものかという違いはあるが，領域①，領域②，領域③のすべて，すなわち学校生活全体に関わる。

　以上のように，教科指導等を含めた全体がSEL-8S学習プログラムの枠組みに位置づけられて実践が進むとき，知識・知性，思いやり，責任感のある健康な市民が育成されていくのである。

3 諸外国および日本での現在までのSELの取組

1 アメリカでの取組

　子どもの問題行動に関して，日本はアメリカを10年遅れ程度で追いかけていると言われることがある。10年という年数の是非は別にして，例えば不登校（登校拒否），校内暴力，薬物乱用，各種少年犯罪などはアメリカでの事情等が日本に伝えられ，その後日本でも子どもに関わる問題として注目されてきている。

　また，子どもが被害者となる問題として，児童虐待はアメリカではかなり以前から深刻な問題として報じられてきた。その他，学校への登下校途中の事故等から子どもを守るために保護者が送迎をする習慣なども，子どもが事件や事故の被害者になる事態を受けてのものと考えられる。

　それでは，アメリカでは，こうした教育問題に対してどのように対応してきたのか。教育活動として，教科の学習だけでなく心理的・社会的な側面からのアプローチが1980年代頃から始まり，それが次第に数多くの教育プログラムとして発展していった。それらの総称がSELである。ただし，それらの教育プログラムのすべてが効果的で教育実践に値するかどうかは疑問であるとして，アメリカ・シカゴのイリノイ大学シカゴ校にある学習・社会性・情動学習促進協同チーム（CASEL=Collaborative for Academic, Social, and Emotional Learning）という団体が，エビデンス（科学的根拠）にもとづいて効果的かどうかを確認する評価を行っている。2003年時点で80の教育プログラムについて，詳細な評価結果を報告しており（Collaborative for Academic, Social, and Emotional Learning, 2003），その後も評価活動とその結果の公表がWeb等を用いて続けられている。

　これらの教育プログラムには版権があり，プログラム実施の水準の維持と教材の開発や質の向上などの目的のために，講習会や教材・教具等は有料になっていることが多い。そして，実際に学校に導入された場合も，開発や実施を担当する団体と学校との契約内容によっては，有料で定期的に指導員が訪問し，実施状況に合わせて教職員の指導や助言にあたるシステムが整っているものがある。教育制度や教育行政システム，あるいは市民レベルでの教育への関心が日本とは異なり，それがこうした特徴に反映されていると考えられる。

第 2 章　社会性と情動の学習（SEL）の概要

2　ヨーロッパでの取組

　ヨーロッパにおいても，問題行動の種類や程度についてアメリカや日本とは相違点があっても，学校教育の目的を達成するためには，やはり教科の学習だけでなく心理的・社会的な側面からの取組が必要なのは同じである。暴力の防止を図るセカンド・ステップという教育プログラムが，フィンランドやデンマークなどで導入・実践されている。

　イギリスでは，SEAL（Social and Emotional Aspects of Learning）という学習プログラムが，教育行政の意向により全国的に導入されており，科学的な検証を進めながら実践が広がっている。イギリスでは，日本と同様にいじめが重要な教育問題の1つであり（森田，2001），その対応と SEL への取組とは関係があると考えられる。

3　日本での取組

　わが国の取組では，心理学的技法を中心にして実践が進んでいるものが多い。おもに1990年代以降，構成的グループエンカウンター，社会的スキル教育，アサーション・トレーニング，ストレス・マネジメントなどが普及してきた。これらの教育プログラムに関する多くの理論書や解説書そして学習指導案集が出版されている。

　一方，子ども同士の支え合い活動等を目的としたピア・サポートプログラムや，ヨーロッパでの取組で紹介したセカンド・ステッププログラム，日常のさまざまな問題に健康的に対処できるようにするために WHO（世界保健機構）が提唱したライフスキル教育などは，心理学的技法等を複合的に用いて目的の達成を目指す教育プログラムで，これらも教育現場に普及しつつある。本書で紹介している SEL-8S 学習プログラムは，この複合的な教育プログラムの1つであるが，「応用的社会的能力」を教育内容として位置づけている点が特徴の1つである。なお，繰り返しになるが，SEL はこれらの諸技法や複合的な取組を包含する概念であり，特定の学習内容や教育プログラムに限定したものではない。

　ところで，わが国の従来の取組の特徴として，上記の種々の教育プログラムが学級経営や学級集団づくりに関連して導入・実践されてきている点があげられる。諸外国に比べて，学級単位で学習や諸行事などの教育活動が進められており，また集団がもつ教育力を重視する傾向が強いことが影響しているためであろう。こうした背景や現状を踏まえて，SEL-8S 学習プログラムの導入・実践を進めていく必要がある。

文　献

Collaborative for Academic, Social, and Emotional Learning (2003). *Safe and sound: An educational leader's guide to evidence-based Social and Emotional Learning (SEL) programs.* Chicago, IL: Author.

イライアス, M. J. 他, 小泉令三（編訳）(1999). 社会性と感情の教育――教育者のためのガイドライン39　北大路書房

小泉令三 (2005). 社会性と情動の学習（SEL）の導入と展開に向けて　福岡教育大学紀要, **54**(4), 113-121.

森田洋司（監修）(2001). いじめの国際比較研究――日本・イギリス・オランダ・ノルウェーの調査分析　金子書房

第 3 章

SEL-8S 学習プログラムの指導方法と留意点

　本章では，学校で実際に SEL-8S 学習プログラムを指導するときの学習指導法や，指導に際して気をつけるべき点などを説明する。これらは，教科，道徳，特別活動などの学習指導と共通する部分があるが，しかし再度，注目してほしい。社会的能力の育成には，通常は口頭の説明や注意などで終わっていることを，子どもが理解しやすいように工夫し，実際に身につくように指導する必要がある。そのためには，学習のめあてを明確にし，個別化した上で，適切な指導方法を選択して実施しなければならない。どの教師も，この点では指導技術のさらなる向上が必要である。

　なお，指導にあたっては小学校や中学校という学校種や，子どもの発達段階によって工夫が必要な点が異なることがあるので，それらも合わせて述べる。学習指導法については，子どもの学習成果に直結する要素の1つであるので，ぜひ注目してほしい。

1 学習のめあての明確化と個別化

1 めあての明確化

　小中学校での学習は，一般に45分や50分といったように一定の単位時間で進められる。そこで，その単位時間の中で何をどこまで学習するのか，あるいは何ができるようになることを目指すのかという目標が必要である。それが学習のめあてであり，これを明確にすることが効果的な学習過程の計画や指導の第一歩と言える。

　例として，小学校（低学年）のB2「いろんな気もち」を考えてみよう。これは，学習領域B「自己・他者への気づき，聞く」（前掲表2-5）に位置づけられているもので，この学習のめあて（重要な気づきやスキル）は，感情語を5つ以上あげ，該当する日常生活の場面を説明できるとともに，感情の違いによって体の様子や表情が異なることを知ることである。

　実際の学習指導案は第2巻（『社会性と情動の学習（SEL-8S）の進め方　小学校編』）に示してあるので，そちらを参照してほしい。この学習は，日常生活で生じる感情を説明するためにはそれを表す言葉を知っている必要があり，またそうした感情が生じるときの表情やしぐさの違いなどを理解していないと他者の感情理解ができずに，コミュニケーションが円滑に進まないため，それらの能力を身につけさせようとするものである。

　実際の授業では，「気持ちカメラ」というゲームを使うが，学習のめあてを明確にしておかないと，ただ単に楽しいゲームをしたというだけで学習が終わってしまう可能性がある。上のようなめあてをしっかり意識した指導が必要である。

　めあてが明確になっていると，その学習時間内での達成の度合いを確認するのも容易である。「いろんな気持ち」で言えば，子どもたちが感情語として，喜び，悲しみ，怒り，恐れ，恥，驚きなどから5つ以上あげることができるか，そしてそれぞれの感情がどういう場面で生起し，またそのときの体や表情にはどのような特徴があるのかを説明したり，選択できるかどうかを確認すればよい。

　なお，めあてには，「～することができる」のように行動等で確認できる達成目標だけではなく，関心・意欲に関するものもある。例えば小学校の学習領域C「伝える」（前掲表2-6）のC3「じょうずだね」のめあて（重要な気づきやスキル）には，「相手を認めたり賞賛したりできるようになろうとする意欲が高まる」が設定されている。この場合には，学習の最後に感想を書かせたときに，例えば「これから，ほめてあげたいと思う」のように意思表明をしているかどうかで確認できる。また，この学習で

は帰りの会に「ほめほめタイム」という時間を設けるような指導案になっており，そこでの様子や行動でさらに明確に評価できるだろう。

2 めあての個別化

めあてが明確になっていると，実は学級内の子どもたちの実態把握でも個人差がわかりやすくなる。例えば前述のB2「いろんな気もち」の感情語の学習で，めあての1つが「感情語を5つ以上あげることができる」となっている。この観点で見てみると，①学習前にすでに達成が確認できる子，②達成しているかどうか確認できない子，そして③明らかに未達成なのでこの学習でぜひ達成させたい子，といったように3つ程度の群に分けることができる。

したがって，学習指導中は②の子どもたちをよく観察するとともに，特に③の子どもたちに注目して，その子どもたちが学習のめあてを達成できるように声をかけたり，あるいは学習中の行動をよく注意したりする必要がある。発言を求める場面では意図的にそれらの子どもたちを指名するとよいし，ロールプレイ（役割演技）で適切に行動化できていればよいモデルとして賞賛すると効果的である。

なお，第6章「6　個別の目標設定」（p.124）では，こうしためあての個別化を学級の子ども全員について実施し，それにもとづいて評価も個別化する方法が説明されている。一見，複雑で面倒な作業のように見えるかもしれないが，学習指導の成果を高め，また次の指導やその改善に活かすという観点では有効な方法の1つと言える。ぜひ，実施を試みてほしい。

2 学習形態の種類

まず指導のための時間についてであるが，第2巻（『社会性と情動の学習（SEL-8S）の進め方　小学校編』）や第3巻（『社会性と情動の学習（SEL-8S）の進め方　中学校編』）で紹介する指導案は1単位時間の学習（通常バージョン）を基本としているが，短い時間での指導（ショートバージョン）も工夫可能である。

例えば，小学校（中学年）のA7「忘れ物」の学習（A「基本的生活習慣」領域，前掲表2-4）のめあては，忘れ物をすることの問題点（学習に不都合である，他の人に迷惑をかけるなど）を確認すること，そして自分の忘れ物の実情に注目し，改善策をまとめて実行できるようにすることである。通常は「忘れ物をしないように！」という口頭での注意に終始しがちな指導を，1時間かけて学習する計画になっている。しかし，子どもの実態によって，1時間をかける必要がないという判断であれば，朝の会や帰

りの会等を使っての次のようなショートバージョンでの指導も考えられる。

例えば、ある子どもの日記で、「今日は忘れ物をして困ってしまった。これから気をつけようと思う」といった内容が書かれていたとする。本人の了解を得た上でそれを取り上げ、忘れ物をして困ったことは何だったのか、なぜ忘れ物をするのか、どんな工夫をすれば忘れ物をしなくなるか、といったことを学級全員でしばらく考える。そして、これから自分はどんな解決方法を取ろうと思うのか、を各自に意思決定させる場を設けるのである。こうして意思決定した事項を連絡帳などに書き込んでおくと、本人や保護者も常に意識しやすいし確認に役立つ。そして1週間程度の期間を設定して、具体的に目標が達成できたかどうかを自己評価させるとよい。

学校の教育課程の都合で通常バージョンを多くは実施しにくい状況であれば、こうしたショートバージョンでの実施を工夫する必要性がある。場当たり的ではなく、目的をもって計画的に実施するという点を押さえておけば、時間的な制約を乗り越える方法として有効であろう。

なお、学習形態の分類にはあたらないが、家庭との連携に注目して、ぜひ保護者にも学校での指導や取組の実態を知ってもらいたいというのであれば、保護者会の授業参観でSEL-8S学習プログラムを実施する方法がある。そうした取組は、第5章「10 保護者・地域社会との連携」(p.101)にまとめられているので、そちらを参照してほしい。

3 指導方法の工夫

実際のSEL-8S学習プログラムの学習指導では、教師の説明や子どもの話し合いだけではなく、以下のようなさまざまな指導方法を工夫できる。できるだけ子どもたちが楽しく学習できるように、そして確実に社会的能力が身につくように、子どもの実態に合わせて適宜選択しあるいは工夫を重ねてほしい。

1 紙芝居やペープサート

おもに小学校低学年では、状況の説明や話を具体的に理解できるようにするために紙芝居やペープサートが有効である。

例えば図3-1は、小学校(低学年) A4「何でも食べよう」の紙芝居とペープサートの一部である。食べることが大好きなまさるくんは、お肉が大好きで、お肉ばかり食べている。でも、野菜が大嫌いで、給食に出てきても食べずにいつも残している。こうした生活を続けていたら、元気が出ないし、風邪をよく引くようになってしまった

図3-1 紙芝居とペープサートの例

（注）第2巻，小学校（低学年）A4「何でも食べよう」参照。

という話を紙芝居で提示するようにしている。ペープサートは，そこに出てくる栄養博士が，食事内容のバランスについて，食品の分類をもとに必要なアドバイスをしてくれるという設定である。子どもたちは，これらの絵などによって話の状況や登場人物をイメージしやすくなる。

　図3-2は，小学校（中学年）D3「こころの信号機」の紙芝居の一部である。学校の昼休みに友だちとドッジボールをしていたタクヤのところに，ジュンが「ちょっとからかってやろう」とやってくる。そして，ジュンはタクヤから，不意にボールを取ってしまう。ボールを取られたタクヤは，カッとなって「ドンッ！」とジュンを後ろから突き飛ばしてしまい，顔にケガをさせてしまうという話である。この後，自分の怒りをコントロールして，適切に対処するための「こころの信号機」モデルの学習へと進む。

　こうした準備物は，製作にある程度の時間を要するが，子どもたちの注意力を高め，状況や人物の心情を理解しやすくするためには非常に有効である。紙芝居やペープサートは，実はある程度学年が上がっても使用可能である。例えば，中学校でも場面の状況を説明するために，絵を提示すると状況をイメージしやすくなる。準備物として工夫を重ねることができるものの1つである。

2　ゲームや身体活動

　SEL-8S学習プログラムに限らないが，子どもたちに「楽しい学習！」という思いをもたせることができれば，学習への動機づけは飛躍的に高まる。そのために，ゲー

図 3-2　紙芝居の例
（注）第 2 巻，小学校（中学年）D3「こころの信号機」参照。

ムや身体活動は有効な学習方法の 1 つである。

　例えば図 3-3 は，小学校（低学年）E1「うれしいこと，しんぱいなこと」で使用する「きもちすごろく」である。学習のねらいは，誰にでもうれしさ，楽しさ，心配，イライラの感情があることに気づき，こうした感情が生起する場面を説明できることと，これらの感情を周囲の人に言葉で伝えることができることである。このゲームは学習の後半部分で実施する。遊び方は，止まったマスの文章を読んで，その時の気持ちを説明するというもので，うまく説明できれば次の人に回るが，うまく説明できなければ 2 マス戻らなければならない。説明の仕方は，例えば「発表会の前なので，心配です」のように，「……（理由）なので，……（感情）です」とする。

　このゲームでは，子どもたちは楽しみながら場面に適した感情を言葉で伝える練習をすることができる。教師は，特に注目している子どもについて，ゲーム中の様子をよく観察すれば，どの程度，学習のねらいに到達しているかを確認することができる。また，ゲームの途中で「とても」や「ちょっと」などの程度を表す副詞を使っていたら，ほめてやるとさらに意欲が高まるだろう。

　別の例として，図 3-4 は小学校（高学年）H5「下級生のお世話」の「仲間集めゲーム」である。このユニットは，学習領域 H「ボランティア」の 1 つで，学習のねらいは下級生との活動や世話をした経験から相手が喜んでくれた経験を共有して，下級生の立場に立って世話をすることの意義を理解すること，そして他者理解のスキルを使って相手のニーズや思いを知って，世話をしようとする意欲を高めることである。

　このゲームでは，最初 6 人グループの全員に同じように 6 種類のカードが 1 枚ずつ配られる。しかし，各自が最終的にはそれぞれ同じ絵柄のカードを集めなければならない。例えばある子はネコだけ 6 枚，別の子は車だけ 6 枚という具合である。ゲームのルールは，途中でグループのメンバーに「それ，ちょうだい」と話したり，あるいは合図をしたりしてはいけないのと，カードは他の人に渡すだけで自分から取ってはいけないということである。1 回の合図で 1 枚しか渡すことができないので，できるだけ少ない回数で終わらせないと，チームとしてゲームには勝てない。

　このゲームでは，相手のカードをよく見て，相手が欲しいと思う物を予想して渡さなければならない。実際に下級生の世話をする場合でも同じで，相手をよく見て相手

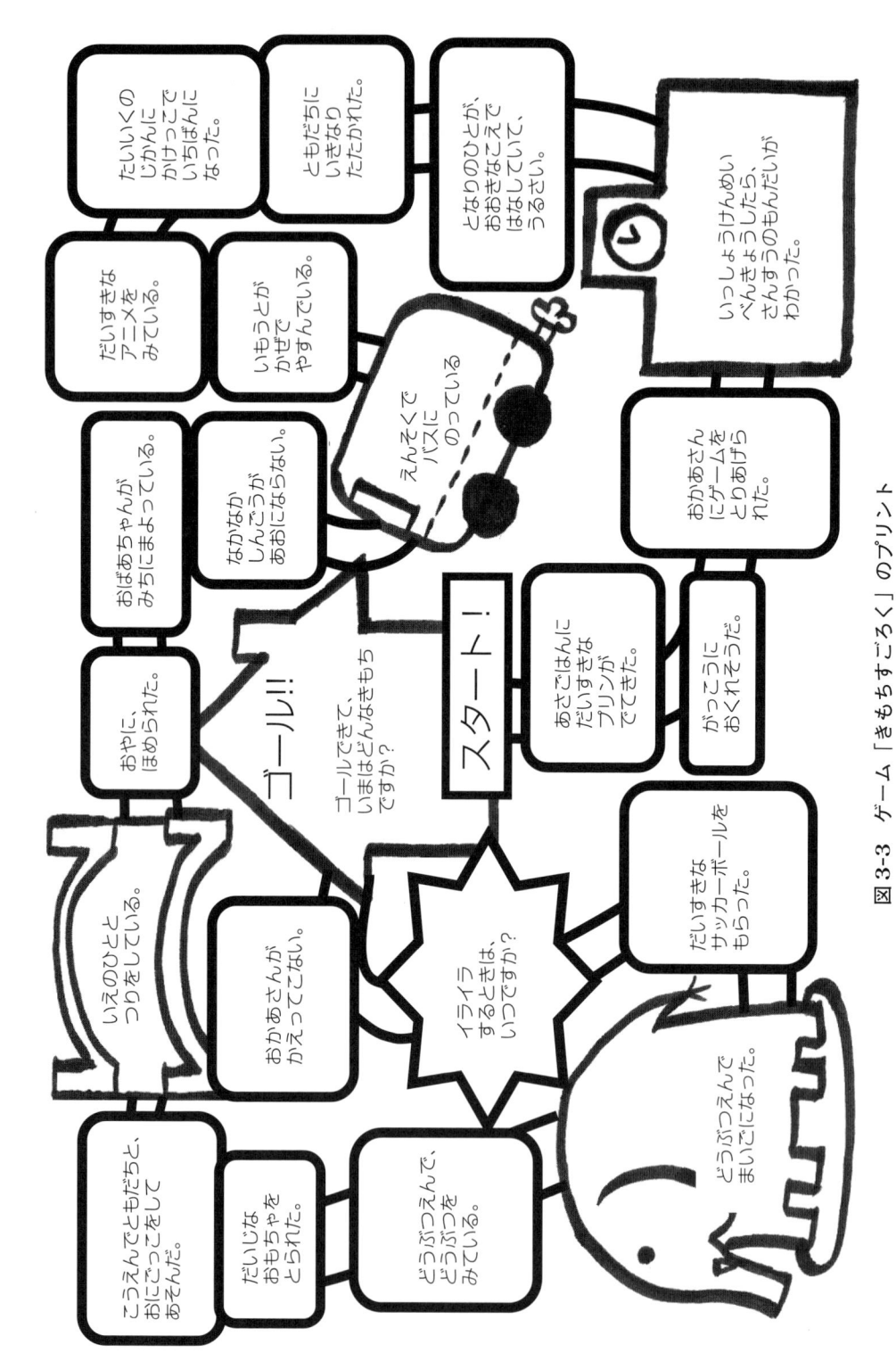

第3章　SEL-8S 学習プログラムの指導方法と留意点

図3-3　ゲーム「きもちすごろく」のプリント

(注) 第2巻、小学校（低学年）E1「うれしいこと、しんぱいなこと」参照。

図3-4 「仲間集めゲーム」で使用するカード
(注) 第2巻，小学校（高学年）H5「下級生のお世話」参照。

の気持ちを考える必要があることに気づかせる。そして，このユニットでは「気持ちを知るヒント」として「①しぐさ，②顔の表情，③声の大きさ，④周りの様子」をポイントとしてあげるとともに，覚えやすいように，ポイントの最初の字を使った「"シカ"の"こま"」を教える。学習プリントにも，鹿の角をつけたコマをあしらって記憶しやすい工夫がしてある（後述の「5 気づきやスキルの要点の覚え方」を参照）。

この学習ユニットでは，基礎的社会的能力の「他者への気づき」と応用的社会的能力の「積極的・貢献的な奉仕活動」の育成を目的としているが，特に「他者への気づき」ではこのようなゲームの利用は有効であると考えられる。

3 ロールプレイ（役割演技）

何らかのコツやポイントを理解しても，それを適切に実行できるとは限らない。何度も練習したり経験したりして初めて身につく。ちょうど，何かのスポーツで上手なやり方がわかっても，それを実行するには練習が必要なのと同じである。また，自分では実行しているつもりでも，実際には適切な行動になっていないことがある。例えば，自分では声を出して挨拶していると思っていても，十分な大きさの声が出ないために相手に聞こえていない場合などである。まずは，その事実に気づく必要がある。

ロールプレイは，このような状況で適切なスキルの習得や気づきを促すのに適した指導方法である。しかし，これは教師が指導に際して最も戸惑いを感じる指導方法かもしれない。ロールプレイの実施方法には大きく，教師がモデルを示すもの，代表の子ども（あるいはグループ）による演技，そして学級の子ども全員で実施する練習（リハーサルとも呼ばれる）の3種類がある。

第3章　SEL-8S学習プログラムの指導方法と留意点

　教師が不慣れで自信がなかったり，あるいは子どもにも戸惑いや恥ずかしさによる混乱が予想されたりするのであれば，ロールプレイに少しずつ慣れさせるために，まずは教師が単独あるいはティームティーチングでモデルを演じることから始めるとよいだろう。そして，少しずつ子どもたちの参加を増やして心理的な抵抗を除いていくようにする。また教師が心配するのは，ロールプレイによって教室内の秩序が乱れ，学習そのものが成立しなくなったり，ごく一部の子どもしか学習に参加していない事態が生じることである。その場合は，最初は着席したままでセリフだけで実施したり，座席の移動を少なくしたりするなど，混乱を回避するために子どもの活動の自由度が低い状態から開始するなどの工夫が必要である。

　ロールプレイを実施する際の一般的な手順および注意事項としては，次のような点があげられる。①ロールプレイの目的（気づかせたい点や習得を目指すスキル）を明確にする，②場面と役の設定およびシナリオをわかりやすいものにする，③スキル習得が目的の場合は，スキルのポイントを明確にしておく，④役を演じやすい工夫をする（お面，ペープサート，ぬいぐるみ，役割ゼッケン，衣装など），⑤実施後に役を解く，⑥達成した事項の賞賛などにより，適切な評価をして，実践への動機づけを高める，⑦目的に合わせたグループ構成（2人組，3人組など）にする，⑧好ましくない気づきやスキル習得とならないように注意する（例：問題行動への誘い役をさせて，価値的に好ましくないスキルを身につける）などである。

　例として，表3-1に小学校（中学年）F5「こんなときは注意！」でのロールプレイの指導場面を示した。このユニットのねらいは，通学時以外にも誘拐事件の被害者になることの危険性を知って，どんな場所や状況が危険なのかを理解することと，「自分の身を守るポイント」を復習することである。学習領域F「問題防止」は，SEL-8S学習プログラムで育成を図ろうとしている応用的社会的能力の中の「生活上の問題防止のスキル」を高めることが中心になっている。なお，低学年配当のF1「ぜったいについていかない！」で誘拐について学習し，学校や家の周りで犯罪に巻き込まれやすい場所については，F4「危険な場所」で取り上げる。このF5の授業は，通学時以外の誘拐防止についての学習であり，F1やF4の授業の復習・発展として位置づけられる。授業で出てくる「自分の身を守るポイント」はF1での既習事項であるが，身の安全を守るための大切なスキルであり，ロールプレイでしっかり身につける必要がある。

　このロールプレイ場面は，2～3人の子どもを前に出すかあるいは5～6人のグループ単位で演じさせるなど，子どもの実態に合わせて実施方法を変えてよい。自分の身を守るポイントである「おちつこう」の項目が使えるように工夫するが，特に「大きな声で助けを呼ぶ」では子ども自身は大きな声だと思っていても，意外と大きな声になっていないことが多い。場合によっては体育館などで実施して，友だち同士で声の大きさを確認するのが有効である。

表3-1　誘拐事件の被害者にならないためのロールプレイの指導

場　面		教師の指示（★）と子どもの反応・行動（△）	留意点
活動	(2)「自分の身を守るポイント」	★ 次は，不審者に出会ったときを考えていきます。不審者はどのようにみなさんを誘ってくると思いますか？ △ 好きな物を買ってあげると言う，親が病気と言ってくる，無理矢理つかまれる。 ★ 不審者は「好きな物を買ってあげる」と言って喜ばせたり，「お母さんが事故にあったから一緒に病院に行こう」と言って不安にさせたりして，みなさんを連れて行こうとします。また，強引に連れて行かれることもあります。特に，不審者は車に連れ込んで誘拐しようとすることが多いようです。怪しい車には近づいてはいけません。 ★ では，もし不審者が声をかけてきたり，近づいてきたらどうしますか？ △ 逃げる，助けを呼ぶ，近寄らない。 ★ いくつか危険な目に遭ったときのポイントがあります。今から「自分の身を守るポイント」を教えます（板書）。合言葉は，『知らない人がいたら，"おちつこう"』です。 ＊自分の身を守るポイント…『知らない人がいたら，"おちつこう"』 ①大（おお）きな声で助けを呼ぶ，②近寄（ちかよ）らない，③ついて行かない， ④怖（こわ）くなったらすぐ逃げる，⑤家（うち）に帰って伝える	防犯ブザーなどがあれば，加えて指導する。 F1参照。
	(3)ロールプレイ	★ それでは，練習をしましょう。先生が不審者の役をやるので，みなさんはポイントの通り行動してください。教室を自由に歩いてください。 ★ 教室を歩きまわり，声をかけるなどをする。 △ 「助けて！」と叫ぶ，逃げる，近寄らないなどを実行する。 ★ 終了です。最後に，不審者に連れて行かれそうになって危険な目に遭ったら，すぐに親や学校の先生に話してください。	

（注）　第2巻，小学校（中学年）F5「こんなときは注意！」参照。

　　表3-2は，中学校C3「しぐさと態度のコミュニケーション」でのロールプレイ実施場面である。このユニットは中学2年生程度で実施するように計画されているが，子どもの実態によってどの学年でも学習可能である。学習のねらいは，自分のノンバーバル（非言語的）コミュニケーションの特徴に気づいて，適切な伝達のための改善点を知ることと，好ましいスキルを身につけることにある。中学生は多感な時期であり，表情が硬かったり，目を合わせて話をできない子どももいる。まず，自分のそうした特徴に気づくことが大切である。

　　この指導案では，ロールプレイの前に「表情としぐさの伝言ゲーム」で，場面に合わせた表情やしぐさ（例：とてもうれしい）を順に伝えていくゲームを列ごとに実施する。言葉なしでも気持ちの伝達が可能なことを体感し，またこれに続くロールプレイの準備状態をつくることにもなる。その後，3人1組になり，話し手，聞き手，観察者の役になって順に短い話をして自分のしぐさの特徴を知るようにする。観察者はチェックリストによって評価を行い，話し手は自分の特徴を踏まえた上で改善点を見つけてさらに練習をする。

　　このロールプレイは，役割演技というよりも実際の練習の要素が強いだけに，子どもにとっての学習の必要性の認知が重要になる。行事や総合的な学習の時間での校外活動で，誰かに説明したり何らかのやり取りが必要な事態などが想定されるのであれば，その事前指導の一部に位置づけることによって，子どもは動機づけが高まり学習の成果が期待できるであろう。

第3章　SEL-8S学習プログラムの指導方法と留意点

表3-2　自分のノンバーバルコミュニケーションの特徴を知るためのロールプレイの指導とチェックリスト

場面		教師の指示（★）と子どもの反応・行動（△）	留意点
活動	(2)	（表情としぐさの伝言ゲーム）	
	(3)自分のしぐさの特徴を知る。	★ 次は，言葉も使って伝え合う練習をしましょう。3人組になって，話し手，聞き手，観察者の役を決めてください。今から話をしてもらいます。テーマは，最近あったうれしかったこと，または驚いたことの話です。話し手は，話す内容以外にも，しぐさや表情などに注意して話をしてください。そのとき，観察者は，チェックリストをもとに，話し手が上手にノンバーバルコミュニケーションを使っているか評価してください。 △ 1～2分程度，話をする。（役割交代） ★ うまくできましたか？　それぞれの話し方を，観察者の評価を見ながらグループで話し合いましょう。良かった点と改善点を話し合います。改善点は「悪かった」や「ダメだった」ではなく，「こうしたらいい」という言い方で話し合いましょう。 △ 相手の目を見た方がいい，もっと楽しそうな表情にしたら伝わるかも……。 ★ ○○さんの話し方が良かったです。前に出てやってもらいましょう。 △ ○○さんのグループに前に出て，発表してもらう。 ★ どんなところが良かったですか？ △ 表情からうれしさが伝わってきた，身振り手振りがあって良かった……。 ★ もう一度話をするので，今の改善点を聞いて，改善の目標を書きましょう。目標を書いたら，話を始めます。話すテーマは，先ほどと同じ内容でも，違う内容でもいいです。観察者は，話し手の伝え方が改善しているか見てください。 △ プリントに目標を書く。その後，話をする。（役割交代） ★ うまくできましたか？　伝え方が改善していたか，話し合いましょう。 △ （グループで話し合う）さっきよりもよくなっていた……。 ★ 練習を2回して，感想はありますか？ △ 難しかった，楽しかった，意外と出来ていないことに気づいた……。	チェックリストを配る。 場合によっては，ビデオ撮影などもできる。 プリントを配る。
振り返り			

チェックリスト
話し手のしぐさや態度をチェックしてください。

　　　　　　　　　　　　　　　　　　　　　　　　　　　　◎大変良い　○良い　△努力しよう
- □ 相手をきちんと見ている。　　　　　　　　　　　　　　　　　　　　　　　　　（　　　）
- □ はっきりと話している。　　　　　　　　　　　　　　　　　　　　　　　　　　（　　　）
- □ 笑顔や悲しい表情で話している。　　　　　　　　　　　　　　　　　　　　　　（　　　）
- □ 正しい言葉遣いができている。　　　　　　　　　　　　　　　　　　　　　　　（　　　）
- □ 身振り手振りでわかりやすく伝えようとしている。　　　　　　　　　　　　　　（　　　）

（注）　第3巻，中学校C3「しぐさと態度のコミュニケーション」参照。

　なお，ロールプレイへの批判として，実際の状況はもっと複雑で学習場面の設定は非現実的である，実際に使えるようなスキルの習得になっていない，といった点があげられることがある。例えば，表3-1で示した誘拐事件の被害者にならないための学習では，そんな学習内容では実践に使えないという批判がこれに相当する。しかし少なくとも，こうしたロールプレイは，実際にそうした危険な状況に出合ったときに，「あっ，あのときの話だ！」といった気づきを促す効果があると考えられる。大人でも，迷惑な訪問販売に対して，1回目はそれと気づかずに対応してしまうが，2回目はすぐに気づいて適切に断ることが容易になるのと同じである。また，練習なしで上達するスポーツはないのと同じで，実施方法に工夫は必要であるが，とにかく学習の機会を増やすという意味でロールプレイは重要な学習方法である。

3 指導方法の工夫

4 統計資料や解説資料

　学習を進めるにあたって，わかりやすい説明には統計資料や解説のための資料の利用が有効である。SEL-8S 学習プログラムの実践に際して，できるだけ授業者の負担が少なくなるように，本シリーズ第2巻（小学校編）と第3巻（中学校編）の指導案には関連する資料が添付されているユニットがある。

　例えば，図 3-5 は小学校（高学年）F9「マナーを守ろう」で提示する資料の一部である。この学習のねらいは，携帯電話の特徴と危険性（高額請求，アダルトサイト，犯罪につながるなど）を知って，マナー（チェーンメール転送，迷惑メール返信，デジタル万引きをしない）を守って使うことへの意欲を高めることと，携帯電話の使用についてのルールを保護者と話し合って決めることである。このユニットは，学習単元 F「問題防止」の1つで，応用的社会的能力の「生活上の問題防止のスキル」の育成が中心となる。

　図 3-5 は，携帯電話には費用がかかるが，それでも保護者が子どもに携帯電話をもたせる理由を示すときに提示する。このグラフから，1番は「家族間でいつでも連絡がとれる」，2番は「塾や習い事を始めさせた」，3番は「もたせていると安心できる」という順になっていて，安全のために携帯電話を子どもにもたせていることがわかる。しかし，携帯電話には危険な点もあるということで，学習が進んでいく。そして，単に危険な点に注意するようにと言うだけで終わらず，最後は保護者とのルールの話し合いや，それを守ることへの動機づけを高めて終わる。基礎的社会的能力の「自己のコントロール」や「責任ある意思決定」も強く関係する学習である。

　携帯電話に関する事情は変化が激しいので，子どもや社会事情の実態をよく把握するとともに，提示する資料もできるだけ新しいものが要求される。適宜新しいものに

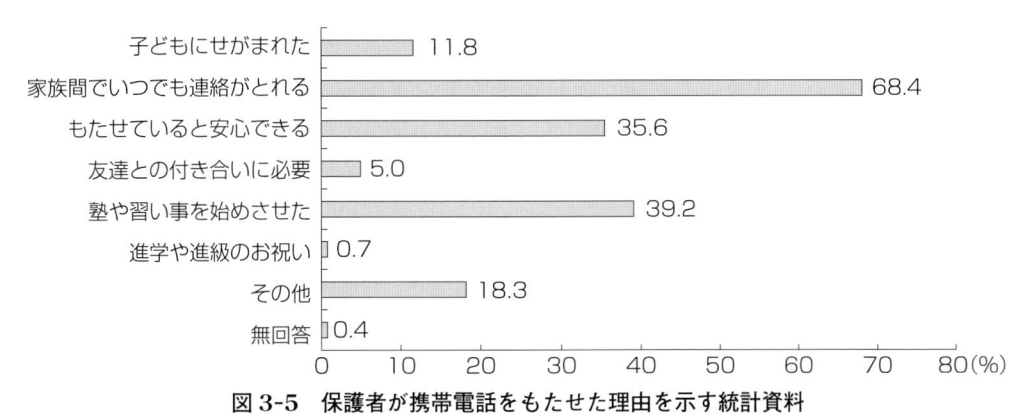

図 3-5　保護者が携帯電話をもたせた理由を示す統計資料

（注）　第2巻，小学校（高学年）F9「マナーを守ろう」参照。
（出所）　文部科学省（2009）．子どもの携帯電話等の利用に関する調査

表3-3 「ロール・レタリング」についての教師用資料

◆ロール・レタリングとは
　「ロール・レタリング」とは「ロール・プレイング」をもとにした日本語の造語であり，「役割交換書簡法」とも呼ばれている。
　具体的な手順としては，自分が親や友人（矯正施設であれば被害者など）に宛てて手紙を書く。その手紙は，実際には投函せず指導者やセラピストが預かる。指導者が見ないことを形にするため，目の前で鍵のかかる箱に入れるなどの演出を行うこともしばしばある。次に，時間を置いてその手紙を読み，今度はそれに対して，読み手（親，友人，被害者）の立場になって，最初の差出人である「自分」に返事を書く。書いた手紙は原則的に自分以外の人が目にすることはないので，人の目を気にせずに思ったことを自由に書くことができる。またそれを時間を置いて読み返すことで，冷静に内省することができる。

（注）第3巻，中学校B3「"私"への思い」参照。

差し替えていくことと，信頼できる調査結果を引用する必要がある。

　別の例として，表3-3に中学校B3「"私"への思い」の解説資料を示した。このユニットは，学習領域B「自己・他者への気づき，聞く」に含まれていて，ねらいはロール・レタリング（役割交換書簡法）という手法を用いて，保護者の気持ちに気づいたり，また他者の気持ちに気づくことの大切さを知ったりすることである。中学3年生での実施計画になっているが，他の学年でも実施可能である。

　このユニットの指導にあたっては，ロール・レタリングについて馴染みのない教師もいると考え，指導案に加えて表3-3のような解説を用意した。実際の解説資料には，これ以外にロール・レタリングの歴史についての簡単な説明や参考図書も示してあるので，必要があれば指導の準備に利用してもらいたい。

5　気づきやスキルの要点の覚え方（語呂合わせとシンボル）

　SEL-8S学習プログラムには，気づきやスキルの要点が「ポイント」「ヒント」「ルール」といった名称で，小学校と中学校でそれぞれ20前後ずつ出てくる。これらは一度耳にしただけでは定着が難しいので，まず覚えて日常的に意識化させ，そして行動化につなぐ工夫が必要である。その工夫の1つが，要点を語呂合わせで覚え，またシンボル化することによって意識しやすくすることである。

　例えば，携帯電話の使い方に関する小学校（高学年）F9「マナーを守ろう」では，『掲示板や知らないメールは，"みっか""みてへん"』のルールを学ぶ。これは，掲示板については【ミ】見ない，【ツ】作らない，【カ】書き込まない，の"みっか"で，知らない人からのメールは【ミ】見ない，【テ】転送しない，【ヘン】返信しない，の"みてへん"となる。こうした語呂合わせをさらに覚えやすくするために，図3-6のようなシンボルを用意した。

　また，図3-7のシンボルは中学校C5「上手な教え方」のポイントを示す『"タコ"の"わ"』である。このユニットは，中学校で上級生が学校行事や部活動などで下級生

図3-6　「"みっか""みてへん"」のシンボル
（注）　第2巻，小学校（高学年）F9「マナーを守ろう」参照。

図3-7　「"タコ"の"わ"」のシンボル
（注）　第3巻，中学校C5「上手な教え方」参照。

をリードすることが求められる場で，相手の立場に立った教え方のスキルを学ぶことがねらいとなっている。ポイントは【タ】タイミング，【コ】（相手の気持ちに配慮した）言葉遣い，【ワ】（教える）理由（わけ）や効果の説明，の3つを表している。なお，「タイミング」というのは，下級生が話を聞ける状況なのかどうかを判別して声をかけることを意味している。他のことで頭が一杯になっていると，声をかけても意図が伝わらないからである。相手の様子を見ながら，それに合わせた相互作用がもてるようになれば，効果的なコミュニケーションが可能になる。

　ここで紹介したような語呂合わせやシンボル化は，すべての学習の要点について提示されているわけではないが，SEL-8S学習プログラムでの学びを印象づけ，楽しいものにするために工夫してある。学習者である子どもにも考案させて，さらに改良を加えていくことができれば理想的であろう。

6　板書や掲示物の工夫

　学習中の板書の重要性は教科指導の場合と同じである。学習のねらいや経過，そして学びの要点などを整理し，またわかりやすく提示したりするのに板書の果たす役割は大きい。板書の構成を考えるときに，そのユニットで学ぶ気づきやスキルの要点をポスター形式の掲示物にして準備しておくと，板書で使用した後そのまま教室内などに掲示して日常生活での定着に使用することができる。

　図3-8は，小学校（中学年）D3「こころの信号機」の掲示物（ポスター）である。この学習では，怒りや強い衝動を感じたときに，すぐに暴力に訴えることの危険性に気づくとともに，「こころの信号機」モデルを知って，使おうという意欲を高めることがねらいである。この「こころの信号機」モデルというのは，赤＝止まれ，黄＝よく考えよう，青＝やってみよう，という流れを示している。怒りや強い衝動が生じたときに，すぐに反応して手や足が出るのを抑えるだけでなく，さらにそうした情動を適切に表現したり伝えていくための自己のコントロール力を育てるための学習である。

　この掲示物は，学習後に教室に掲示し機会あるごとに注意を向けさせたり，また学

第3章　SEL-8S学習プログラムの指導方法と留意点

イライラする　落ち着かない
ガマンできない・・・

こころの信号機

気もちが落ち着かない時は、
「こころの信号機」を使って、
正しく行動しましょう。

1. 止まれ！
深こきゅうを3回して、
気もちが落ち着くまで待ちましょう。

2. よく考えよう。
どうすればうまくいくか、
たくさん方法を考えましょう。

3. やってみよう。
一番いいと思う方法を
やってみましょう。

うまくできたかな？
自分がした方法を、ふり返りましょう。

図3-8　学習の要点を示した掲示物の例

（注）　第2巻，小学校（中学年）D3「こころの信号機」参照。

校生活の中で適切な行動の変容が見られたりしたときに，賞賛の根拠にできる。「あなたは，これができたので素晴らしい！」という褒め方は，子どもにとって賞賛の基準が明確なのでわかりやすい。こうして好ましい行動の定着化を図ることができる。

　SEL-8S学習プログラムの多くのユニットで，こうした掲示物の使用が有効である。5 で説明した，気づきやスキルの要点を表すシンボルを加えてデザインを少し工夫するだけで，子どもには非常に印象深いものになるだろう。

7　学校内外の環境づくり

　上で説明した掲示物は，さらに学年全体で揃えて準備しておくと，学習後に廊下に掲示することによって，子どもにとって統一された学習環境を用意することができる。こうした学校内の工夫や，さらに保護者・家庭・地域社会・他校種との連携については，第5章「学校へのSEL-8S学習プログラムの導入と展開」の8〜10（pp.97-104）で説明されているので，そちらを参照してほしい。

第 4 章

学校教育での SEL-8S 学習プログラムの意義

　本章では，SEL-8S 学習プログラムを学校で実施することが子どもの成長にどのように関わるのかを，特に現在対策を迫られたり解決が図られたりしているいくつかの課題との関係で説明する。具体的には，子どもの学校適応の促進，学力の向上，学級担任の学級経営の充実，規範意識・規範行動の向上，キャリア教育の推進，保護者や地域社会との連携との関係を中心に説明する。

　SEL-8S 学習プログラムがこれだけ多くの教育課題と関連していると言うと，読者は驚くかもしれない。しかし，実はすべての教育活動の根底にある学習内容なのである。SEL-8S 学習プログラムの講習では，筆者はときおり「有機肥料での土壌づくりに似ている」「急がば回れ，に当たる」などと言っている。まさに，教育活動全般の基礎になる部分の育成であり，その意義は大きいと考えている。

1 子どもの学校適応と SEL-8S 学習プログラム

1 教育資源としての学校

　不登校への取組の中で，不登校状態の子どもやその保護者から，「なぜ学校に行かなければならないのか？」という声が呟かれることがある。これは，「学校に行きたい」とか「学校に行かねば……」という思いとは裏腹に，実際には登校できない状態の中で，なかば自問するような状態で出される言葉であったりもする。この言葉を出されると，「子どもは学校に通うことになっている」ということを当然視する立場からは，回答に窮する。

　この質問については，法律面や教育史からの検討は別にして，「これだけの整った環境を有効に利用しないのはもったいない」という考えが一番現実的ではないだろうか。学校は一定地域ごとに必ず設置され，全国的な基準に従って教員が配置されている。設備面で壊れそうな校舎はどこにもないどころか，耐震工事が計画に従って実施されている。校庭があり各種特別教室も整っている。そして教育内容がよく吟味され，教育方法もさまざまに工夫が進められている。海外の日本人学校の設立過程や運営状況を聞いてみると，現地の日本人コミュニティが主体的に取り組まなければならないために，財政と運営の両面で保護者や日本人関係者の負担は決して軽くない。国内では，それをすべて教育行政が担ってくれており，学校は有効な教育資源であることがよくわかる。

　SEL で目指しているのは"知識と知性"，"思いやり"，"責任感"のある"健康"な市民の育成であると第 2 章で述べた。そのために，学校は非常に有効な教育機関である。どの子どもも有意義で充実した学校生活を送ってくれることが，保護者や教師の願いである。問題行動の予防とさらに好ましい状態への開発的な取組である SEL-8S 学習プログラムは，この学校適応の推進に大きく貢献できるのである。

2 生徒指導との関係

　学校では，生徒指導の機能として，「自己決定の場を与える」「共感的人間関係を育成する」「自己存在感・自己有用感を与える」の 3 点があげられることがある（坂本,1999）。SEL-8S 学習プログラムはこれらに大いに貢献できると言える。

　まず，「自己決定の場を与える」については，学校の生活場面でその機会を提供するにあたって，具体的にどのように自己決定を行うのかというスキル的な面を教える

71

必要がある。SEL-8S学習プログラムでは，基礎的社会的能力の「責任ある意思決定」としてそれを学ぶ。例えば，週末をどのように過ごすのか，あるいは何か禁止されていることについて仲間から誘われたときにどう対応するのか，といった場面ではすべて責任のある自己決定が必要である。その大切さを知り，具体的な方法の理解と習得を図ることがSEL-8S学習プログラムで可能となる。

また，「共感的人間関係を育成する」については，教師と子どもの間，そして子ども同士の人間関係形成がねらいとなっている。子ども同士の人間関係能力については，SEL-8S学習プログラムの基礎的社会的能力のすべてが関係している。まず，相手の立場に立つことができ，その感情を理解するのに「他者への気づき」が必要だし，それに対して自分にできることを考える基礎が「自己への気づき」によって形成される。そして，適切な関係づくりのスタートには「責任ある意思決定」が必要であり，またその共感的人間関係の維持には，「自己のコントロール」や広く「対人関係」の能力が関係する。さらに，最終的な他者への共感的な行動は，応用的社会的能力の「積極的・貢献的な奉仕活動」が基本となるだろう。

教師にとっても，SEL-8S学習プログラムの指導は，実はいくつかの新しい気づきをもたらすと考えられる。まず，対人関係能力に5つの基礎的社会的能力のような複数の側面があることを知るだろう。それとともに，その具体的な気づきの内容やスキルについても知識を得ることができる。また，こうした視点の獲得は，一人ひとりの子どもの理解の促進にも寄与する。「この子はなぜ何回言っても同じ失敗をするのだろう，と思っていたが，実は『責任ある意思決定』のスキルが不足していたのだ」といった具合である。さらに，教師自らの行動においても，SEL-8S学習プログラムの社会的能力への気づきと，それを高めようとする変容が生まれる可能性がある。これらの教師自身の変容は，確実に教師―子ども間の関係を共感的なものへと導くだろう。

最後に，生徒指導の3つの機能の中の「自己存在感・自己有用感を与える」については，SEL-8S学習プログラムによる自尊感情（自尊心）の育成と密接に関係する。基礎的社会的能力の獲得によって，周囲の友人や大人との関係が豊かになれば，その結果として自分を大切にするであろう。また，例えば「生活上の問題防止のスキル」によって問題行動から守られ，また「人生の重要事態に対処する能力」によって重要な選択・決定を乗り越えていけば，自らを尊い存在と感じるようになる。さらに，「積極的・貢献的な奉仕活動」で互いに支え合うような人間関係を開始できれば，身近な集団への帰属意識や所属感は高まる。それが自尊心の高まりにつながり，結果として「自己存在感・自己有用感」を生じることになると考えられる。

2　学力問題と SEL-8S 学習プログラム

　経済協力開発機構（OECD）による学習到達度調査（PISA）や，文部科学省による全国学力・学習状況調査の結果などが発端となって，全国的に学力向上が重要な課題になっている。各自治体の教育委員会や各学校で，学力向上が重点的な取組に入っていないところはほとんどない。図4-1は，この学力向上とSEL-8S学習プログラムで養う社会性との関係を示したものである。まず，土台となるのが「自己の捉え方と他者との関わり方」に関する社会性であり，SEL-8S学習プログラムはこの部分の育成を目指している。その上に，規範意識・行動，学習規律，自尊心があり，それに基礎・基本となる「読み，書き，算，体力」が位置づき，それをもとに応用力とも言える「問題解決能力」が育成される。

　まず，応用力が基礎・基本の上に成り立っているという点については，特に異論はないであろう。学力テストなどでも，ほぼこのような分類と位置づけがなされている。多くの学校で，基礎・基本の定着に取り組むのは，こうした位置づけを踏まえてのことである。

　この基礎・基本の力を育てるためには，学習場面のルールである学習規律が身についている必要がある。教師の説明や指示を聞く，級友の発言に耳を傾ける，決められたルールで質問や発言をする，忘れ物をしないといった行動が定着していないと学習

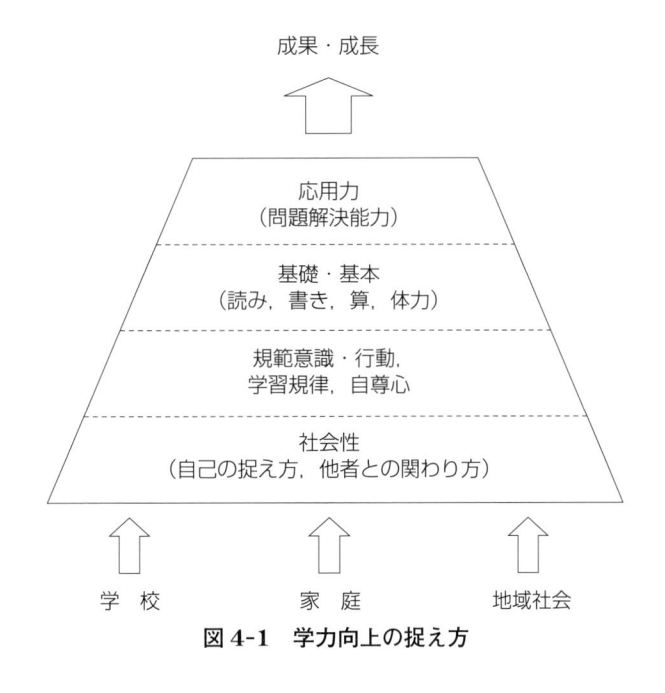

図4-1　学力向上の捉え方

は進まない。これが崩れると授業が成立しない。さらに学習場面を含めて，学校内外のさまざまな決まりを守り，社会規範に従って行動しようとする規範意識や規範行動が身についていないと，反社会的な問題行動が起きやすく，その対処や事後処理のために教師は多くの時間と労力を割かなければならなくなる。そして，さらに学習活動や日常生活でのさまざまな取組に，自尊心が関係する。「どうせ自分にはできない」「やっても無駄」「自分はどうでもいい存在」といった低い自尊心では，たとえ力があったとしても何事にも積極的には取り組まないであろう。

図4-1では，これらの3つのレベルを支える土台として社会性が設定されている。他者と関わる際にその基盤となるのは，自己をどのように見るのかという自己の捉え方である。自尊心を形成する要素として，まず自己を外部から見るように対象化できるかどうか，その際にどのような点に注目し，得られた情報をどのように処理するのかといった点が考えられる。つまり，自分の顔を鏡で見るように自分自身を自分で見ることができるのか，自分の感情や考えそして行動のどのような点に注目しどのように意味づけるのか，そしてどのように統制しようとするのかという力である。

社会性のもう一つの側面は，他者との関わり方である。自己を捉える際の多くの部分が，周囲の他者との相互作用の中でなされる。その関わり方が適切でないと，自分についての情報が入手しにくいし，また適切な具体的行動の習得も難しい。「言葉が通じない」という状況は，その子どもたちに他者の言動への基本的な関心や態度が形成されていないことが一因と考えられる。そこでは，それに続く相互作用の中での成長や，その結果としてのコミュニケーション能力の向上も期待しにくい。

図4-1では，一番下に「学校」「家庭」「地域社会」が並んでいる。それぞれの影響を受け支えられて子どもは社会性を身につけていくのだが，最近は家庭や地域社会の教育力が低下していると言われている。家庭にあっては，親子関係やしつけの質が変化し，祖父母による教育の機会が減っている。地域社会については，その地域コミュニティ自体が崩壊していたり，機能が低下していたりすることが多い（岡崎・玉井，2010）。そうした現状にあって，学校が果たす役割は大きくなっている。ただし，第1章で述べたように子どもの体験の質が変化しているので，従来の関わり方では教育効果をあげにくくなっている。そこで，計画的に学習時間を設定して取組を進めるために，本書のSEL-8S学習プログラムを提案しているのである。計画的・組織的に実践していくなら，確実に学力は向上すると考えられる。

3 学級経営とSEL-8S学習プログラム

日本の学校教育は学級単位で進められ，かつ学級としてのまとまりや学級集団がも

つ教育力を重視する傾向が強い。そのため，学級担任には集団としての学級を指導する力量が求められる。これが学級経営力である。この学級経営力が不十分であったり効果が発揮できなかったりすると，子どもが教師の指示に従わずに授業が成立しない状態が恒常化する学級崩壊やいじめ，そしてその影響を受けた不登校などが発生しやすくなる。そのため，どのようにして学級経営力を高めるかが教師の教育力の重要な要素となる（河村，2010）。

この点に関して，これまで教職に就いて3年目の若い教師がSEL-8S学習プログラムを実施した結果からわかったことを紹介したい（田中・小泉，2007）。その実践では，学級担任教師に一人ひとりの子どもの社会的能力の評価と，それをどの程度高めたいと思うかという目標設定，そして日々の教育活動の中での気づきを記録するように依頼した。その結果，子どもの社会性が向上しクラス全体が落ち着く傾向が見られるとともに，学級担任から「子ども一人ひとりをよく観るようになった」「これまで見過ごしていることがあったと気づいた」といった感想が得られた。これはおもに，子どもを集団として捉えるのではなく，一人ひとりを個別に観るという手続きを求めたことによるのであろう。しかしさらに，通常は「人間関係がきちんともてる子」や「社交性が欠けた子」といったように，大まかに捉えていた視点が，SEL-8S学習プログラムの指導を通して，観察の視点が細分化されたことが影響しているのではないかと推測される。

SEL-8S学習プログラムで育成しようとする社会的能力は，子ども一人ひとりが獲得することを目指すものであり，集団としての行動のあり方や学級集団の雰囲気づくりではない。的確に実践と評価を行うとき，個々の子どもが成長し，その結果として学級集団が受容的になり日々の教育活動による成果が高まるのである。このように教師の学級経営力を高める上で，SEL-8S学習プログラムは重要な役割を果たすことができる。

4 規範意識・規範行動の向上とSEL-8S学習プログラム

子どもが教師や大人の指示に従わなかったり，決まりを守ろうとしない傾向があるという認識から，規範意識の現状や低下の状況を調査したり，あるいは非行防止教育の導入が図られたりしている（文部科学省・警察庁，2005）。SEL-8S学習プログラムは，問題行動の予防を目的としたものであり，日常的なトラブルや問題の解決だけでなく，非行防止にも大きな役割を果たすことができる。

その具体的なしくみは，図4-2のようになっている。SEL-8S学習プログラムによって自己の捉え方と周囲の他者との関わり方に関するスキル・態度・価値観が身につ

第4章　学校教育でのSEL-8S学習プログラムの意義

```
┌─────────────────────────┐
│      対人関係能力         │      ┌──────────┐        ┌──────────┐
│     （情動的知能）        │      │犯罪や問題行動│        │問題行動の予防│
│          ↓              │  ＋  │に関する     │  ⇒    │・規範意識   │
│        自尊心           │      │科学的知識   │        │・規範行動   │
│（自らを価値ある存在と認める態度）│      └──────────┘        └──────────┘
└─────────────────────────┘
```

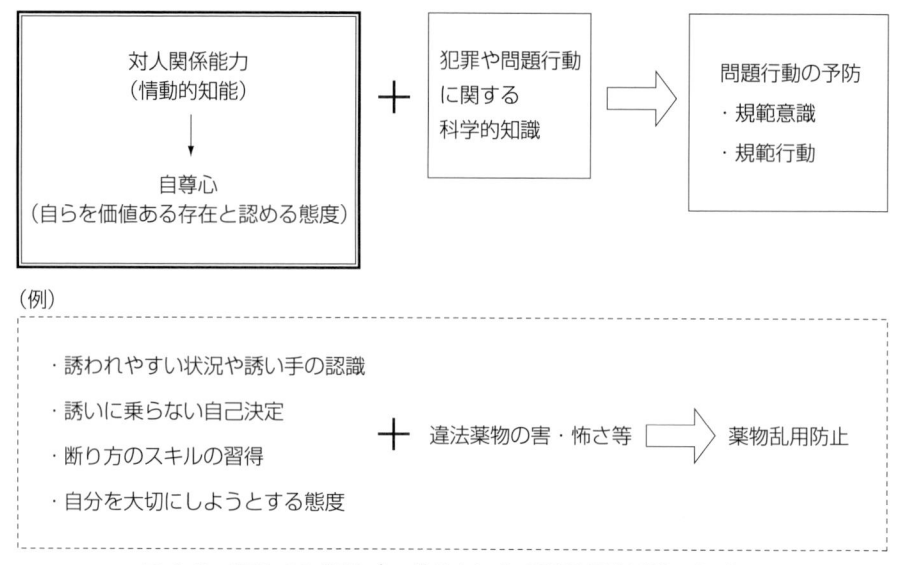

（例）
┌───┐
│ ・誘われやすい状況や誘い手の認識   │
│ ・誘いに乗らない自己決定   ＋ 違法薬物の害・怖さ等 ⇒ 薬物乱用防止
│ ・断り方のスキルの習得   │
│ ・自分を大切にしようとする態度   │
└───┘

図4-2　SEL-8S学習プログラムによる問題行動予防のしくみ

くと，対人関係能力が向上し，それによって周囲の他者との交流が深まる。そこには，情動的知能の向上が深く関係していると考えられる。情動的知能とは，自分の感情の認知やコントロールおよび他者の感情の読み取りをする能力で，他者とのコミュニケーションや社会的な関わりに用いられているからである。そして周囲の人との有意義な相互作用は，次第に自分を大切にしよう，自分はかけがえのない存在だという自尊心の高まりをもたらす。これに加えて，各問題行動についての科学的な知識や実情を学ぶ。例えば薬物乱用防止教育であれば，違法薬物にはどのようなものがあるのか，心身にはどのような害があるのか，法律で何が禁じられ何が罰則の対象になるのか，日本ではどのような実情なのか，どういった手口で使用に誘うのかといったことを，子どもの実態に合わせたデータや資料にもとづいて正しく認識することを意味する。

　これらの学習によって，違法薬物に誘われても使用しない，関わりをもたないという規範行動が形成され，問題行動の予防につながる。SEL-8S学習プログラムでは，誘われそうになってどうしても対処できないときにはその場から逃げ去るという方法も学ぶが，最終的には自分の周囲で使用したり使用しようとする友人がいたら，制止できるようになることが目標である。問題行動の当事者にならないのはもちろんのこと，被害者にならないとともに周囲の者への抑止力となれば大きな効果が期待できる。

　非行の防止について以前から実施されてきたのは，各問題行動についての科学的な知識や実情の説明が中心であり，最後は「こういうことはしないように」という口頭での指示で終わるような方法である。多くの教師はこうした方法には限界があることに気づいているとともに，知識の提供だけに終われば場合によっては「おもしろそうだ。試してみよう」といった"試行"のきっかけを提供する危険性もあった。まさに

"寝た子を起こす"状態であり、そうなるとむしろ詳しく説明せずに、「とにかくするな！」という指示だけで終始することになる。しかし、それではねらいとした成果は期待できない。

なお、規範にはルール（法）、マナー（慣習）、モラル（道徳）のような区分が提唱されており（北川、1984）、含まれる範囲は広い。そして規範意識とは「ある対象について価値判断を下す際、その前提になっている価値を価値として認める意識」（小学館『大辞泉』編集部、1998）と説明されている。よって規範意識とは、日常の広範囲にわたるさまざまな行為の価値判断をする際に、その価値を価値として認めるかどうかの程度を意味すると言える。規範は文化によって異なる部分があることからもわかるように、社会に対して相対的な要素も強い。よって、規範意識の育成の根底にあるのは日常的な対人関係のあり方であると考えられる。そして、規範行動は規範とされるものを価値あるものとし、それに従ってとる行動を意味する。SEL-8S学習プログラムでは、これらの規範意識と規範行動の両方を高めることができると考えられるが、それには長期間の実践と学校や家庭・地域社会の連携による環境づくりが必要である。その具体的な方策については第5章で詳しく説明する。

5　キャリア教育とSEL-8S学習プログラム

アルバイト生活を続けて非正規雇用を繰り返しているフリーターや、仕事をせずに社会的な関わりをもとうとしないニート（定義は、国や関係者によって違いがある）の問題から、学校でのキャリア教育の必要性が叫ばれている。進学・就職指導から進路指導へ、そしてさらに近年は生涯にわたる生き方を考えるキャリア教育へと変化してきており、小中学校段階でも取組が進められつつある。

キャリア教育の推進にあたって、育成を図る能力として表4-1に示したような「基礎的・汎用的能力」が示されている（中央教育審議会、2011）。これは、若者が学校から社会や職業への円滑な移行を経て、生涯にわたって社会的・職業的自立ができるようになるために必要な能力とされている。

具体的に見てみると、いずれの能力もSEL-8S学習プログラムで育てようとしている8つの社会的能力が深く関係していることがわかる。人間関係形成・社会形成能力、自己理解・自己管理能力、課題対応能力には、おもに基礎的社会的能力の5つの能力が深く関わっている。また、キャリアプランニング能力は、おもに応用的社会的能力の「人生の重要事態に対処する能力」（人生の節目への積極的な対応）と「積極的・貢献的な奉仕活動」（働くこと、社会への貢献）に関わる。そして、「生活上の問題防止」は健康で安全な生活に必須であり、社会的・職業的生活の基盤となる力である。

第4章　学校教育でのSEL-8S学習プログラムの意義

表 4-1　キャリ教育における「基礎的・汎用的能力」

領域	能力の説明
人間関係形成・社会形成能力	多様な他者の考えや立場を理解し，相手の意見を聴いて自分の考えを正確に伝えることができるとともに，自分の置かれている状況を受け止め，役割を果たしつつ他者と協力・協働して社会に参画し，今後の社会を積極的に形成することができる力である。 　この能力は，社会との関わりの中で生活し仕事をしていく上で，基礎となる能力である。特に，価値の多様化が進む現代社会においては，性別，年齢，個性，価値観等の多様な人材が活躍しており，様々な他者を認めつつ協働していく力が必要である。また，変化の激しい今日においては，既存の社会に参画し，適応しつつ，必要であれば自ら新たな社会を創造・構築していくことが必要である。さらに，人や社会との関わりは，自分に必要な知識や技能，能力，態度を気づかせてくれるものでもあり，自らを育成する上でも影響を与えるものである。具体的な要素としては，例えば，他者の個性を理解する力，他者に働きかける力，コミュニケーション・スキル，チームワーク，リーダーシップ等が挙げられる。
自己理解・自己管理能力	自分が「できること」「意義を感じること」「したいこと」について，社会との相互関係を保ちつつ，今後の自分自身の可能性を含めた肯定的な理解に基づき主体的に行動すると同時に，自らの思考や感情を律し，かつ，今後の成長のために進んで学ぼうとする力である。 　この能力は，子どもや若者の自信や自己肯定感の低さが指摘される中，「やればできる」と考えて行動できる力である。また，変化の激しい社会にあって多様な他者との協力や協働が求められている中では，自らの思考や感情を律する力や自らを研鑽する力がますます重要である。これらは，キャリア形成や人間関係形成における基盤となるものであり，とりわけ自己理解能力は，生涯にわたり多様なキャリアを形成する過程で常に深めていく必要がある。具体的な要素としては，例えば，自己の役割の理解，前向きに考える力，自己の動機づけ，忍耐力，ストレスマネジメント，主体的行動等が挙げられる。
課題対応能力	仕事をする上での様々な課題を発見・分析し，適切な計画を立ててその課題を処理し，解決することができる力である。 　この能力は，自らが行うべきことに意欲的に取り組む上で必要なものである。また，知識基盤社会の到来やグローバル化等を踏まえ，従来の考え方や方法にとらわれずに物事を前に進めていくために必要な力である。さらに，社会の情報化に伴い，情報及び情報手段を主体的に選択し活用する力を身につけることも重要である。具体的な要素としては，情報の理解・選択・処理等，本質の理解，原因の追究，課題発見，計画立案，実行力，評価・改善等が挙げられる。
キャリアプランニング能力	「働くこと」の意義を理解し，自らが果たすべき様々な立場や役割との関連を踏まえて「働くこと」を位置づけ，多様な生き方に関する様々な情報を適切に取捨選択・活用しながら，自ら主体的に判断してキャリアを形成していく力である。 　この能力は，社会人・職業人として生活していくために生涯にわたって必要となる能力である。具体的な要素としては，例えば，学ぶこと・働くことの意義や役割の理解，多様性の理解，将来設計，選択，行動と改善等が挙げられる。

（出所）中央教育審議会（2011）より。

　以上のような「基礎的・汎用的能力」との密接な関係は，教育課程との関係を示す図2-2（p.45）にあるように，SEL-8S学習プログラムの枠組み自体がキャリア教育を含み，"良き市民"の育成を目指していることからもわかる。

6　保護者・地域社会との連携とSEL-8S学習プログラム

　本章の初めで，学校は子どもの教育のために有効な資源の1つであると説明した。学校は行かねばならないものというよりも，これを最大限に利用するのが得策である

という考え方がよいのではないかという趣旨である。これは子どもや保護者の立場に立ったときの視点である。この視点からさらに，子どもや保護者，そして地域社会の住民にとって価値ある教育資源となるために，学校は何をすべきなのかという点を考えてみよう。

　古くから「おらが村の学校」という言葉があるように，学校は地域コミュニティの中心の1つであった。子どもの数が減少して学校規模が小さくなり，統廃合が検討される際に，地域住民にとって抵抗の原動力となるのが，「自分もその前の世代も育ってきた学校を失いたくない」という思いである。地域によっては，家族の子どもがもはやだれも通っていなくても学校の運動会には地域住民が集まるところがある。また，「学校のために」という共通の思いのもとに，父親による「おやじの会」やさまざまなボランティアやあるいは授業を手伝うゲストティーチャーが集まってくれる。

　このような場合，学校は地域住民にとって心情面での一種の"拠り所"となっており，その"拠り所"を中心として地域コミュニティが捉えられていると言える。この"拠り所"はアンカーポイント[1]と呼ばれており，場所に限らず，他の場面や状況でも同様の機能をもつものがある。例えば，サークルやクラブなどで全体をリードする中心人物や指導者は，多くのメンバーにとってアンカーポイントであろう。また，そうした中心人物でなくても，ある人にとってはその集団に誘ってくれた人物がいて，その人物を中心に人のつながりができあがっていくのであれば，その誘ってくれた人はアンカーポイントである。

　もし，保護者や地域住民にとって学校がアンカーポイントになっているならば，学校との連携を進めやすくなる。例えば自分は卒業生である，子どもが世話になった先生がいる，子どもを介して保護者の付き合いが続いているといった場合，その人がその学校の校区を意識したり語ったりするときに，学校は特別な意味をもつであろう。そして，もし学校からの依頼や呼びかけがあれば，その人は貢献したり何らかの役割を引き受けたりすることについて抵抗は少ないであろう。

　このように見てくると，まず学校が保護者や地域住民にとってアンカーポイントになるなら，彼らと学校との連携が促進される。そして次に，その連携の促進が，学校の教育機能を高めることによってより多くの人に学校がアンカーポイントとして機能する機会を提供するようになる，というように良い循環が生じることがわかる（小泉，2002）。

　ではどうやったら，学校は最初のスタートとなるアンカーポイントの役割をもつことができるのか。それには，何よりも学校の第一の役割である，子どもの教育において十分な教育機能を発揮することである。本書で紹介するSELは，その目的が"良き

---

[1] アンカーポイントとは，人間とその環境との間の相互交流（すなわち相互作用によって双方が変化していくこと）を促進するような人間―環境システム内の要素のことである。

市民"の育成であり，具体的には"知識と知性"，"思いやり"，"責任感"のある"健康"な市民を育てることであることからわかるように，学校がその本来の使命である教育機能を高めることに大いに貢献できる。

　事実，アメリカでは都市の中で特に社会環境や家庭環境が厳しい地区にある学校でSELを長期間，計画的・組織的に導入し，大きな教育成果をあげた例が報告されている（Weissberg & Greenberg, 1998）。SELによる教育成果が保護者や地域住民から協力や賛同を得る機会を生じさせ，学校を中心とした連携関係が進展するとともに，それがさらに地域の改善にもつながることを示した例と言える。わが国においても，地域社会や家庭環境が大きく変化しているのであるから，子どもの実態に合わせてSELを導入・実践すれば，その教育効果が保護者や地域社会に認められ，さらにそれが連携関係を強めて学校での教育活動を実り多いものとすることが期待できるのである[(2)]。なお，具体的な連携方法については第5章で説明する。

文　献

中央教育審議会（2011）．今後の学校におけるキャリア教育・職業教育の在り方について（答申）

河村茂雄（編著）（2010）．日本の学級集団と学級経営――集団の教育力を生かす学校システムの原理と展望　図書文化社

北川隆吉（1984）．規範　北川隆吉（監修）現代社会学辞典　有信堂高文社

小泉令三（2002）．学校・家庭・地域社会連携のための教育心理学的アプローチ――アンカーポイントとしての学校の位置づけ　教育心理学研究, **50**, 237-245.

小泉令三（2004）．地域と手を結ぶ学校――アメリカの学校・保護者・地域社会の関係から考える　ナカニシヤ出版

文部科学省・警察庁（2005）．非行防止教室等プログラム事例集〈http://www.mext.go.jp/a_menu/shotou/seitoshidou/mondai04.htm〉

岡崎友典・玉井康之（2010）．コミュニティ教育論　放送大学教育振興会

坂本昇一（1999）．生徒指導が機能する教科・体験・総合的学習　文教書院

小学館『大辞泉』編集部（編）（1998）．大辞泉　小学館

田中展史・小泉令三（2007）．社会性と情動の学習（SEL）プログラムの強化・般化に関する試行的実践――教科等との関連づけ，目標の個別化，保護者との連携を通して　福岡教育大学心理教育相談研究, **11**, 73-81.

Weissberg, R. P., & Greenberg, M. T. (1998). School and community competence-enhancement and prevention programs. In W. Damon (Series ed.), I. E. Sigel & Renninger, K. A. (Vol. eds.), *Handbook of child psychology: Vol 4. Child psychology in practice. 5th ed.* New York: John Wiley & Sons. pp. 877-954.

[(2)] アメリカの学校，保護者，地域社会の連携関係については，小泉（2004）を参照してほしい。

第 5 章

学校へのSEL-8S学習プログラムの導入と展開

　本章では，SEL-8S学習プログラムを実際に学校に導入し展開していくときに，どのような方法や留意点があるのかを説明する。導入に際しては，その経緯として大きく分けて2種類があると考えられるので，その枠組みで説明を進める。どの項目も重要であるが，しかしすべての学校についてこれらすべてがそのまま適用できるわけではない。それぞれの学校の実態に合わせて，適宜修正が必要である。また，他の心理教育プログラムの導入と展開にも共通している部分が多いので，その際にも参考になるであろう。

　実は，子どもの社会性の育成のためには，本書で示した学習プログラムを含めて，"材料"は揃いつつあると考えられる。次の課題はそれをどう"調理"するか，つまりどのように学校に導入し，定着・発展させるかということである。そのためには，日本の学校のしくみを考慮し，それに合わせる努力が必要である。本章はその方策と手順をまとめた章である。

1 トップダウン型とボトムアップ型

　導入のプロセスに注目すると，かなり強引な二分法かもしれないが，上部からの指示・指定等によるトップダウン型と，下部からの積み上げによるボトムアップ型の2つの型に分類することができる。それぞれにメリットとデメリットがあるので，それらをよく考慮し，当然のことながら，メリットをさらに活かしデメリットを最小限にするような工夫が必要である。

1　トップダウン型での導入

　これは，先駆的な取組として文部科学省の実践研究指定校になったり，教育委員会による研究指定を受けたりするような場合の導入方法である。また近年は，教育特区の申請を行い，独自の教育課程の編成が認められる場合などもこのトップダウン型に入る。

　この場合のメリットは，学校が組織として取組を開始するため，例えば主たる担当者（後に述べるSELコーディネーター教員）や，取組のための校内の組織などが早い時期に決定されることである。また，校内の研修会の計画や，先進校の視察あるいはその研究発表会への参加なども実施しやすい。そのための予算措置が組まれている場合は，さらに取組が円滑に進むと考えられる。このように学校全体での取組の雰囲気ができているので，教職員間の意識も高まりやすく，実践が軌道に乗りやすい。

　逆にデメリットと考えられるのは，実践が継続されず定着が難しい場合があることである。例えば3年間の取組であれば，通常は最終年度にあたる3年目にそれまでの成果を公表するための研究発表会を開く。問題となるのは，その学校でその後の実践がどの程度，定着するかである。「指定を受けたから……」「研究のためであり，研究期間が終われば……」という考えが教職員間で強ければ，取組の継続は難しい。特に，研究発表会のために特別な体制で準備を進め，教科の学習等に何らかの"しわ寄せ"があると，この傾向が強いようである。学習の遅れを取り戻すために，研究として実施してきたことはひとまず休止せざるを得ないからである。また，教職員の異動も関係する。取組を中心的にリードしてきた担当者（SELコーディネーター教員）が異動したり，教職員の大幅な入れ替えがあったりすると，当然のことながら取組を継続・発展させることは難しくなる。研究発表会までは頻繁に更新されていたホームページが，その後は何年も変わらなかったり，あるいは閉鎖されたりするという事態が生じることもある。

2　ボトムアップ型での導入

　この型は，子どもの実態にもとづいて教職員が実践の必要性を感じ，研究指定などとは関係なく導入していくタイプである。各教員が，SEL-8S 学習プログラムや類似の学習プログラムを自分の学級の学級経営や学習指導の中で実施していることがあるが，それが学校全体での取組に発展していくものである。"草の根運動"的な要素をもつ実践と言えるかもしれない。

　この場合のメリットは，子どもの実態にもとづいた取組であるため，その学校に合ったやり方や内容が実施されることである。こうあらねばならない，これを検証するといった必要性がないので，実態に合わせた取組が可能となる。また他の特別な取組（教科学習の校内研究等）とは別の位置づけであるため，いったんその学校に定着すると，比較的長期間実践が継続される。教職員が「この学校が継続して取り組んできた伝統である」という意識をもっていたり，特に指導を行った上で手応えを感じたりしているとこの傾向は強い。

　一方，このタイプでの導入のデメリットは，学校全体の組織的な取組となるのに時間を要すること，特に主たる担当者（SEL コーディネーター教員）が不在であると，学校全体での実践になりにくいことである。どの学校にも，教職員本人が意識しているかどうかにはかかわりなく，学級担任あるいは教科担任として SEL-8S 学習プログラムに該当するような学習や指導を行っている教職員が一人はいる。そうした実践が学級単位にとどまっていて，学校はおろか学年レベルにも広がっていないことがあるのは，まさにこれを全校的に展開していく中心的な教員がいないためである。この場合，当然のことながら全校での取組の展開や組織づくりは実現しない。

2　SEL コーディネーター教員の役割

1　SEL コーディネーター教員の責任

　すでに，「主たる担当者」という名称で，SEL コーディネーター教員の業務内容に少し触れてきた。コーディネーターという用語は，全国での特別支援教育コーディネーターの配置を機に，学校でも広く知られるようになった。ここでは SEL-8S 学習プログラムの実践のための，連絡，調整，推進の役割を担う者を意味している。

　実は，アメリカの実践を紹介したイライアスらの著書（イライアス他，1999）では，社会性育成コーディネーターという役割をもつ教員が紹介され，表5-1のような役割

表5-1 アメリカでの社会性育成コーディネーターの役割の概要

社会性育成コーディネーターの役割は、学校でのSELの教育活動を総括することである。以下に、コーディネーターの役割の概要を示す。
1. 学校全体でのSELプログラムの取組を組織化し、実行する。
   ・社会性育成校内委員会を招集し、組織化する。
   ・教職員が実施経験や意見を共有できるように、会議の予定表をつくり、議長を務める。
   ・時間割を調整し、円滑に行えるようにする。
   ・学校全体で学習進行中のスキルの一覧表をつくる。
   ・授業記録を保管する。
   ・SELの学習で使用する用語を入れたポスターを学校全体で使用するよう奨励する。

2. 新しい教職員および現在の教職員を訓練する。
   ・オリエンテーションと事後指導をする。
   ・相互の研修を設定する。
   ・対人関係問題解決のための上級ワークショップを開催し、関係者の連携促進を図る。

3. SELプログラムを子どもの家庭にも拡張する。
   ・保護者のワークショップを開催する。
   ・情報提供のパンフレットを作成する。
   ・「社会性育成の日」を主催する。
   ・家庭でもこつこつやれるような学習の持続力を育てる。
   ・「社会性育成子ども塾」の新聞を発行する（スタッフ用、子ども用）。

4. 教職員の動機づけを高める。
   ・事務処理を最小限にする。
   ・利用可能な魅力的な教材がいつでも利用できるようにする。
   ・既存の教育課程にSELプログラムを導入する。
   ・教職員を励ます。

(注) イライアス他（1999）を一部修正。

の概要が示されている。日本での実践に際しても、これと類似した役割が求められる。

これら以外のこととして、後ほど述べる試行的実践にいたるまでの学校内の関係者の調整や、試行的実践段階での教職員の支援がある。導入段階では、SELコーディネーター教員はまさに中心的な役割を担う必要がある。

2 SELコーディネーター教員の選出と位置づけ

このように、SEL-8S学習プログラムの導入・展開にSELコーディネーター教員の果たす役割は大きいため、その選出方法と教員組織への位置づけは重要である。

選出にあたっては、子どもの社会性の育成に理解と興味・関心があり、自ら幾分かの実践経験を有すること、そして他の教員をリードできる力量をもっていることなどが要件となる。具体的には、これまでに自分の担任する学級で構成的グループエンカウンターや社会的スキル教育などの実践を行った経験があり、その有効性を実感している必要がある。もし、実践経験がないならば、教育委員会等の主催による関連した教員研修会に参加経験があると、役割を果たしやすいであろう。

第5章　学校への SEL-8S 学習プログラムの導入と展開

図 5-1　SEL コーディネーター教員の位置づけ

（注）教務主任が SEL コーディネーターを兼ねることもある。校種，学校規模，教員構成によって，委員会組織の統合や細分化は異なる。

位置づけとしては，後ほど述べる校内の組織づくりと深く関係するが，いずれにしても SEL-8S 学習プログラムの実践は教科等の担当に関係なく全教職員が関わるため，全校を視野に入れた上で各教員を支援できるような位置づけにする必要がある。理想としては図 5-1 に示すように，ある意味で管理職（校長，教頭）に準ずるような位置づけにあると機能的ではないかと考えられる。もちろん，必ずそうした位置にいる必要があるというわけではないが，学校全体の教育機能の向上を図る上では非常に重要な役割を担うことになる。

　少し一般的な話になるが，日本においては特定の役割を担った教職員の配置はあまり進んでいない。一般の教諭以外に，特別な教育と訓練を受けているのは養護教諭，栄養教諭，図書司書程度である。最近，急速に配置が進んだ特別支援教育コーディネーターは，一定の研修を受けてはいるが，特にそのための免許状を有しているわけではない。SEL コーディネーター教員もそれと同じような部類になる。

　こうした状態は，学校内での職務が細分化され，専門職の多いアメリカの小中学校などとは大きく異なる。アメリカでは，教職員の間でも分業化が進んでいる。今後日本の学校でも，職務の分業化とそれにともなう免許や資格の制定あるいは認定が徐々に必要になるのではないかと考えられる。

3　試行的実践の重要性

　先に，導入のタイプとしてトップダウン型とボトムアップ型を説明した。いずれのタイプにしても，試行的な実践が必要である。その目的は，①学習内容を確認するこ

と，②学習指導方法（例：ロールプレイ）を試行してみること，③評価方法が妥当かどうか確認すること，④全校での実践に向けての検討課題（例：教育課程への位置づけ）を明らかにすることなどである。さらにボトムアップ型では，全校での実践を決定するための基礎資料を得るという大きな目的がある。

　この試行的実践の重要性は，イライアス他（1999）でも指摘されている。試行的実践なしで全校一斉に実施しようとすると，教職員の理解にバラつきがあったり，何らかの不都合が生じた場合，その改善に要する時間や労力が大きくなったりするからである。特に，教職員の動機づけと実践による手応えへの好ましくない影響に注意を要する。「何かわからないが，やらないといけない」「やらねばならないから，やるだけ」といった傾向が強いと，効果的な実践はほとんど期待できない。

　これまで筆者の関わりの中で実践に取り組んできた教師たちも，ほとんど試行的実践を経た後，そこで得た成果と課題を踏まえて学校全体での実践へと進んでいる。表5-2にトップダウン型，表5-3にボトムアップ型の場合の導入手順の例を示した。

　トップダウン型では，すでにSEL-8S学習プログラムの導入・実践が決まっているので，全校実施までの期間は下で説明するボトムアップ型に比べると短期間で済む。試行的実践は，初年度の夏休み前までの期間程度で実施可能であろう。そこでは，SELコーディネーター教員など校内で実践の推進役となる教員を中心に何クラスかでの実践を行う。小学校であれば低・中・高学年でそれぞれ1学級ずつ，中学校であれば1〜3年の各学年で1学級ずつ程度実施できるとよい。さらに，それらを全教員が参観して校内の授業研修会をもつことができれば，試行の意義は高まる。あるいは，都合がつく教職員が適宜，授業参観をする程度でも，実施状況の理解促進には効果がある。これらをもとに試行的実践の評価（8月）を行い，夏休み以降に全校実践を開始する。

　ボトムアップ型では，実践推進のための理解者を得るという意味で，初年度4月〜8月時期の試行的実践に参加してくれる学級の選定は重要である。そこでの事前の打合せや実践の準備，そして実践の途中の過程については他の教職員も気づくであろう。それが試行的実践の成果を共有する段階（1月）で役立つ。特に，子どもの変容が他の教職員から見てもわかるようであれば，実践の意義を伝え，管理職をはじめ全校での実践の同意を得るのに効果的である。そして，次年度の全校実践に向けての準備（2月）では，年間の指導計画とそのための校内組織についての準備を行い，体制を整えることになる。

　以上のような試行的実践の意義と役割を十分に理解し，着実な実践の進行のための足がかりとする必要がある。

第5章　学校へのSEL-8S学習プログラムの導入と展開

表5-2　試行的実践を含む導入手順の例（トップダウン型）

時　期	段　階	実施内容
前年度 10月～3月	（T1）導入準備段階	・SEL-8S学習プログラムの理論の理解 ・導入・実践のための校内組織の検討 ・初年度取組の年間計画立案 ・試行的実践の準備（指導内容，学習指導案，評価方法等）
初年度 4月～7月	（T2）試行的実践の実施	・校内職員研修会で試行的実践のための研修 ・試行的実践（代表学級等） ・先進校等の視察
8月	（T3）試行的実践の評価	・子どもの変容の評価 ・校内職員研修会で試行的実践の成果と課題のまとめ
9月～12月	（T4）全校実践の開始	・全学級での実践と記録 ・校内職員研修会で実施状況や課題の確認
1月～2月	（T5）全校実践の評価	・実践を継続しつつ，子どもの変容にもとづく評価実施 ・評価結果をもとに次年度の準備

表5-3　試行的実践を含む導入手順の例（ボトムアップ型）

時　期	段　階	実施内容
初年度 4月～8月	（B1）導入準備段階	・SEL-8S学習プログラムの理論の理解 ・試行的実践の実施学級決定（自学級以外で実施する場合） ・試行的実施内容の決定と学習指導案作成 ・学級担任との打ち合わせと準備（自学級以外で実施する場合）
9月～11月	（B2）試行的実践の実施	・計画に従って実施 ・実践内容の記録と確認（ビデオ撮影も利用可能） ・子どもの変容の追跡と確認
12月	（B3）試行的実践の評価	・子どもの変容の評価 ・試行的実践の成果と課題のまとめ
1月	（B4）試行的実践の成果の共有 全校実践の決定	・校内職員研修会等での，試行的実践の経過と評価結果の共有 ・次年度からの全校実践の決定
2月	（B5）全校実践の準備	・年間指導計画の作成 ・次年度校内組織の検討 ・校内職員研修会で実施内容・手順等の共通理解
次年度 4月～7月	（B6）全校実践の開始	・全学級での実践と記録 ・校内職員研修会で実施状況や課題の確認
8月	（B7）全校実践の中間評価	・4月～7月の成果と課題の整理 ・校内職員研修会で9月以降の実践の準備のための研修
9月～12月	（B8）全校実践の推進	・中間評価にもとづく指導の改善と継続 ・校内職員研修会で実施状況や課題の確認
1月～2月	（B9）全校実践の評価	・実践を継続しつつ，子どもの変容にもとづく評価実施 ・評価結果をもとに次年度の準備

4 年間指導計画の作成

　試行的実践から全校での実践に進む際に重要なのが，SEL-8S 学習プログラムによる学習を，年間を通して学校での教育課程のどこにどのように配置するのかという問題である。第 2 章で教育課程への位置づけの際に，教育実践上の区分として領域①～領域③を設定する方法を説明した（第 2 章「2　SEL-8S 学習プログラムとは」5 を参照）。その中で，特に領域①は SEL-8S 学習プログラムで育成を図ろうとする 8 つの能力のいずれかまたはいくつかを，直接，学習のねらいとする実践である。したがって，領域①は年間指導計画の中に明確に配置しておく必要がある。

　現在のわが国の教育課程編成の基準となるのは学習指導要領であり，領域①は特に特別活動が配置の中心になることが多いと予想される。どの学校でも，すでに特別活動の年間指導計画があるであろうが，それを再度見直し，SEL-8S 学習プログラムを配置する必要がある。表 5-4 にその配置例を示した。また，配置の際の留意点はおおよそ次のようになる。

子どもの実態にもとづいた指導計画

　特定の学級というよりも，学年や学校全体の実態を把握し，それを考慮した計画でなければならない。例えば，小学校で学年として落ち着きがなく，具体的に小さなトラブルが多いということであれば，「自己のコントロール」や「対人関係」の能力を育てることを目指した「関係づくり」の単元に重点をおいた学習内容の配置を行うのが適切であろう。また，中学校で基本的な生活習慣やあるいは食生活面での改善が急務であると判断されるのであれば，「基本的生活習慣」や保健体育の学習と関連づけて「問題防止」の学習を重点化する方法がある。

　なお，以上の実態把握には子どもの行動や教師の指導に関する記録，また各種検査の結果等を用いたアセスメントがなされていることが好ましい。これは，保護者や地域住民への説明責任を果たす際にも大いに役立つと考えられる。

諸行事等との関連の考慮

　学校では，学校行事を含めてさまざまな行事や活動が行われる。これらは子どもにとって，重要な体験の場であり，また学校生活における節目となるものである。通常，これらの諸行事等は学校の年間計画の中に組み込まれ，事前の準備等も計画的に実施される。

　SEL-8S 学習プログラムは，こうした諸行事等に適切に位置づけることができる。

第5章 学校へのSEL-8S学習プログラムの導入と展開

表5-4 SEL-8S学習プログラムが位置づけられた学級活動年間指導計画（題材名一覧表）の例（福岡県朝倉市立石井小学校）

	1年生	2年生	3年生	4年生	5年生	6年生
4月	みなさん よろしく (2)-ア 1ねんせいのスタート (2)-ア	2年生のスタート (2)-ア 1がっきの係 (1)-イ とうばんのしごと (1)-エ	3年生のスタート (2)-ア 1学期の係 (1)-イ とうばんの仕事 (1)-エ	4年生のスタート (2)-ア 1学期の係 (1)-イ 当番の仕事 (1)-イ	5年生のスタート (2)-ア 1学期の係 (1)-イ 当番の仕事 (1)-イ	6年生のスタート (2)-ア 1学期の係 (1)-イ 当番の仕事 (1)-イ
5月	たのしいきゅうしょく (2)-キ みんなでできるここと (2)-エ なかよししゅうかい (1)-ウ	そうじのしかた (2)-エ 学校のきまり (2)-ウ なかよししゅう会 (1)-ウ	そうじの仕方 (2)-エ 学校のきまり (2)-ウ こころの信号機 (1)-ウ なかよし集会 (1)-ウ	そうじの仕方 (2)-エ 学校のきまり (2)-ウ みんなで力を合わせて (2)-ウ 仲良し集会 (1)-ウ	掃除の仕方 (2)-エ 学校のきまり (2)-ウ 学級活動の計画 (2)-ウ 仲良し集会 (1)-ウ	掃除の仕方 (2)-エ 学校のきまり (2)-ウ 学級活動の計画 (2)-ウ 仲良し集会 (1)-ウ
6月	がっこうのきまり (2)-イ あめのひのすごしかた (2)-カ 入れて！ (2)-ウ おはようございます (2)-イ	手つだってあげよう (2)-ア 雨の日のすごしかた (2)-カ 自分のもちもの (2)-イ	おはよう、こんにちは、さようなら (2)-イ 雨の日のすごし方 (2)-カ むし歯のよぼう (2)-カ お楽しみ会の計画 (2)-イ	時間を守ろう (2)-イ 雨の日のすごし方 (2)-カ むし歯のよぼう (2)-カ お楽しみ会の計画 (2)-イ	トラブルの解決 (2)-イ 雨の日の過ごし方 (2)-カ こんにちは (2)-イ お楽しみ会の計画 (1)-ア	ちょっと落ち着いて (2)-ウ 雨の日の過ごし方 (2)-カ おこづかい (2)-イ お楽しみ会の計画 (1)-ア
7月	おたのしみかいのけいかく (1)-ア おたのしみかいをしよう (1)-ア なつやすみのすごしかた (2)-カ	お楽しみ会の計画 (1)-ア お楽しみ会をしよう (1)-ア 夏休みのすごし方 (2)-カ	お楽しみ会をしよう (1)-ア 夏休みのすごし方 (2)-カ	お楽しみ会をしよう (1)-ア 夏休みのすごし方 (2)-カ	お楽しみ会をしよう (1)-ア 夏休みの過ごし方 (2)-カ	お楽しみ会をしよう (1)-ア 夏休みの過ごし方 (2)-カ
小計	12	12	13	13	13	13
9月	2がっきのめあて (2)-ア 2がっきのかかり (1)-イ たのしいうんどうかい (1)-ウ おじいちゃん、おばあちゃん ありがとう (1)-ウ	2がっきのめあて (2)-ア 2がっきの係 (1)-イ 楽しいうんどう会 (1)-ウ おじいちゃん、おばあちゃん ありがとう (1)-ウ	2学期のめあて (2)-ア 2学期の係 (1)-イ 楽しい運動会 (1)-ウ おじいちゃん、おばあちゃん ありがとう (1)-ウ	2学期のめあて (2)-ア 2学期の係 (1)-イ 楽しい運動会 (1)-ウ おじいちゃん、おばあちゃん ありがとう (1)-ウ	2学期のめあて (2)-ア 2学期の係 (1)-イ 思い出に残る運動会 (1)-ウ おじいちゃん、おばあちゃん ありがとう (1)-ウ	2学期のめあて (2)-ア 2学期の係 (1)-イ 思い出に残る運動会 (1)-ウ おじいちゃん、おばあちゃん ありがとう (1)-ウ
10月	おじいちゃん、おばあちゃん ありがとう (1)-ウ いろんなきもち "はい"と"いいえ" (2)-ウ おすすめの本 (2)-オ 係のしごと (1)-ウ	いろんな気もち "はい"と"いいえ" (2)-ウ おすすめの本 (2)-オ 係のしごと (1)-エ	自分はどんな気持ち？ (2)-ウ じょうずだね (2)-ウ 読書の計画 (2)-オ 係やとうばんの仕事 (1)-エ	しっかり聞こう (2)-ウ 手伝ってほしい (2)-ウ 読書の計画 (2)-オ 係や当番の仕事 (1)-エ	じょうずにたずねよう (2)-ウ 断る方法いろいろ (2)-ウ 読書の計画 (2)-オ 社会科見学の計画 (1)-エ	相手はどんな気持ち？ (2)-ウ わたしはしない (2)-ウ 読書の計画 (2)-オ 修学旅行の計画 (1)-エ
11月	かていがくしゅうのしかた (2)-カ うれしいこと、しんぱいなこと (2)-ウ ぜったいについていかない！ (2)-カ	かていがくしゅうのしかた (2)-カ びょうきにならないために (2)-カ 今こまっていること (1)-ア	家庭学習の仕方 (2)-カ イライラよ、さようなら (2)-ウ それはしない！ (2)-カ お楽しみ会の計画 (1)-ア	家庭学習の仕方 (2)-カ こんな方法があるよ (2)-ウ 非行防止学習（占有離脱物横領防止）(2)-カ お楽しみ会の計画 (1)-ア	家庭学習の工夫 (2)-カ リラックスして (2)-ウ ぜったいノー！ (2)-カ お楽しみ会の計画 (1)-ア	家庭学習の工夫 (2)-カ わたしの対処法 (2)-ウ マナーを守ろう (2)-カ お楽しみ会の計画 (1)-ア

4　年間指導計画の作成

月	1年	2年	3年	4年	5年	6年
12月	おたのしみかいのけいかく (1)-ア おたのしみかいをしよう (1)-ア (2)-カ ふゆやすみのすごしかた (2)-カ	おたのしみ会の計画 (1)-ア おたのしみ会をしよう (1)-ア (2)-カ 冬休みのすごし方	お楽しみ会をしよう (1)-ア (2)-カ 冬休みのすごし方	お楽しみ会をしよう (1)-ア (2)-カ 冬休みのすごし方	お楽しみ会をしよう (1)-ア (2)-カ 冬休みの過ごし方	お楽しみ会をしよう (1)-ア (2)-カ 冬休みの過ごし方
小計	13	14	14	14	14	14
1月	3がっきのめあて (2)-ア 3がっきのかかり (1)-イ おいしく食べよう (2)-キ	3がっきのめあて (2)-ア 3がっきの係 (1)-イ おいしく食べよう (2)-キ	3学期のめあて (2)-ア 3学期の係 (1)-イ 楽しい給食 (2)-キ	3学期のめあて (2)-ア 3学期の係 (1)-イ 楽しい給食 (2)-キ	3学期のめあて (2)-ア 3学期の係 (1)-イ 感謝の気持ち (2)-キ	3学期のめあて (2)-ア 3学期の係 (1)-イ 感謝の気持ち (2)-キ
2月	なわとびしゅうかい (1)-ウ のびのびの発表会 (2)-ウ 6ねんせいありがとう (1)-ア	なわとびしゅう会 (1)-ウ 6年生 ありがとう (2)-ウ みんな ありがとう (1)-ア	なわとび集会 (1)-ウ 6年生 ありがとう (1)-ウ お楽しみ会の計画 (1)-ア	なわとび集会 (1)-ウ 6年生 ありがとう (1)-ウ お楽しみ会の計画 (1)-ア	縄跳び集会 (1)-ウ 6年生 ありがとう (1)-ウ お楽しみ会の計画 (1)-ア	縄跳び集会 (1)-ウ 卒業にあたって (1)-ウ お楽しみ会の計画 (1)-ア
3月	おたのしみかいの計画 (1)-ア おたのしみ会をしよう (1)-ア (2)-ア もうすぐ2年生	お楽しみ会の計画 (1)-ア お楽しみ会をしよう (1)-ア (2)-ア もうすぐ3年生	お楽しみ会をしよう (1)-ア (2)-ア もうすぐ4年生	お楽しみ会をしよう (1)-ア (2)-ア もうすぐ5年生	お楽しみ会をしよう (1)-ア (2)-ア 最高学年になって	お楽しみ会をしよう (1)-ア (2)-ア いよいよ中学生
小計	9	9	8	8	8	8
合計	34	35	35	35	35	35

(注)
1：太字はSEL-8S学習プログラムのユニットを表し、各学年SEL-8S学習プログラムを6～7時間位置づける。なお、学校の実態に合わせて、表2-3のユニット構成の配当学年から変更したり、8つの社会的能力（表2-1）にしたがって学校独自に設定したユニットがある。
2：「(1)-ア」等の表記は、平成20年小学校学習指導要領の特別活動の特別活動・学級活動の内容を表す。
3：表記等を一部修正してある。

第5章　学校へのSEL-8S学習プログラムの導入と展開

第7章で紹介する実践事例の多くがその例である。第7章「1　学級単位での実践例（小学校）」の事例は小学校の総合的な学習を中心に運動会や校内美化運動を関連づけたもので，「4　学級単位での実践例（中学校）」・「5　学年単位での実践例（中学校）」の事例は中学校の合唱コンクールや修学旅行などと関連づけたものである。

　ここで重要なのは，行事等で何を育てようとしているのか，そのために何が必要か，また従来の指導をどう改善するとよいのかをよく検討することである。例えば，図5-2で示した中学3年生の例では，体育会の準備にあたって従来は前年の先輩（3年生）の姿を思い起こさせたり，口頭での説明で終わっていた。それを，H3「最高学年になって」での各自の決意と関連づけ，さらに具体的に下級生に指示したり教えたりするスキルを学ぶC5「上手な教え方」を組み合わせることでより丁寧に指導を行い，生徒に達成感を味わわせることをねらいとしている。他の行事についても，生徒の実態と各学校行事等のねらいに合わせて，より効果的な指導ができるようにSEL-8S学習プログラムを組み合わせてある。

適切な変更

　なお，年間指導計画ができても，途中の段階で子どもの実態に合わせて適宜変更する必要があるのは言うまでもない。この後に述べる学級経営との関係に関連するが，子どもは日々成長している。その過程で，一人ひとりの子どもやまたその集団においてさまざまな問題が生じたり，あるいはさらに良い方向での変容を期待できることがある。そうした状況では，柔軟な変更が必要である。

　その際，変更は学級単位で行うか，あるいは学年全体で検討するかといった点は，

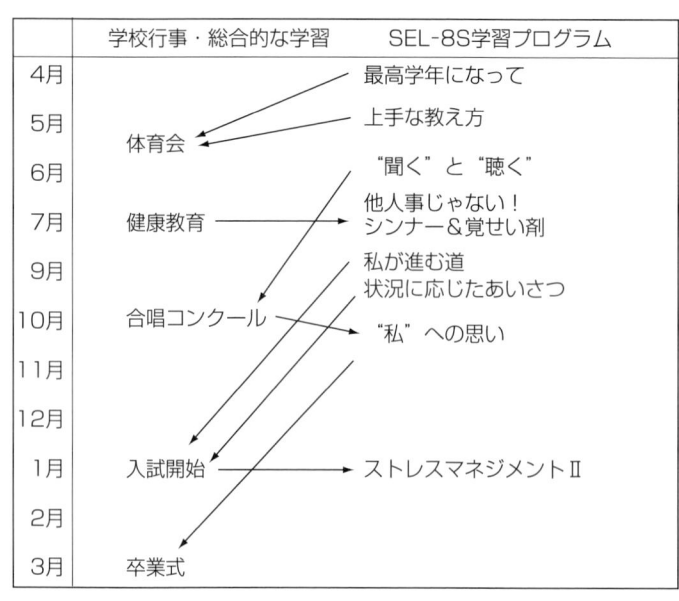

	学校行事・総合的な学習	SEL-8S学習プログラム
4月		最高学年になって
5月	体育会	上手な教え方
6月		"聞く"と"聴く"
7月	健康教育	他人事じゃない！シンナー＆覚せい剤
9月		私が進む道
10月	合唱コンクール	状況に応じたあいさつ
11月		"私"への思い
12月		
1月	入試開始	ストレスマネジメントⅡ
2月		
3月	卒業式	

図5-2　SEL-8S学習プログラムの学校行事への関連づけの例（中学3年生）

子どもの実態と指導体制によって異なる。例えば，ある学級だけ「学級崩壊」の傾向があり，学校行事の教育効果自体が低くなる可能性があるのであれば，まずはその学級だけの変更になるであろう。一方，学年全体でさらに高い目標設定ができ（例：小グループでの活動でさらに自主性を高めたい），また体育館等での学年全体での一斉指導にも慣れているといった実態であれば，学年全体で計画を変更することは容易であろう。いずれにしても，教師間での共通理解と連携は必要不可欠である。

5 学級経営との関連づけ

　日常の学校生活は学級単位で行われており，教育効果を高めるためには学級経営は非常に重要である。通常，学級経営では「協力」や「なかよく」のような学級の目標が設定される。これらは一定の方向性を示したり，あるいはスローガン的なものであったりする。その方向に育てるために，具体的にどの点に重点をおくのか，また1学期の目標，2学期の目標というように期間を区切り，順に取組の柱を設定したりする。その重点や取組の柱に，SEL-8S学習プログラムを組み入れると，各学級担任の学級経営に大いに活かすことができる。

　例えば，中学校で学級担任が，「団結」を学級目標にし，その重点を「助け合う」「支え合う」「感謝し合う」にしたとする。それらの重点は教室の前などに掲示して，学級担任は折に触れて話をし，あるいは思い起こさせるだろう。

　ここで，体育会のような学校行事は，「団結」の意義や価値を学ぶ重要な場面である。そこで，SEL-8S学習プログラムの学習ユニットを利用して，「助け合う」「支え合う」「感謝し合う」ことについての気づきの重要性や具体的なスキルを学習する機会を用意しておく。そして，気づきやスキルが必要になる場面で，「○○で学習したことを思い起こそう」と注意を促すようにする。あるいは，適切な行動が見られたら，「よくできている」や「学習したことを活かしている」と言って賞賛する。それは，本人の行動の強化だけでなく，他の生徒にとっても1つの行動モデルとなるはずである。

　こうした指導方法の意義は，少なくとも4つある。
　①目標とする価値や行動への道筋が明白である。
　ある目標にいたる道筋がわかれば，見通しが立ち，行動が起きやすくなる。目標はわかるが具体的にどうすればよいかが不明，という状態では手の打ちようがない。こうすれば助け合える，このように行動すれば支え合うことができるとわかれば，目標への接近は促進されるだろう。
　②好ましい行動の因果関係が明確である。
　教えてもらったこういう行動を取ったので賞賛された，学習したこのコツが成功の

原因であるという因果関係の認知は、好ましい行動の定着に貢献する。逆に、何が原因かわからないが誉められた、何となくうまくいったといった場合は、その原因を知るまでに何回かの類似した成功体験が必要になるだろう。

　③教師は計画的・意図的に指導できる。

　指導の手順が設定されているので、計画的に実践できる。どこでどのように指導するかが明確でない場合、指導の機会を失ったり、適切な指導にならないことがあったりする。ちょうど、今学期は学級通信を何回出すと計画しても、発行の日程なり準備の曜日等を決めておかないと、結局目標にいたらないことになるのと同じである。

　実は、この計画的・意図的な指導こそが、学校の教師の特権である。学校では、対象である子どもは基本的に毎日、通ってくることになっている。そのため、計画をもち、かつ目的を据えて子どもに関わることができる。学校外の偶発的な出会いの場では、当然のことながら学校教育が備えているこれらの条件、すなわち全員を対象にして目的をもち、計画的に指導できるという条件をすべて満たすことは難しい。教育課程にもとづいた計画的な教育活動ができる学校教育の特徴を、最大限発揮できる機会なのである。

　④子どもと教師の人間関係が共感的になる。

　子どもは教師から指導された学習内容にもとづいて行動し、それを認められる経験をすると、教師との信頼関係が形成される。「あの先生が教えてくれたことを実行したら、うまくいった」とか、「あそこで学習したことを使ったら誉められた、認めてもらえた」という経験は、教師の印象を好ましいものにし、指導力への信頼を高める。

　スポーツや楽器の指導などで、ちょっとしたコツやポイントを教えてもらって上達を実感できれば、「あのコーチは教え方がうまい」「あの先生はすごい」という思いをもつ。それと類似した印象や評価が生じるのである。こうして心理的な距離が近くなると、日常の指導や関わりも円滑に進み、教育成果を得るには大いに効果がある。

6　校内研修会のもち方

　SEL-8S学習プログラムの導入と実践で、校内研修会は非常に重要な役割をもっている。時期を大きく導入段階、実践開始段階、実践進展段階に分け、それぞれの時期の校内研修会の内容を、指導内容や実施方法に関すること、取組を推進するための校内体制、そして保護者等との連携に分けて、表5-5に示した。

　本章の冒頭で、導入に関して大きくトップダウン型とボトムアップ型があることを説明したが、この2つの型で最も違いが出るのが導入段階である。先の表5-2に示すように、トップダウン型では、すでにSEL-8S学習プログラムの導入・実践が決まっ

6 校内研修会のもち方

表5-5 SEL-8S学習プログラムのための校内研修会の概要

時　期	指導内容，指導方法	校内体制	保護者等との連携
導入段階 (T1～T3) (B4～B5)	・SEL-8S学習プログラムの説明 ・学習方法の説明 ・試行的実践の成果の紹介（指導内容・方法および成果と課題の説明）	・SELコーディネーター教員の確認 ・今後の校内体制の説明	・試行的実践の実施学級の保護者への説明と協力依頼（またはその報告）
実践開始段階 (T4) (B6)	・SEL-8S学習プログラムのカリキュラムと指導内容・方法の確認 ・教育課程への位置づけの検討 ・学級経営との関連づけの検討（学級経営目標の具体化におけるSEL-8S学習プログラムの利用） ・1～2回目のユニットの確認（学年ごとに指導内容・方法の確認）	・推進体制の確認（校内委員会設置や学年単位等の推進者決定を含む）	・各種通信での情報発信 ・集会等での説明と協力依頼
実践進展段階 (T5) (B7～B9)	・実施内容・方法の改善策検討（実践状況，実践による子どもの変容の確認） ・教育課程への位置づけの修正 ・学級経営との関連づけの評価	・推進体制の改善策検討	・連携状況の確認と推進

（注）（　）内の記号は，概略として表5-2と表5-3の各段階を表す。

ているので，導入段階の校内研修会は試行プログラムの実施前から行うことができる。SEL-8S学習プログラムの目的，特徴，内容などを説明し，また取組の推進を担うSELコーディネーター教員の確認もできる。試行的実践に協力する学級の保護者への説明と協力依頼も，校内研修会の場で事前に確認できる。そして，全教職員が周知の上で試行的実践が行われ，その成果や課題の確認が校内研修会で行われることになる。

　これに対してボトムアップ型では，試行的実践は全校実践の同意を得ることが目的であるため，試行的実践を実施した後に，その成果を踏まえて校内研修会を開くことになる。そこで初めてSEL-8S学習プログラムの目的，特徴，内容などの説明がなされる。試行的実践の実施学級の保護者への説明と協力依頼も，校内研修会ではその報告程度になる。そして全校実施の決定後に，SELコーディネーター教員の確認や今後の校内体制の説明などがなされる。

　実践開始段階は，どちらの導入型も研修内容は同じである。全校実施であるから，全教職員が具体的な指導内容と指導方法を理解するとともに，教育課程への位置づけや学級経営との関連づけを検討すること，そして推進体制を確認する必要がある。その際，SELコーディネーター教員だけでなく，学年単位等で推進役の教員（次に述べる"サブSELコーディネーター教員"）を決め，そうした教員からなる校内委員会が設置されるのが理想である。また，初期の段階から保護者や地域住民との連携を視野に

入れ，学級・学年通信や学校便りなどの具体的な情報発信の方法や，授業参観や学級懇談会，あるいはPTA行事との関連づけについての研修内容があるとよい。なお，校内研修の場では単に説明や協議だけでなく，実際に指導する学習ユニットの具体的な内容等を確認したり検討したりするワークショップの導入も効果的であろう。

さらに実践進展段階での校内研修会は，それまでの実践結果を踏まえて種々の改善を行うことが中心となる。実践開始段階の実施状況や子どもの変容等を確認し，さらに教育効果を高めるにはどうしたらよいか，また校内の推進体制の改善や保護者等との連携を進めるにはどうしたらよいかを検討する。なお，実践を進めるための予算があるのであれば，SELに関連する先進校視察を行い，その報告を行って実践方法や結果等を全教職員が共有することが望ましい。

7 校内の組織づくり

SEL-8S学習プログラムを導入・実践するために校内でどのような組織化を行うのかということは，学校としての取組の姿勢が反映しやすい事項である。一般的には特別活動の関連箇所になるであろうが，コミュニケーションの基礎であり自らの権利の主張と他者を尊重する力の育成と位置づければ，地域によっては人権教育部門になる。また，予防的な取組（心理教育的援助サービス）の推進と考えれば教育相談にも該当する。

いずれにしても，校内の全教職員が関係し，また教育課程内での位置づけ（図2-2；p.45.参照）で示したように特定教科等に限定されない取組であるので，関連の校内委員会を設定するのが理想である。中心となるのは，学校全体を視野に入れ全教職員の取組のリードと支援ができる教員，すなわち先に説明したSELコーディネーター教員である。

学校全体での取組では，どの程度SEL-8S学習プログラムが目指している能力の育成に力を入れているかが問われる。ある学級だけの取組では，その年度でのその学級内だけでの学習に終わってしまう。学校環境全体がより長期にわたってSEL実践を行うとき，大きな教育成果が期待できる。それが，家庭や地域社会との連携にも大きな弾みとなる。そのための組織としては，結果としてどの学年にも"サブSELコーディネーター教員"がいるようなしくみがよい。学校は通常，学年単位で教育活動を調整したり，協力したりして進めていく。その単位で推進役がいれば，学年会などの機会を利用して，指導の時期や内容の確認，あるいは学級間でこの次に述べる実践のための工夫点の共有や指導水準の共通化（例：同一の学習プリントの使用など）が可能となる。

8 効果的な実践のための工夫

　SEL-8S学習プログラムの実践にあたっては，できるだけ環境を整える工夫が必要である。例えば学習に際しては板書や学習プリント，紙芝居やペープサート，統計資料，ポイントをまとめたポスター（図5-3），学習後はそのポスターの掲示，学校生活や家庭生活で学習内容を身につけるためのチェック表（表5-6）や振り返り用紙，また保護者向けの通信や説明文などの準備である。

　これらをある学級だけで単独で準備するのは大変なので，手分けをして用意し共有するとともに，例えばポイントをまとめたポスターがその学年のどの教室にも掲示してあるようにすると，子どもは学習内容を想起しやすい。教師も折に触れて，「こういう学習をしたよね」とか，「○○さんは，このポスターで勉強したことをうまく使っている」といったように，学習内容や学習場面を思い出させることができる。さらに，学年の掲示板や廊下あるいは階段の目立つ場所での掲示も効果的である。掲示物は同一のものが随所に見られる方が意識化されやすい。

　こうした工夫は，ある時間の学習内容を「点」に例えると，それを「線」にし，さらに「面」にするためのものと言える。1時間の学習では「点」であるからあまり目立たないし，忘れ去られやすい。それを「線」にすると意識化されやすく，さらに「面」であればより強くアピールされる。子どもの意識や注意をどれくらい強くまた長く引きつけられるかが，行動の変容に影響するのである。本章の「4　年間指導計画の作成」では，諸行事との関連づけについて説明したが，そこで注目したのは子どもの意識の時間的なつながりである。さらにここでは，子どもの意識の空間的な広がりを目指しての工夫を説明した。

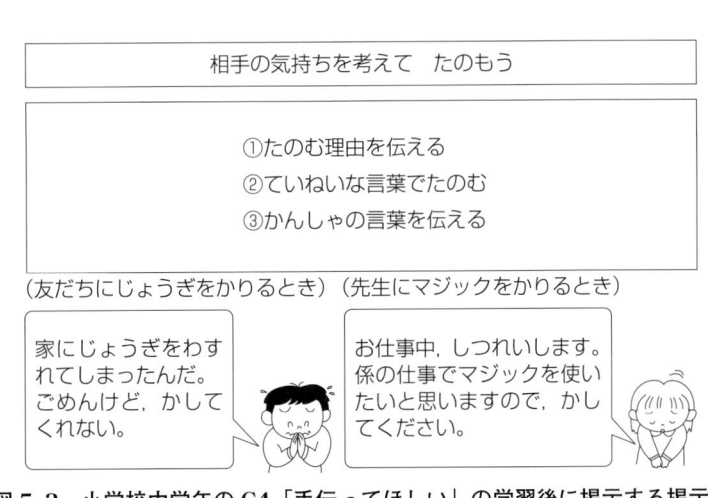

　　　　　　　　　　相手の気持ちを考えて　たのもう

　　　　　　　　　　①たのむ理由を伝える
　　　　　　　　　　②ていねいな言葉でたのむ
　　　　　　　　　　③かんしゃの言葉を伝える

（友だちにじょうぎをかりるとき）　（先生にマジックをかりるとき）

家にじょうぎをわすれてしまったんだ。ごめんけど，かしてくれない。

お仕事中，しつれいします。係の仕事でマジックを使いたいと思いますので，かしてください。

図5-3　小学校中学年のC4「手伝ってほしい」の学習後に掲示する掲示物

第 5 章　学校への SEL-8S 学習プログラムの導入と展開

表 5-6　生活チェックシート

	2の（　）ばん　　なまえ				
月よう日	・おともだちとなかよくできましたか。	😄	🙂	😣	
	・いやだなぁとおもったとき，たたいたりけったりしませんでしたか。	😄	🙂	😣	
	・いやだなぁとおもったとき，らんぼうなことばづかいをしませんでしたか。	😄	🙂	😣	
火よう日	・おともだちとなかよくできましたか。	😄	🙂	😣	
	・いやだなぁとおもったとき，たたいたりけったりしませんでしたか。	😄	🙂	😣	
	・いやだなぁとおもったとき，らんぼうなことばづかいをしませんでしたか。	😄	🙂	😣	
水よう日	・おともだちとなかよくできましたか。	😄	🙂	😣	
	・いやだなぁとおもったとき，たたいたりけったりしませんでしたか。	😄	🙂	😣	
	・いやだなぁとおもったとき，らんぼうなことばづかいをしませんでしたか。	😄	🙂	😣	
木よう日	・おともだちとなかよくできましたか。	😄	🙂	😣	
	・いやだなぁとおもったとき，たたいたりけったりしませんでしたか。	😄	🙂	😣	
	・いやだなぁとおもったとき，らんぼうなことばづかいをしませんでしたか。	😄	🙂	😣	
金よう日	・おともだちとなかよくできましたか。	😄	🙂	😣	
	・いやだなぁとおもったとき，たたいたりけったりしませんでしたか。	😄	🙂	😣	
	・いやだなぁとおもったとき，らんぼうなことばづかいをしませんでしたか。	😄	🙂	😣	
おうちのかたからのことば					

　学年単位でのこうした工夫がどの学年でも実施されると，学校全体が SEL-8S 学習プログラムのための統一された環境となり，この後に説明する保護者や地域住民への働きかけにも大きく貢献する。

9 小・中学校間等の連携

　第1章で，学校生活の基盤として子どもの社会的能力が重要であると説明した。この社会的能力は一朝一夕に身につくものではなく，幼稚園・保育所から小学校そして中学校という一連の教育の中で，その発達段階に合わせた指導が必要になる。そのためには，各教育機関の間の連携が不可欠である。

　例として，基本的生活習慣の中でも最も基本となるあいさつについて見てみよう。表5-7は，SEL-8S学習プログラムのあいさつの「重要な気づきやスキル」を学年段階ごとに抜き出したものである。まず，あいさつの対象が小学校では発達段階に合わせて，「友だちや先生」から「家庭や地域社会」，そして「学校行事や学習活動で会う人」となり，中学校ではさらに，「(他の小学校出身者を含めた) 同級生」や「下級生や初対面の大人」へと広がっている。場面も，身近な人へのあいさつ，自己紹介，リーダーとしての活動場面，初対面の大人へのあいさつと変化している。

　通常は日常生活のさまざまな経験の中で，このような対象や場面の違いに合わせたあいさつの仕方を身につけていく。あるいは，「あいさつしなさい」という口頭での指示や，朝の校門での指導のように，教師や大人がまずあいさつをしてモデルを示す方法が取られている。そうしたやり方の中では，どうしても子どもの個人差が生じる。

表5-7　小中学校における「あいさつ」の学習内容

学年段階	ユニット名	重要な気づきやスキル
小学校低学年	(A1) あいさつ「おはようございます」	・友だちや先生へのあいさつの大切さを知る。 ・「あいさつのポイント」(姿勢，視線，声の大きさ，言葉の明瞭さ) を知る。 ・あいさつのポイントを押さえたあいさつができる。
中学年	(A5) あいさつ「おはよう，こんにちは，さようなら」	・家庭や地域社会でも，あいさつが大切であることを知る。 ・「あいさつのポイント」(姿勢，視線，声の大きさ，言葉の明瞭さ) を押さえたあいさつへの意欲が高まる。
高学年	(A8) あいさつ「こんにちは」	・学校行事や学習活動で会う人に対する自分のあいさつの仕方を振り返り，改めるべき点に気づく。 ・あいさつの改善点を実行に移そうとする努力を始める。
中学校1年生	(A1) 同級生へのあいさつ「どうぞよろしく」	・同級生にさまざまな場面で自己紹介をすることの大切さを知る。 ・「自己紹介のポイント」(あいさつ，名前，一言アピールなど) を身につけ，適切な自己紹介ができる。
3年生	(A5) 下級生や大人へのあいさつ「状況に応じたあいさつ」	・下級生がスムーズに活動になじめるように上級生としてリードしなければならないことに気づき，それに適したあいさつや言葉かけができる。 ・初対面の大人に対して，「自己紹介のポイント」(あいさつ，名前，一言アピールなど) をおさえたあいさつができる。

そこで，あいさつの大切さや意義に気づかせたり，その具体的なスキルを全員で学習したりする機会を提供すると，一定レベルまで向上させることができる。例えば，「中学生にもなって，自分からあいさつができない子がいる」あるいは「全体的に，年齢相応のあいさつができているとは言えない」という実態があるのであれば，全員の子どもを対象にした学習の機会を提供することによって，"底上げ"を図ることができる。予防・開発的な取組を目的とした一次的援助サービス（第1章「2　問題行動への学校心理学からのアプローチ」）の取組として重要な意味をもつ。

そうした"底上げ"が，各発達段階に合わせて実施されるなら，それぞれの段階で一定レベルまで社会的能力を身につけさせることができる。逆にそうした取組ができていないと，社会的能力が身についていないまま学年が上がっていくことによって，二次的な問題が生じることになる。例えば適切なあいさつが身についてないために，教師から「あいさつしなさい」と注意されることによって，信頼関係が結べなくなったり，あるいは学習活動などへの意欲が低下したりすることがある。

このようにそれぞれの発達段階で，その段階にふさわしい社会的能力を身につけることは非常に重要なことである。そのためには，小学校と中学校がよく連携し，各発達段階での社会的能力の育成が適切に行われるようにする必要がある。小・中学校間の連携や小中一貫教育が注目されているが，ぜひとも社会的能力の育成に注目してほしいと願っている。

また，これに関しては実は小学校入学前の幼稚園・保育所と小学校の間の連携も重要である。小学校高学年になっても，自分の感情のコントロールがうまくできずに，つい手や足が出て相手に大きな怪我を負わせてしまったり，あるいは適切な団体行動が取れなかったりすることがある。その場合，小学校入学前後から小学校中学年までの段階で，自己の感情理解や感情コントロール力の獲得ができていないことが原因であると考えられる。

表5-8は，自己の感情理解と感情伝達に関するユニットの配置を抜き出したものである。この内容に関するユニットは，小学校低学年から中学年に集中していることがわかる。さらに言うならば，この学習は小学校入学前の段階を視野に入れるのが望ましい。これは，幼稚園での教育活動や保育所での保育活動に，何か新しい内容を付加すべきであると言っているのではない。現在の実施内容を，小学校での指導内容と関連づけて捉え直したり，ねらいをより焦点化して小学校への円滑な接続を行う必要があることを意味している。ぜひ，この観点で保育所・幼稚園・小学校の連携が進むことを願っている。

表 5-8 自己の感情理解と感情伝達に関するユニットの配置

学年段階	B　自己・他者への気づき，聞く	C　伝える
小学校低学年	(B1) 自己の感情理解 　　「おこっているわたし」 (B2) 感情理解 　　「いろんな気もち」	(C1) 感情伝達 　　「とてもうれしい！」
小学校中学年	(B3) 自己の感情理解 　　「自分はどんな気持ち？」	(C3) 感情伝達 　　「じょうずだね」

10 保護者・地域社会との連携

　これまでにも，折に触れて保護者や地域社会との連携について説明してきた。その重要性は改めて言うまでもないが，特に保護者については，学校との協働関係者とする面と，子どもとともにSELを学ぶ学習者とするという2つの面がある。

1　協働関係者としての保護者

　まず保護者を学校の協働関係者とする位置づけは，図5-4（a）に示すような関係の中で捉えることができる。子どもの成長は，学習したことを実生活の中で活かし，それが自信や有能感を育て，それがさらに学習を促進するというサイクルで進む。そこには，学校の教師集団や同級生（友人），あるいは縦割りグループでの上級生や下級生が関係するが，学校外では家庭や地域社会が影響する。特に低年齢ほど，家庭の影響力は大きい。したがって，この発達段階で学校での学習をより効果的にするには，家庭の協力が重要な意味をもつ。

　そこで，まず学校での取組を通信や便りで伝えて，SEL-8S学習プログラムで何を身につけさせようとしているのかを理解してもらう必要がある。また，保護者参観日での授業公開も効果的であろう。保護者の間に，「学校ではこんなやり方であいさつのことを勉強しているのか」「家でもしっかりやらせよう」といった意識が生じるので，子どもを取り巻く環境の中で，学校と家庭が連携すれば大きな影響力を発揮できる（図5-4（b））。

2　SEL学習者としての保護者

　学校によっては，なかなか保護者の理解が得られず，家庭との連携が難しいところもある。発行した通信を読んでくれているかどうかわからないどころか，保護者会に

第5章　学校へのSEL-8S学習プログラムの導入と展開

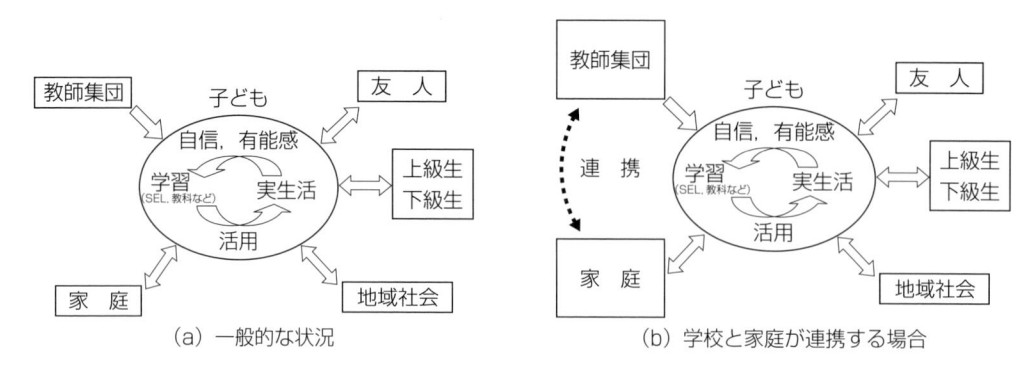

図5-4　子どもを取り巻く環境と子どもの成長
（a）一般的な状況　　　　　　（b）学校と家庭が連携する場合

来てくれない，電話連絡がつかない，あるいは校納金が滞るといったことで，そもそも家庭の教育力が疑われる場合もある。

　こうした家庭へのアプローチには福祉行政との連携が必要なケースが多いが，そこまでいたらない状況の家庭も含めて，まずは可能な限り子ども自身を学校でしっかり育てることが学校の使命である。子どもが毎日の生活の中で一定時間を過ごす空間として，学校は大きな比重を占めている。そこでの生活の密度を上げ，学校の影響力を最大限にできるようにすれば，人格形成という学校の使命を果たしやすくなる。SEL-8S学習プログラムによる学習は，第2章で示したようにさまざまな学習活動の基礎であるから，重要な意味をもつ。

　こうして子どもが成長していくと，実はそれを通して保護者も変わっていくことが期待できる。「以前は言葉遣いが荒かったのに，最近はそうでもなくなった」「自分のことは自分でやるようになった」「学校に行くのを嫌がらなくなった」といった子どもの変化が見られれば，学校で何を学んでいるのかという，学校への関心をもつきっかけとなる。また例えば，怒りや強い衝動を覚えたときに落ち着いて対処できるようにするD3「こころの信号機」モデル（小学校中学年）の学習を参観して，「夫にも教えてやらねば」と感じる母親が出てくる。あるいはさまざまなトラブル事態での解決のステップを学ぶD5「トラブルの解決」（小学校高学年）を，学級通信で知って子どもとの会話の話題になり，「自分も勉強になった」という感想を寄せる保護者もいる。

　ちょうど，SEL-8S学習プログラムの指導をしている教師自身がスキルの重要性に気づくのと同様に，実は保護者も子どもの学習を通して社会的能力を身につけるチャンスとなることがある。もちろん，すべての保護者にこうした効果を期待することはできないが，少しずつでも理解者や賛同者が増えていけば，学級や学年での保護者との連携は進めやすくなる。

10 保護者・地域社会との連携

3　地域社会のアンカーポイントとしての学校

　学校は子どもの教育を行う場所であるが，子どもの成長を通して，保護者同士が関わりをもつことができる。図5-5はその様子を単純化して図示したものであるが，例えば母親がPTA活動で知り合いになったり，最近は"おやじの会"といった名称で父親がグループをつくって学校に関わったりすることが多くなっている。

　こうした関係において，例えばある夫婦に複数の子どもがいれば，上の子どもの保護者関係や下の子どもの保護者関係というように，さらにネットワークが広がっていく。そして，その校区内の親族や知人などにもそうした関係や活動のことが知られ，あるいは学習活動でのゲストティーチャーや補助者として，学校を支援する人も出てくる可能がある。

　保護者や地域住民から見ると，学校を通して校区の人々との関わりや関係が広がり深まっていくことになる。このように，周囲の環境との相互作用が広がり活発になるときの拠点はアンカーポイントと呼ばれている。アンカーポイントは人だけに限らない。例えば，海外に出かけたときに，その地に家族や友人が住んでいて，空港に出迎えてくれたり泊めてもらえたりすると非常に助かる。その人を通して，必要な情報や生活手段あるいは移動手段を提供してもらえるからである。

　日本では，公立の小中学校が文字通り全国津々浦々に設置されており，非常に重要かつ身近な教育機関である。そこで子どもの成長が確実に進められるとき，保護者や地域住民にとって学校の重要性は高まるとともに，子どもの成長のために学校を基点として連携の輪が広がっていく。こうして学校が地域社会に貢献するとともに，地域

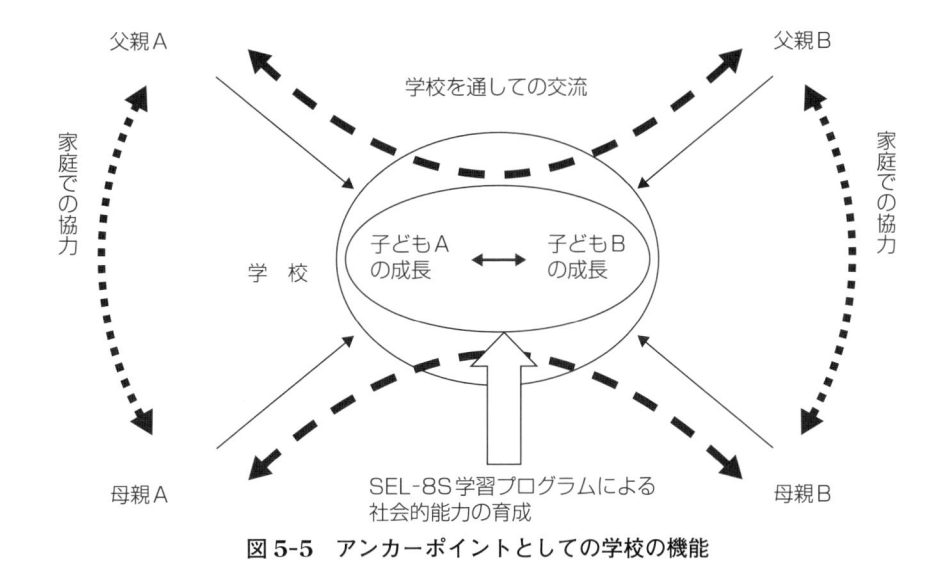

図5-5　アンカーポイントとしての学校の機能

社会も学校を支援する体制が強まっていくことになる（小泉，2004）。

　学校と保護者や地域社会とのこうした関係を見ていくと，言うまでもないが子どもの成長を確実に保障するためには何が必要なのかということになる。第2章で，「知識・知性と思いやりと責任感のある健康な市民」を育成することがSEL-8S学習プログラムの目的であると説明した（図2-2；p.45．参照）。子ども一人ひとりが確実に成長できるようになるために，SEL-8S学習プログラムは重要な基盤となる学習である。そして，第4章で説明したように，この学習で身につけた社会的能力にもとづいて教科の学習などが成果をあげていく（図4-1；p.73．参照）。学校が地域社会のアンカーポイントとなってその教育機能をさらに強め，存在意義を高めていくために，SEL-8S学習プログラムは大いに貢献できるのである（小泉，2002）。

11　隣接校区やさらに広い地域での実践

　子どもの社会的能力の育成を小中学校で連携して進めていくということは，中学校区単位（あるいは中学校ブロック）での実践ということになる。さらに，隣接した複数の中学校や，あるいは小学校だけでも隣接した学校が歩調を合わせて取り組むなら，実践の広がりとそれについての地域住民等の理解は深まる。

　例えば，あいさつの指導として「オアシス運動」をあげることができる。これは，おはようございます，ありがとうございます，失礼します，すみませんでした，の頭文字をつないだものだが，そのポスターや看板が掲げられていると，そこが実践校であることがすぐわかる。そうした実践校が近隣であちこちにあれば，子どもを含め地域住民はあいさつ運動の広がりを肌で感じることになる。

　近隣校区での取組が一番進みやすいのは，市町村等の地方自治体単位で取り組む場合である。町をあげての実践となれば，学校の教職員の関心や意識も否応なく高まるし，子どもや保護者そして地域住民にも取組が意識されやすい。先に紹介したイライアスらの著書（イライアス他，1999）では，コネチカット州ニューヘブン市（人口は約12万人程度）の幼稚園から高校で実施されているSELのカリキュラムが例示されている。アメリカの場合，教育課程の編成は各教育委員会に委ねられている部分が多く，独自に設定できる自由度が高い。SELの重要性を認め，市全体で取り組んだよい例である。わが国でも，例えば横浜市の子どもの社会的スキル横浜プログラムがあげられる。「自分づくり」「仲間づくり」「集団づくり」という3つのアプローチの視点からカリキュラムがつくられている（横浜市教育委員会，2010）。

　子どもの実態や教育界の動向などから，今後，小中学校の連携にもとづく中学校区単位での実践やさらに自治体全体での取組が増えると予想される。その際，こうした

取組はトップダウン型になることもあるので，学校全体での組織的・計画的な取組が推進できるというメリットを活かしつつ，デメリットと考えられる，実践が継続されず定着が難しいという点を克服する必要がある。子ども，教師，そして保護者がSELのよさに気づき，手応えを感じられるように実践が進められることを期待したい。

12 PDCAサイクルでの改善

　先に取組を開始したり進展させたりするための校内研修会のもち方を説明したが，実践の継続と定着のためには，評価をしながら改善を図るための年次計画が必要である。経営やビジネスの世界で用いられているPDCAサイクルが教育でも用いられているが，まさにPlan（計画）→ Do（実行）→ Check（評価）→ Action（改善）の4段階を繰り返す必要がある。具体的には3年間程度の年次計画をつくり，実践を進めるのが適していると考えられる。これは中学校で言えば初年度に入学した1年生が卒業するまでの1サイクルに相当する。

　1つのモデルとして考えられるのは，初年度は教育課程に位置づけての初回実施，2年次はその改善，そして3年次は実践のまとめと振り返りという内容である。いわば，導入，改善，総括とも呼べる流れである。

　もう少し詳しく説明すると，初年度はまず教育課程に位置づけて実施し，学習ユニットの選択と配置という観点でカリキュラムの改善点を記録し，また各学習ユニットについては実施内容と実施方法について改善点を検討しておく。年度の終わりに1年間の総括をし，カリキュラムや各学習ユニットの改善を行う。2年目は初年度の改善版を実施し，同様に改善点を総括しておく。3年目の実施後，年度末に3年間の成果をまとめるが，特に初年度から学習を行っている学年の子どもの3年間の変容を追跡しておくと，次の3年間の取組に大いに役立つと考えられる。3年間の実践で成果が確認できていれば，人事異動で新しく実践に加わる教師にも説明しやすいし，また新しく入学してくる子どもの保護者にも家庭での協力を依頼する意図が伝わりやすい。

　地域によっては，管理職の異動が2～3年という単位で実施されていることがあり，あまり長期間の年度計画を行おうとしても，新旧の管理職間の引継ぎが難しい場合があるであろう。現実的な範囲で，一定の期間を設定して年度計画を実施する方法が効果的であると考えられる。

　この点は，今後の学校評価の動向とも関連することであり，関係者との連携を深めて学校教育の有効性をさらに高めていくという意味でも，さらに工夫が必要になってくると予想される。

文　献

イライアス，M. J. 他，小泉令三（編訳）（1999）．社会性と感情の教育――教育者のためのガイドライン39　北大路書房

小泉令三（2002）．学校・家庭・地域社会連携のための教育心理学的アプローチ――アンカーポイントとしての学校の位置づけ　教育心理学研究, 50, 237-245.

小泉令三（2004）．地域と手を結ぶ学校――アメリカの学校・保護者・地域社会の関係から考える　ナカニシヤ出版

横浜市教育委員会（2010）．個から育てる集団づくり51――子どもの社会的スキル横浜プログラム　学研教育みらい

第 6 章

SEL-8S 学習プログラムの評価方法

　本章では,実践の導入・展開等すべての段階で重要な意味をもつ評価に関する説明を行う。前章で PDCA サイクルについて述べたが,その中の Check(評価)に関するさらに詳しい内容である。以前から言われている「指導と評価の一体化」や「教育成果の確認」という観点は,教科指導と同じように,子どもの社会的能力の育成にも必要である。ただし,現状ではまだ十分に考慮されず,実施されていない領域でもある。それは,子どもの社会的能力自体が評価の対象として馴染みがないのと,またその評価方法も一般的になっていないためである。決して難しい話ではないので,この機会にぜひ評価についての理解を深め,実践への位置づけを図ってほしい。

　なお,本章の内容には,SEL-8S 学習プログラムに限定されたものではない部分もあるので,他の心理教育プログラムに取り組む際にも参考になるであろう。

1 エビデンスにもとづく教育の動向

　近年,「エビデンスにもとづく」という言葉がよく使われている。エビデンスとは科学的根拠を意味し,特に医療や看護関係で「エビデンスにもとづく医療」のように使われている。これは,信頼できる根拠にもとづいて患者自身が治療法を選ぶことができるような患者中心の医療の実現に必要な考え方や手法と言える。

　こうした「エビデンスにもとづく」という考え方は教育界にも広がりつつある。教育における説明責任の浸透や学校評価の導入,あるいはOECDによる学習到達度調査（PISA）の国際比較や国内では文部科学省による全国学力・学習状況調査の結果の利用などを機に,教育の成果や達成度の確認が必要になっている。以上の動向は,どちらかというと学校外の関係者や社会一般への説明に注目した,最終的な成果に関する評価が中心と言える。

　指導や学習の途中での評価でも,やはり科学的根拠は重要である。これは,形成的評価やあるいは「指導と評価の一体化」で言われているように,指導の改善に活かすことを目的とした評価での話である。あらかじめ定めた目標に子どもたちが達することができるように,指導内容や指導方法を修正したり改善するための評価は非常に重要である。その際にも,エビデンスにもとづく評価が有効であると考えられる。

　これまでの学校での取組では,必ずしもエビデンスにもとづく評価は行われてこなかったのではないか。例えば,授業の進め方について実践の改善を図るための研究を行っても,その成果が途中の子どもの変容や最後の学力テストなどによって確認されることはあまりなかった。最近になってようやく,年度末や年度初めに標準学力テストを実施する学校や地域が増えてきたが,まだきめ細かな評価とはなっていない。また,子どもの個別の習得や成長は,学級担任や教科担任の教師以外はほとんど知ることがないのが実情である。近年の特別支援教育の普及によって,少しずつ個人差を重視する傾向が出てきたが,まだ十分ではない。

　特に,本書で扱っているような社会的能力については,まだほとんど系統的な評価の対象にはなっていない状態である。日々の教師の観察等を重視しつつ,より科学的根拠にもとづいた説明や成長の確認ができるようになることが求められつつある。

2 評価方法の決定

　具体的な評価方法についての説明に入る前に,特に注意を要する点がある。それは,

試行段階であれあるいはそれに続く全校での本格的な実践段階であれ，評価方法は実践の計画段階で決めておく必要があるということである。いわば，"ものさし"を定めておくという意味である。

例えば，長距離走の力を高めたいというのであれば，1000mなり2000mのタイムを"ものさし"として決めて，そのタイムがどれくらい短くなったかで長距離走の力の伸びを測定する。そうした"ものさし"を決めずに練習を始めたのでは，「何となく速くなった」という印象だけに終わってしまうし，仮にそう感じた時点でタイムを測定しても，本当に早くなったのかどうかは確認のしようがない。

同じように，SEL-8S学習プログラムの実践でも，何を目指しているのかということを明確にして，それに適した"ものさし"をあらかじめ決めておく必要がある。ある程度実践が進み，「学習の効果があるような気がするので調べてみよう」といった状態では，本当に学習の効果が出ているのかどうかは確認できない。具体的な評価方法は次に述べるが，仮に簡単なアンケート調査であっても，計画段階でその質問項目や実施方法（実施時期，記名の有無，集計方法など）を決めておく必要がある。実施に際しての目標が明確であればあるほど，その結果の評価方法は詳細かつ具体的であるはずである。

なお，評価方法を決めてもその到達目標の設定については，実践がどういう段階にあるのかによって異なる。取組の初期であれば，まずは向上させるという方向性が重要であり，そのレベルはあまり重視されない。しかし，実践が進めば「次はこのレベルにしよう」とか「この状態で維持しよう」という到達目標が定められるのが普通である。また，学年によって実態が異なることが多く，例えば「この学年は入学したときから，学校生活が落ち着いていた」といった状態であれば，その学年にふさわしい到達目標になるであろう。

3 実践状況に関する評価

ここで説明するのは，実践状況やその手順等がどうなのかということに関する評価である。まず，実施計画を立てて実践に移った段階では，それが計画通りに実施されているのかどうかを確認する必要がある。例えば，学校行事に合わせたユニットを実施することになっていても，それが計画通りに実施できなかったり，学年内である学級だけ実施できなかったりするときがある。そういったことに関する記録を残すためには，事前にユニット名と実施日時，そして実施者としての実施後の感想を書き込む簡単な記録用紙を用意し，学級担任に記録を依頼しておくとよい。今後の改善に向けての基礎資料としても有用である。

こうして実践が進み，この後に説明する実施成果に関する評価も終わった段階で，計画，実践，そして評価に関する評価が必要である。すなわち計画として SEL-8S 学習プログラムのカリキュラムは適切であったか，実践に関して実施状況だけでなくその準備や学年での事前打合せ，掲示物などの環境整備，校内研修のもち方，あるいは保護者との連携はどうだったか，そして次の事項で説明する子どもの変容についての評価方法や評価時期に改善点はないかといったことの検討である。

おそらく最初から組織的な実践として導入されるトップダウン型の場合，こうした評価活動は比較的計画されやすいであろう。一方，自発的な取組から開始されることの多いボトムアップ型の場合，SEL コーディネーター教員等を中心に意識的に評価のための計画を立てておく必要がある。

4 子どもの社会性の変容に関する評価

実際の評価に際しては，何を，いつ，だれが，どのようにして行うのかがポイントである。以下に，評価者の区分によって評価方法の紹介や説明を行う。

1 子ども本人による評価

質問紙（アンケート）

これは最も一般的に使われている方法で，質問項目に「はい」「いいえ」の2段階から5段階程度までの選択肢で，子ども自身が回答するものである。質問項目も1項目だけで尋ねるものと，複数の項目で尋ねてその回答の合計点や平均値を出すものとがある。SEL-8S 学習プログラムの8つの能力を測定することのできる「小学生用 SEL-8S 自己評定尺度」（表6-1）と「中学生用 SEL-8S 自己評定尺度」（表6-2）を掲載しているので参照してほしい。8つの能力のそれぞれが3項目ずつで測定されるようになっていて，能力ごとに回答の平均点を計算し1.0点〜4.0点で表す。また，基礎的社会的能力(1)〜(5)の平均点，応用的社会的能力(6)〜(8)の平均点，さらに総合的な社会的能力の平均点も算出できる。

ここで紹介した質問紙（アンケート）以外にも，最近は例えば社会的スキルを測定する質問紙などが利用できる。学校で独自に作成し使用してきたものがあるのであれば，それを継続して使用することも可能である。なお，その場合には可能であれば，「測定したい対象を正確に測っているか」という妥当性と，「測定結果が精度の高いものであるか」という信頼性を確認しておくとよい。

第6章　SEL-8S 学習プログラムの評価方法

表 6-1　小学生用 SEL-8S 自己評定尺度

ちょうさび
調査日：□月 □日

□□□□　小学校 □年 □組 □番

なまえ □□□□　　（男 □　女 □）

※どちらかに○をつけて
ください

　　みなさん，こんにちは。

　　これは，みなさんの学校生活を よりたのしくしていくために調査しているアンケート用紙です。テストではありません。

　　みなさんが答えたくれたことは，他の人におしえたりすることもありませんので，安心して答えてください。

　　アンケートには，26 の質問があります。一つ一つの質問について，今の自分ができていることや思っていることに一番近いものをア，イ，ウ，エから一つだけえらんで○をつけてください。

　　それでは，先生の話をよく聞いて，アンケートに 答えてください。

☆答え方：例のように，ア〜エの記号に大きめに○をつけてください。

　　（例）家よりも外で遊びたい
　　　　　ア．いつも，そうだ　　　　　㋑　ときどき，そうだ
　　　　　ウ．あまり，そうではない　　エ．ぜんぜん，そうではない

1）自分のきもちがわかる
　　　ア．いつも，わかる　　　　　イ．ときどき，わかる
　　　ウ．あまり，わからない　　　エ．ぜんぜん，わからない

2）友だちのいいところを見つけることができる
　　　ア．いつも，できる　　　　　イ．ときどき，できる
　　　ウ．あまり，できない　　　　エ．ぜんぜん，できない

4 子どもの社会性の変容に関する評価

3) いやなことがあっても，やつあたりしない
  ア．ぜんぜん，やつあたりしない　　イ．あまり，やつあたりしない
  ウ．ときどき，やつあたりする　　エ．よく，やつあたりする

4) 友だちのきもちを考えながら話す
  ア．いつも，そうする　　イ．ときどき，そうする
  ウ．あまり，そうしない　　エ．ぜんぜん，そうしない

5) 自分だけ考えがちがっても意見をいう
  ア．いつも，そうする　　イ．ときどき，そうする
  ウ．あまり，そうしない　　エ．ぜんぜん，そうしない

6) うそをついたことがない
  ア．一度もついたことがない　　イ．あまり，ついたことがない
  ウ．ときどき，うそをつく　　エ．よく，うそをつく

7) 自分のきもちの変化がわかる
  ア．いつも，わかる　　イ．ときどき，わかる
  ウ．あまり，わからない　　エ．ぜんぜん，わからない

8) 友だちの気持ちがわかる
  ア．いつも，わかる　　イ．ときどき，わかる
  ウ．あまり，わからない　　エ．ぜんぜん，わからない

9) ムカついてもどならない
  ア．いつも，どならない　　イ．あまり，どならない
  ウ．ときどき，どなる　　エ．よく，どなる

10) 相手がきずつかないように話す
  ア．いつも，そうする　　イ．ときどき，そうする
  ウ．あまり，そうしない　　エ．ぜんぜん，そうしない

11) ものごとをよく考えてきめることができる
  ア．いつも，そうする　　イ．ときどき，そうする
  ウ．あまり，そうしない　　エ．ぜんぜん，そうしない

12) 自分のできることとできないことがわかっている
　　　ア．よく，わかっている　　　　　　イ．少し，わかっている
　　　ウ．あまり，わかっていない　　　　エ．ぜんぜん，わかっていない

13) 友だちが何かじょうずにできたとき，「じょうずだね」とほめる
　　　ア．よく，ほめる　　　　　　　　　イ．ときどき，ほめる
　　　ウ．あまり，ほめない　　　　　　　エ．ぜんぜん，ほめない

14) いやなときには，人とケンカにならずに，「いやだ」といえる
　　　ア．いつも，いえる　　　　　　　　イ．ときどき，いえる
　　　ウ．あまり，いえない　　　　　　　エ．いつも，いえない

15) 人の話をしっかり聞く
　　　ア．いつも，しっかり聞く　　　　　イ．ときどき，しっかり聞く
　　　ウ．あまり，しっかり聞かない　　　エ．ぜんぜん，しっかり聞かない

16) 係の仕事をするとき何をどうやったらいいかをいえる
　　　ア．いつも，そうする　　　　　　　イ．ときどき，そうする
　　　ウ．あまり，そうしない　　　　　　エ．ぜんぜん，そうしない

17) あぶない遊びはしない
　　　ア．ぜったい，しない　　　　　　　イ．あまり，しない
　　　ウ．するときがある　　　　　　　　エ．よく，する

18) わからないことがあるとき，だまっていないでまわりの人に聞くことができる
　　　ア．いつも，聞ける　　　　　　　　イ．ときどき，聞ける
　　　ウ．あまり，聞けない　　　　　　　エ．ぜんぜん，聞けない

19) 困っている人を見ると何かしてあげたくなる
　　　ア．いつも，そうだ　　　　　　　　イ．ときどき，そうだ
　　　ウ．あまり，そうではない　　　　　エ．ぜんぜん，そうではない

20) わる口をいったことがない
　　　ア．一度もいったことがない　　　　イ．あまり，いったことがない
　　　ウ．ときどき，わる口をいう　　　　エ．よく，わる口をいう

21) あぶないところに一人で行かない
　　　ア．ぜったい，一人で行かない　　　　イ．あまり，一人で行かない
　　　ウ．ときどき，一人で行く　　　　　　エ．よく，一人で行く

22) 自分の伝えたいことをわかってもらえるように，きちんと伝えられる
　　　ア．いつも，伝えられる　　　　　　　イ．ときどき，伝えられる
　　　ウ．あまり，伝えられない　　　　　　エ．ぜんぜん，伝えられない

23) 自分がしてもらいたいことを友だちにもしてあげる
　　　ア．いつも，そうする　　　　　　　　イ．ときどき，そうする
　　　ウ．あまり，そうしない　　　　　　　エ．ぜんぜん，そうしない

24) 知らない人についていかない
　　　ア．ぜったい，ついていかない　　　　イ．たぶん，ついていかない
　　　ウ．ついていくときがある　　　　　　エ．いつも，ついていく

25) 転校することになってもうまくやっていける
　　　ア．とても，うまくやっていける　　　イ．だいたい，うまくやっていける
　　　ウ．あまり，うまくやっていけない　　エ．ぜんぜん，うまくやっていけない

26) 人の役にたちたい
　　　ア．よく，あてはまる　　　　　　　　イ．ときどき，あてはまる
　　　ウ．あまり，あてはまらない　　　　　エ．ぜんぜん，あてはまらない

（出所）宮崎他（2004）より。

集計方法

社会的能力	項目番号
(1) 自己への気づき	1，7，12
(2) 他者への気づき	2，8，13
(3) 自己のコントロール	3，9，14
(4) 対人関係	4，10，15
(5) 責任ある意思決定	5，11，16
(6) 生活上の問題防止のスキル	17，21，24
(7) 人生の重要事態に対処する能力	18，22，25
(8) 積極的・貢献的な奉仕活動	19，23，26
（虚偽尺度）	6，20

・ア＝4点，イ＝3点，ウ＝2点，エ＝1点として点数化する。
・児童ごとに，社会的能力ごとの1項目あたりの平均点（1.0〜4.0）を計算する。
・虚偽尺度については，アと回答した児童についてその回答内容全体をよく検討する。
・(1)〜(5) 基礎的社会的能力　(6)〜(8) 応用的社会的能力。
・アンケート用紙と集計ソフトについては，著者の開設するホームページを参照。

第6章　SEL-8S 学習プログラムの評価方法

表 6-2　中学生用 SEL-8S 自己評定尺度

|⬜︎⬜︎⬜︎⬜︎| 中学校　　___年　___組　___番

名前_____　　※どちらかに○
　　　　　　　　　　　　　　　　　　（ 男 ・ 女 ）

・このアンケートは，日々の生活をどのように過ごしているかたずねるものです。
・このアンケートはテストではありません。正しい答えやまちがった答えはありませんので，ありのままに答えてください。

●答え方　　例のように，質問を読んで，自分の考えに一番あてはまるものを一つだけ選んで，1から4の数字に○をつけてください。

> 例）火事にあった人を助けてあげたいと思う
> 　　　4．はい　　　　　　　　　　③　どちらかといえば，はい
> 　　　2．どちらかといえば，いいえ　　1．いいえ

1）自分の得意なことと，不得意なことがわかっている
　　　4．はい　　　　　　　　　　3．どちらかといえば，はい
　　　2．どちらかといえば，いいえ　　1．いいえ

2）友だちが悲しんでいると，それに気づく
　　　4．はい　　　　　　　　　　3．どちらかといえば，はい
　　　2．どちらかといえば，いいえ　　1．いいえ

3）ムカついても，すぐにどなったりしない
　　　4．はい　　　　　　　　　　3．どちらかといえば，はい
　　　2．どちらかといえば，いいえ　　1．いいえ

4）周りの人が自分を理解してくれるように，きちんと伝えることができる
　　　4．はい　　　　　　　　　　3．どちらかといえば，はい
　　　2．どちらかといえば，いいえ　　1．いいえ

5）何かを自分で決めるときには，どういう結果になるかをよく考える
　　　4．はい　　　　　　　　　　3．どちらかといえば，はい
　　　2．どちらかといえば，いいえ　　1．いいえ

6）危険な状況や場面には，近づかないようにしている
　　　4．はい　　　　　　　　　　3．どちらかといえば，はい
　　　2．どちらかといえば，いいえ　　1．いいえ

4　子どもの社会性の変容に関する評価

7）上の学校に進んでも，うまくやっていける
　　　4．はい　　　　　　　　3．どちらかといえば，はい
　　　2．どちらかといえば，いいえ　1．いいえ

8）ほかの人が助けを求めていたら，できるだけ力になりたい
　　　4．はい　　　　　　　　3．どちらかといえば，はい
　　　2．どちらかといえば，いいえ　1．いいえ

9）嘘(ウソ)をついたことがない
　　　4．はい　　　　　　　　3．どちらかといえば，はい
　　　2．どちらかといえば，いいえ　1．いいえ

10）自分がうまくできることと，できないことがわかっている
　　　4．はい　　　　　　　　3．どちらかといえば，はい
　　　2．どちらかといえば，いいえ　1．いいえ

11）友だちが落ち込んでいると，それに気づく
　　　4．はい　　　　　　　　3．どちらかといえば，はい
　　　2．どちらかといえば，いいえ　1．いいえ

12）イヤなことがあっても，八つ当たりはしない
　　　4．はい　　　　　　　　3．どちらかといえば，はい
　　　2．どちらかといえば，いいえ　1．いいえ

13）周りの人には，自分の意見をうまく話すことができる
　　　4．はい　　　　　　　　3．どちらかといえば，はい
　　　2．どちらかといえば，いいえ　1．いいえ

14）何かを自分で決めるときには，ほかの人への影響を考える
　　　4．はい　　　　　　　　3．どちらかといえば，はい
　　　2．どちらかといえば，いいえ　1．いいえ

15）危険な遊びには加わらないようにしている
　　　4．はい　　　　　　　　3．どちらかといえば，はい
　　　2．どちらかといえば，いいえ　1．いいえ

第6章　SEL-8S 学習プログラムの評価方法

16）新しい学年でクラス替えがあっても，うまく友だちを作ることができる
　　　　4．はい　　　　　　　　3．どちらかといえば，はい
　　　　2．どちらかといえば，いいえ　　1．いいえ

17）ほかの人が苦しんでいたら，何ができるかを考える
　　　　4．はい　　　　　　　　3．どちらかといえば，はい
　　　　2．どちらかといえば，いいえ　　1．いいえ

18）悪口を言ったことがない
　　　　4．はい　　　　　　　　3．どちらかといえば，はい
　　　　2．どちらかといえば，いいえ　　1．いいえ

19）自分の長所と短所がわかっている
　　　　4．はい　　　　　　　　3．どちらかといえば，はい
　　　　2．どちらかといえば，いいえ　　1．いいえ

20）友だちが気分を害していると，それに気づく
　　　　4．はい　　　　　　　　3．どちらかといえば，はい
　　　　2．どちらかといえば，いいえ　　1．いいえ

21）気分の浮き沈みには，あまり影響されない
　　　　4．はい　　　　　　　　3．どちらかといえば，はい
　　　　2．どちらかといえば，いいえ　　1．いいえ

22）周りの人とは，協力してたいていのことをうまくやっていける
　　　　4．はい　　　　　　　　3．どちらかといえば，はい
　　　　2．どちらかといえば，いいえ　　1．いいえ

23）何かを自分で決めるときには，軽はずみな決断（決め方）はしない
　　　　4．はい　　　　　　　　3．どちらかといえば，はい
　　　　2．どちらかといえば，いいえ　　1．いいえ

24）危険なことややってはいけないことには，手を出さない
　　　　4．はい　　　　　　　　3．どちらかといえば，はい
　　　　2．どちらかといえば，いいえ　　1．いいえ

25) もし，転校することになっても，新しい学校でうまくやっていける
 　　4．はい　　　　　　　　　3．どちらかといえば，はい
 　　2．どちらかといえば，いいえ　1．いいえ

26) ほかの人が困っているのを見ると，何とかしてあげたくなる
 　　4．はい　　　　　　　　　3．どちらかといえば，はい
 　　2．どちらかといえば，いいえ　1．いいえ

（出所）米山・小泉（2015）より。

集計方法

社会的能力	項目番号
(1) 自己への気づき	1，10，19
(2) 他者への気づき	2，11，20
(3) 自己のコントロール	3，12，21
(4) 対人関係	4，13，22
(5) 責任ある意思決定	5，14，23
(6) 生活上の問題防止のスキル	6，15，24
(7) 人生の重要事態に対処する能力	7，16，25
(8) 積極的・貢献的な奉仕活動	8，17，26
(虚偽尺度)	9，18

・生徒ごとに，社会的能力ごとの1項目あたりの平均点（1.0～4.0）を計算する。
・虚偽尺度については，「4．はい」と回答した生徒についてその回答内容全体をよく検討する。
・(1)～(5)基礎的社会的能力，(6)～(8)応用的社会的能力。
・アンケート用紙と集計ソフトについては，著者の開設するホームページを参照。

能力テスト

このタイプの測定法はまだ確立されたものではないが，情動的知能（Emotional Intelligence）との関係で今後，開発が進むと予想される。情動的知能とは，自分や他者の感情を読み取ったり適切にコントロールしたりする能力で，他者とのコミュニケーション場面やさまざまな社会的な関わりの中で用いられる能力を意味する。まさにSELで育成を図る能力であり，特にSEL-8S学習プログラムにおいてはその基礎的社会的能力とほぼ一致する。

この情動的知能を測定するには，子どもの自己評定以外に例えば表情の写真を見せてどういった感情かを読み取らせたり，またある社会的場面で取るべき行動（例：心を落ち着かせる，個人的に相手に話す）を選択肢の中から選ばせたりする方法が考えられる。実は，こうした能力テストと先に説明した子どもの自己評定すなわち質問紙（アンケート）との間にはあまり関連がないといったことが示されていて（小松・箱田, 2010 参照），それぞれ情動的知能の異なる側面を測定している可能性がある。情動的知能はSELと深く関わるだけに，今後の測定法の発展に注目したい。

2　教師による評価

行動評定

学校で日常的に見られる行動を，教師の目を通して評価する方法である。こうした評価には教師の個人差があるであろうし，また子どもと接する頻度の違い（学級担任教師と一部の教科だけを担当する教師など）や，立場の違い（学級担任，養護教諭，管理職など）によって評価結果が異なると考えられる。できれば，学級担任教師だけでなく他の教師を加えて複数の教師が評価者となることが好ましい。なお，その際には複数の教師が話し合って評価するよりも，それぞれの立場で独自に評価し，その結果を平均化するのがよいであろう。協議すると，意見の強い方に影響を受け，複数の視点で評価する意義が失われるからである。

具体的な評価に際してはさまざまな方法があるが，ここでは代表的なものとして2つあげておく。1つは表6-3に示すように，子ども対象の質問紙の質問項目に沿った内容で尋ねるものである。この方法の場合，評価の観点が同じなので，子どもの自己評定との相違を確認できるという利点がある。

他の1つは，学校・学年・学級の目標や行事等のめあての観点で評価する方法である。例えば，ある学校行事で「協力して○○に取り組む」といっためあてが設定してある場合，その観点で評定を行うという方法である。この場合，学校での具体的な教育活動との関連が強いという長所がある反面，社会的能力を直接評定しにくいという短所がある。この評価方法は，後に説明する級友による評価のゲス・フー・テストに

表 6-3　教師による子どもの行動評定例

【行動評定依頼文】
　下に示すような社会的能力が，それぞれの児童生徒にどのくらいあると思いますか。日常の学校生活にもとづいて，5（とてもある），4（ある），3（どちらとも言えない），2（あまりない），1（ほとんどない）の5段階で評定してください。なお，各能力の具体的な内容については，別紙の項目を参考にしてください。

社会的能力	児童生徒				
	1	2	3	4	
自己への気づき 　自分の感情に気づき，また自己の能力について現実的で根拠のある評価をする力					
他者への気づき 　他者の感情を理解し，他者の立場に立つことができるとともに，多様な人がいることを認め，良好な関係をもつことができる力					

別紙：社会的能力の具体的な内容

社会的能力	具体的な内容
自己への気づき	・自分の気持ちがわかる。 ・自分の気持ちの変化がわかる。 ・自分のできることとできないことがわかっている。
他者への気づき	・友だちのいいところを見つけることができる。 ・友だちの気持ちがわかる。 ・友だちが何か上手にできたときは「上手だね」とほめる。

近いやり方として位置づけるのがよいかもしれない。ただし，全員を対象にするのかあるいは特定個人を選択するのかという違いはある。

行動の記録

　これは，系統的に子ども全員を対象に評価するのではなく，日常の学校生活の中での教師の観察や気づきにもとづく記録である。子どもの社会的能力の評定に限らず，日常的に観察したことや指導の経過を記録している教師もいるであろう。それに，社会的能力の観点を追加して実施する方法である。

　この方法は比較的手軽で，かつ他の内容の記録も合わせて実施できるのが長所であるが，子どもによって記録の量に違いがあり，場合によっては全く記録がない子どもが出てくる可能性があるという短所がある。また数値化しにくいので，他の評定結果との関連を検討する際に課題が生じる可能性もある。

3　級友による評価

　教師以上に日常的に接している級友による評価は，子どもの社会的能力にもとづく行動の評価としては重要な意味をもつと考えられる。ただし，子どもの相互評価になるため，評価の実施やその結果の利用については十分な配慮を要する。特に仲間はずれやいじめ，あるいは学校不適応に陥るきっかけとならないように注意する必要がある。具体的な評価方法として2つ例示する。

行動評定
　教師による行動評定の「子ども対象の質問紙の質問項目に沿った内容で尋ねる」のと同じような方法で，子どもに級友の評定を求めるやり方である。なお，社会的能力の説明には発達段階に合わせた適切な表現が必要である。また，学級内の全員について尋ねると時間もかかるので，例えば班の中で互いに評定するような方法もある。なお，評定は◎（とてもよくできる人＝2点），○（できる人＝1点），空欄（それ以外の人＝0点）といったように，肯定的な評定のみを求めるような教育的配慮が必要である。

ゲス・フー・テスト
　これは，例えば「学級の中で，よくあいさつする人はだれですか？」といった質問をして，該当する子どもを回答するやり方である。教師による行動評定の「学校・学年・学級の目標や行事等のめあての観点で評価する方法」に該当する。尋ねる際には，どの範囲で（学級内，班内など），何人（2人，3人，制限なしなど）を選択するのかを明確にしておく必要がある。得点化する場合には，級友から選ばれた回数をそのまま点数にすればよいであろう。
　なお，発達段階によっては，その結果を用いて学期末に「あいさつ名人」や「よく助けたで賞」といった名前で学級内表彰をすることによって，調査結果を子どもにフィードバックし，好ましい行動への動機づけを高めることができる。

4　保護者による評価

　子どもの社会的能力が高まっているなら，当然家庭でもそれにもとづく行動が見られ，保護者はそれに気づくはずである。もし保護者評定で子どもの変容が確認できるのであれば，それは子どもの社会的能力の向上を示すかなり説得力のある根拠となる。複数の場面や異なる生活の場で行動の改善が見られるということは，社会的能力が般化され，社会的行動が定着していることを示しているからである。

また保護者に評定を求めるのは，SEL-8S学習プログラムへの保護者の関心を高め，それによって保護者との連携を推進する一助ともなる。「学校ではこういった取組をしているのか」，「そう言えば子どもがそんな話をしていた」といった気づきは，学校と保護者の連携に重要な意味をもつ。

行動評定

保護者に評定を求める場合は，評定しやすいように具体的な場面や状況や対象を示した行動（例：朝晩の家族へのあいさつ，自分で計画を立てて宿題をする，イライラしているときに兄弟や家族に八つ当たりしないなど）について，家庭でどの程度見られるかを評定するように求める。あるいは，年度末など一定の実践を終えた後に，ある行動が増えたかどうかを尋ねる方法もある。その場合は，その期間内の変化量を尋ねることになるので，子どもの個人内変化に注目した評定となる。

自由記述

自由記述では，「〜に関して，ご家庭での様子をお書きください」といった問いへの回答を求める。この種のアンケートは従来，学校でもよく実施されているので，保護者にとっても特に違和感はないであろう。なお，集計に際しては，回答をそのまま転記して集めた後，いくつかのカテゴリーに分類し，さらに学年の傾向を見たりして結果をまとめることになる。また，回収率あるいは回答率を記録しておくと，保護者の関心の度合いを知る1つの目安となる。

5　地域住民による評価

校区をはじめ地域に住む住民の評価は，最終的に学校の存在意義に関わるものかもしれない。したがって，子どもの社会的能力の評価でも重要な意味をもつが，子どもや保護者のように全員を対象にして一斉に評定を求めるようなやり方は困難である。

そこで，実際には学校関係者評価や，あるいはコミュニティ・スクールの学校運営協議会の場などを利用して意見を聞く方法がある。あるいは，学校にボランティアやゲストティーチャーとして関わっている地域住民等に，学校や地域社会での子どもの様子について，話を聞き取る方法も可能である。いずれにしても，あらかじめ尋ねる質問項目を用意しておき，計画的にこうした場を利用して，意見や感想を尋ねて記録するのが現実的な方法である。

5 子どもの学校適応に関する評価

　子どもが社会的能力を身につけていくことによって学校適応が進み，心身の成長が促進される。上で説明した社会的能力や社会的行動の評価とは別に，学校への適応状態そのものを評価しておくと，SEL-8S学習プログラムの意義を確認しやすい。

　子どもの学校適応の指標はさまざまであるが，例えば遅刻・早退・出欠の状況，学力テスト結果，保健室の利用状況，あるいは学校内で記録している問題行動（暴力行為，いじめなど）の数などは重要である。また，子どもが学校生活や友人関係をどう感じているのかという学級適応感も最近，比較的よく測定されている。

　これらの指標を社会的能力と関連づけて記録しておくと有効である。つまり，個人ごとに対応づけて，一種のデータベースのように適応状態の記録を蓄積するのである（小泉，2011）。例えば，2年間で社会的能力が向上した子どもを調べたら，遅刻はほとんどなくなり，学力テスト結果が向上していたといった資料であれば，非常に有力な評価結果となる。逆にあまり目立った成果が得られないのであれば，SEL-8S学習プログラムの内容や実施方法の改善の必要性があることがわかる。

6 個別の目標設定

　学校での通常の教育活動では，教師が子どもの個人ごとの目標を設定することはあまり一般的ではない。しかし，何人かの児童生徒については，「この問題を何とか克服できるようにしてやりたい」「ここまで高まってほしい」という願いをもつのは普通である。また，近年整備が進んでいる特別支援教育では，まさにこの点について計画的・組織的に取り組んでいる。

　社会的能力の育成においてもそれが必要である。具体的には例えば表6-4に示すように，質問紙（アンケート）で子どもの社会的能力の自己評定を求めたときに，一定期間後（表の例では12月）の子どもの自己評定値としてどの程度のレベルのものが出るかを目標として設定する。そして，一定期間後に実際に子どもに自己評定を求め，その達成の状況を確認する。

　小学校の低学年では，自己評定をさせても「こうなりたい」という願望が入りやすいので，あまり信頼できない。そのため，低学年の児童については，学校ではやはり学級担任教師による行動評定が適切である。表6-5は，2年生の学級でSEL-8S学習プログラムのD3「こころの信号機」ユニットを実施する前の6月初めに，「すぐに怒

表6-4　教師による個別の目標設定例

番号	氏名	「社会的能力尺度」の値		
		7月（実態）子どもの自己評定	12月（目標）教師が設定	12月（実態）子どもの自己評定
1	A	8	9	9
2	B	11	12	11
3	C	7	9	8

(注)　「社会的能力尺度」は仮想のもので，3～12点を想定してある。

表6-5　教師の目標設定とその成果

現状と目標	7月の成果「すぐに怒って人をたたいたりはしない（行動の抑制）」					
6月の現状→7月の目標	該当人数	1（全然ない）	2（あまりない）	3（少しある）	4（とてもある）	達成率(%)
1→2	5人	1	4	0	0	80
2→3	3人	0	0	3	0	100
3→3	6人	0	0	6	0	100
3→4	11人	0	0	4	7	64
4→4	10人	0	0	5	5	50

(注)　6月の現状の平均は2.91，7月の目標の平均は3.46，7月の成果の平均は3.17であった。

って人をたたいたりはしない（行動の制御）」ということについて学級担任の教師が行動評定したときに，SEL-8S学習プログラム実施後の夏休み直前（7月）の子どもの状態について目標を設定し，さらに7月段階で再度，教師が行動評定をした結果をまとめたものである。評定は4段階で，4は感情のコントロールができていてすぐに暴力行為をしない（行動の制御が「とてもある」）状態，逆に1はすぐに人をたたく（行動の制御が「全然ない」）ことを意味する。「1→2」とは，1カ月半ほどの間に「行動の制御が全然ない」現状から，「行動の制御があまりない」状態に改善させたいと教師が願っていることを表している。このクラスではそういう子どもが5人いたが，7月の時点で4人は目標を達成できたことを示している。それで，達成率は5分の4で80％となる。

　実践を振り返ってみると，全体的にかなり達成率は高く学級全体の様子も落ち着いた状態になっていた。担任教師自身は，最初はこうした個別の目標設定に違和感があったが，実施後には「一人ひとりの子どもを観察することの大切さがよくわかった」といった趣旨の感想を述べていた。

　以上のような個別の目標設定は，日常的に実施している教師もいる。そこで，こうしたやり方を一部の教師だけでなくどの教師も実施するなら，学年全体さらには学校全体の教育力向上につながるはずである。学校内の研修において共通理解を図り，単

なる評価方法としてだけでなく，学級目標の達成にむけての有効な手法の1つと位置づけることができる。子ども一人ひとりを大切にし，その成長を保障するために，今後浸透を図るべき観点であると考えられる。

文　献

小泉令三（2011）．教育成果等蓄積のためのデータ・ベース構築と利用の提案――「教育成果データ・ベース」：エビデンスにもとづく教育実践のために　福岡教育大学大学院教職実践専攻年報, **1**, 1-5.

小松佐穂子・箱田裕司（2010）．情動的知能（EI）とは何か　教育と医学, **58**, 962-970.

宮崎晃子・田中芳幸・入慶田本早・津田彰・小泉令三（2004）．社会性と情動（SEL）尺度の開発　第6回子どもの心・体と環境を考える会学術大会紀要（日本子ども健康科学研究会), 53.

宮崎晃子・田中芳幸・津田彰・小泉令三（2005）．中学生版「社会性と情動（SEL）」尺度の開発　第7回子どもの心・体と環境を考える会学術大会紀要（日本子ども健康科学研究会), 28.

米山祥平・小泉令三（2015）．中学生版社会性と情動（SEL）尺度Ⅱの開発――妥当性と信頼性の検討　日本教育心理学会第57回総会発表論文集, 577.

第 7 章

実践例の紹介

　本章で紹介するのは，SEL-8S学習プログラムの小学校の学級単位での実践例と学校全体での実践例，そして中学校の学級単位での実践例と学年での実践例である。具体的にどのようにSEL-8S学習プログラムを実践し，どのような効果が確認できたのかを見てもらえればと思う。

　なお，各実践例で実施したユニットは，学習内容や実施校種・学年が第2章で示したものと異なるものもあるが，社会的能力の区分と設定はSEL-8S学習プログラムの考え方によるものである。それぞれが，SEL-8S学習プログラムの開発途上での実践であったため，適宜修正を加えつつあったことも影響している。しかし，それよりも子どもの実態に合わせ，また実施校のそれまでの取組や指導者の実践経験によって，学習内容を選択したり修正を行ったりしたことが影響している。こうした工夫は，どの学校でも必要である。

　ここでの紹介例は，実践論文として可能な限り科学的な手法と確認を心がけたものであるが，説明に際しては記述を省略している部分があるので了解してほしい。

1 学級単位での実践例(小学校)
── 「対人関係能力向上」を目指す取組[1]

1 学級の実態

　荒れの見えていた小学3年生の学級に対して，総合的な学習の体験活動と他の教育活動を関連づけ，SEL-8S学習プログラムを組み合わせた取組を行うことで，児童の対人関係能力の向上を目指した実践の一事例である。実践は，学級担任が9月から11月にかけて実施した。本実践の学級は，明るく元気な反面，けんかが絶えず，気に入らないことがあると教室を飛び出す児童や，授業中でも教室からふらっと出て行く児童などがいた。その状況に，教職3年目の女性担任も手を尽くしていたが，なかなか落ち着くことはなかった。担任の一番の悩みは，児童相互の関係や児童と教師の関係が希薄で，学級としてのまとまりに欠けるため，みんなで協力して生活することや友だちのよさを認め合うなどの温かな雰囲気がないことであった。これらは，児童に対人関係をよりよく結ぶ社会性が育っていないことが原因であると思われた。

　小学3年生は発達段階的に，仲間を中心とした人間関係の中での他者理解を始め，仲間と協力して学習や活動を行うことを通して対人関係能力を向上させていく時期である。学校では，同学年をはじめ，他学年の児童や地域の人たちとの関わりの中でさまざまなことを学ぶ体験活動が，総合的な学習や特別活動などに数多く取り入れられているが，そこでの目的は各教科によってさまざまであった。そこで，普段の学習で行われている体験活動を子どもたちの対人関係能力を発揮する場としても捉えることで，社会性の向上が望めると考えた。そして，より効果的な体験活動にするために，体験活動を単独で行うのではなく，他の教科と関連させることと，体験活動を支えるSEL-8S学習プログラムを体験の前後に取り入れるように計画した。

2 実施方法

　本実践での核となる体験活動は，総合的な学習の中で行った下級生や幼稚園児への読み聞かせであった。その体験活動と道徳の「思いやり・親切」の授業，運動会や校区内美化活動などの特別活動，その他の教育活動などを有機的に組み合わせ，大単元構成とした。また，それらの学習と並行して，体験活動を支える対人関係能力の向上

---
[1] 本実践例は堤・小泉（2008）にもとづくものである。

をねらいとしたSEL-8S学習プログラムを実施した（図7-1）。

具体的には，どのような本を読みたいのかについて下級生や幼稚園生にアンケートや聞き取り調査をする活動の前に，相手が話したくなるような「上手な聴き方」（本シリーズ第2巻〔小学校編〕のB4「しっかり聞こう」に相当）を事前の学級活動で学習した。道徳の時間では，年少者のことを考えて読み聞かせの本を選んだり，やさしく接したりできるように，「思いやり・親切」をテーマとした学習を実施した。また，読み聞かせ会の計画や準備段階では，読み聞かせの表現方法や役割分担を仲間と話し合ったり，練習をしたりする活動があるため，それらの活動と並行して学級活動の時間に「アサーショントレーニング」を行い，自分の気持ちを適切に伝えたり，友だちの意見を大切にしたりするスキルや知識を学習した。さらに「楽しい月旅行」（本シリーズ第2巻〔小学校編〕のD4「みんなで力を合わせて」に相当）では，いろいろな考えの中から意見を絞り込み，折り合いをつけて1つの意見にまとめるスキルを学習した。同時に，朝の会や帰りの会，休み時間，始業前などに社会性を培うミニエクササイズを継続的に行い，子ども同士の関わりを活性化させて，学級集団がまとまりのあるものになるように計画を立てた。また，学期途中の運動会と校内美化活動でも，子どもの意識が下級生との関係につながるように意図した。

3 効果検証

①調査対象：小学3年生28名（男子17名，女子11名）
②調査時期：夏休み前の7月と11月
③使用した尺度：楽しい学校生活を送るためのアンケートQ-U（自己評定），対人関係能力測定のための尺度（自己評定），教師による個人評定（教師評定）

- 楽しい学校生活を送るためのアンケートQ-U（自己評定）
 学級集団内で各児童の適応状態を把握するために，河村（1998）による「楽しい学校生活を送るためのアンケートQ-U」を用いた。この尺度は，「学校生活意欲尺度」（やる気のあるクラスをつくるためのアンケート）9項目と「学級満足度尺度」（いごこちのよいクラスにするためのアンケート）12項目，全21項目により構成されている。学校生活意欲尺度は「友人関係」「学習意欲」「学級の雰囲気」の3領域（各3項目），学級生活満足度尺度は「承認」「被侵害」の2領域（各6項目）からなっており，各項目に対して4段階で回答を求めた。
- 対人関係能力測定のための尺度（自己評定）
 「小学生用SEL-8S自己評定尺度」（宮崎他，2004）を用いて，児童の学校における社会性を支える8つの能力「自己への気づき」「他者への気づき」「自己のコントロール」「対人関係」「責任ある意思決定」「生活上の問題防止のスキル」「人生の重要事態に対処する能力」「積極的・貢献的な奉仕活動」の測定を行った。3項目ずつ計24項目について4段階で回答を求めた。

1 学級単位での実践例（小学校）

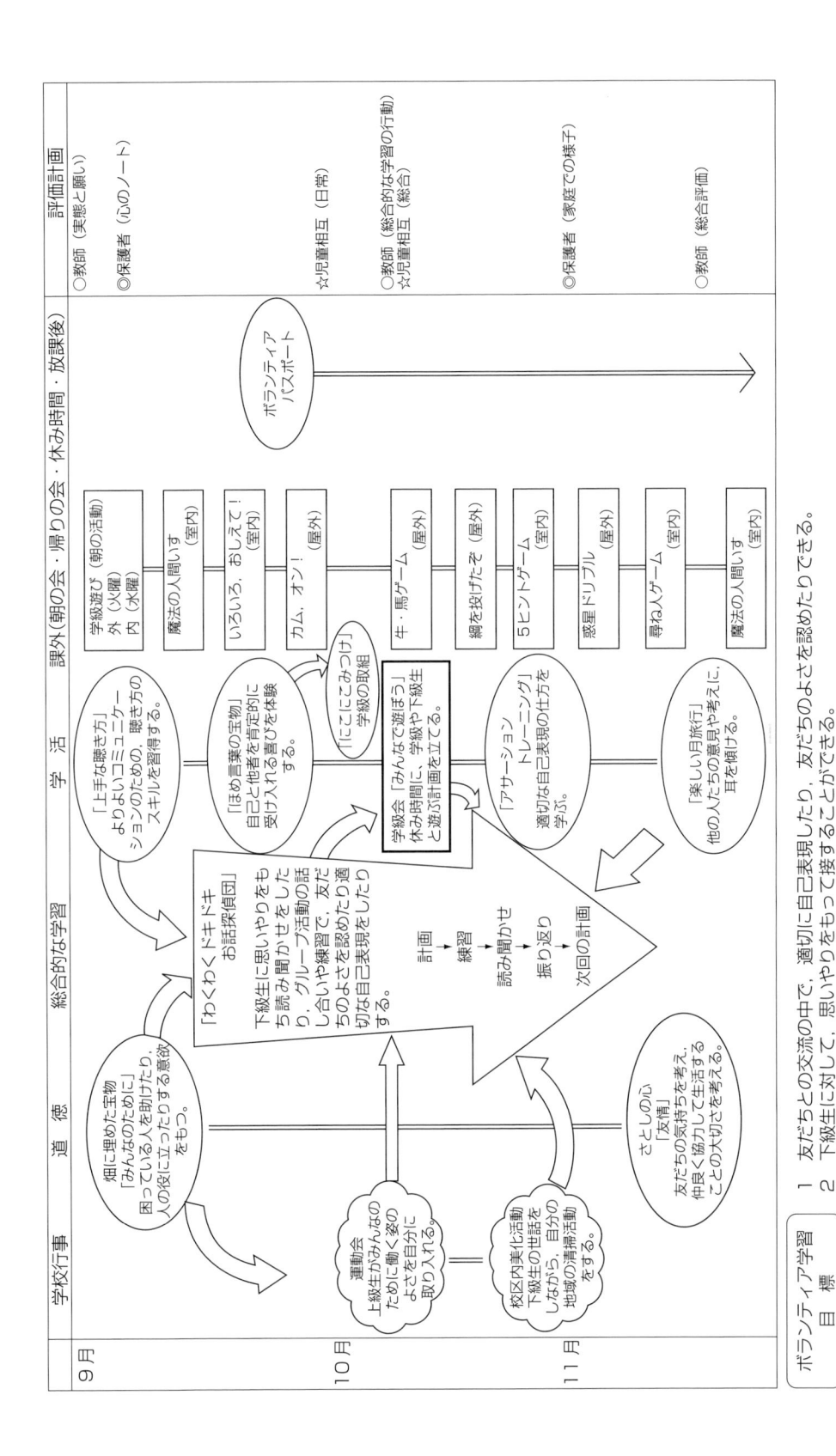

図7-1 大単元化した指導の流れ

	学校行事	道徳	総合的な学習	学活	課外（朝の会・帰りの会・休み時間・放課後）	評価計画
9月	運動会 上級生がみんなのために動く姿によさを自分に取り入れる。	畑に埋めた宝物 「みんなのために」 困っている人を助けたり、人の役に立ったりする意欲をもつ。	「わくわくドキドキお話探偵団」 下級生に思いやりをもち読み聞かせをしたり、グループ活動で友だちのよさを認めたり適切な自己表現をしたりする。 計画→練習→読み聞かせ→振り返り→次回の計画	[上手な聴き方] よりよいコミュニケーションのための、聴き方のスキルを習得する。	学級遊び 外（火曜） 内（水曜） 魔法の人間いす（室内）	○教師（実態と願い） ◎保護者（心のノート）
10月	校区内美化活動 下級生の世話をしながら、自分の地域の清掃活動をする。	さとしの心 [友情] 友だちの気持ちを考え、仲良く協力して生活することの大切さを考える。		[ほめ言葉の宝物] 自己と他者を肯定的に受け入れられる喜びを体験する。 「ここにこみつけ」 学級の取組 学級会「みんなで遊ぼう」休み時間に、学級や下級生と遊ぶ計画を立てる。 [アサーショントレーニング] 適切な自己表現の仕方を学ぶ。 [楽しい月旅行] 他の人たちの意見や考えに、耳を傾ける。	いろいろ、おしえて！（室内） カム、オン！（屋外） 牛、馬ゲーム（屋外） 綱を投げたぞ（屋外） 5ヒントゲーム（室内） 惑星ドリブル（屋外） 尋ね人ゲーム（室内） 魔法の人間いす（室内）	☆児童相互（日常） ○教師（総合的な学習の行動） ☆児童相互（総合） ◎保護者（家庭での様子） ○教師（総合評価）
11月					ボランティアパスポート →	

ボランティア学習 目標
1 友だちとの交流の中で、適切に自己表現したり、友だちのよさを認めたりできる。
2 下級生に対して、思いやりをもって接することができる。

- 教師による個人評定（教師評定）

    担任教師が日常の行動観察から，児童一人ひとりの「向社会性」と「自己有用感」の2項目について評定を求めた。具体的には，向社会性については「見返りを期待することなく，困っている人を進んで助けたり，周りの人のために働いたりすること」，また自己有用感については「友だちとの交流の中で，適切に自己表現したり，自他のよさを認めたりする言動」の頻度をそれぞれ4段階で回答を求めた。

4 授業例

学級活動「上手な聴き方」（表7-1）
○本時のねらい
- 自分のこれまでの聞き方を振り返り，相手が話したくなる聞き方をしようとする意欲をもつ。
- よりよい人間関係をつくるためのあいづちや聞き方を理解する。

○準備物
- ワークシート　・がんばりカード

○授業概略
(1) これまでの自分の話の聞き方を振り返り，問題点を明らかにする。
(2) ロールプレイを通して，聞き方によって話し手の気持ちが変わることを知る。
(3) よりよい聞き方を知り，実践意欲をもつ。

○指導上の留意点

　話を聞くことは，コミュニケーションの基本であるが，うまくできていない子どももいるだろう。そこで，まず学級での話の聞き方の問題点を明らかにし，自分たちの課題として捉えさせる。そして聞き手がどのような聞き方をすれば，話し手が心地よいのかをロールプレイを通して実感させ，今後の自分の話の聞き方について自己決定させる。授業後1週間程度，帰りの会で自己決定したことを振り返り，「がんばりカード」に記入させて，定着を図る。

○児童の感想
- となりの人が手遊びして聞いてくれないといやな気分だったけど，ちゃんと聞いてくれたときはうれしい気持ちになりました。これから自分が聞くときは，聞き名人の聞き方がしたいです。（授業中，教室を飛び出すことのある児童の感想）
- 相手に無視されて話を聞いてくれないと，悲しいということがわかった。（活発でよく話す児童の感想）

学級活動「楽しい月旅行」（表7-2）
○本時のねらい

1 学級単位での実践例（小学校）

表 7-1　1 時間の流れ（上手な聴き方）

場　面	教師の指示（★）と子どもの反応・行動（△）	留意点
導　入	★ みなさんは日頃，上手に人の話を聞くことができていますか？ △ できている，聞いてもらえなくてケンカになったことがある。 ★ たくさんの人が上手に聞いてもらっていないと思っているようですね。	
説　明	★ 今日は，今よりもっと聞き方が上手になって，みんなと仲良くするためにはどうしたらいいか考えましょう。 　話の聞き方名人になるには，どうしたらいいか考えよう	
活　動	★ どんな聞き方をしてもらったら，相手がちゃんと聞いてくれていると感じますか？ △ 自分の方を見て聞いてくれたとき，反応をしてくれたとき。 ★ では，実際にどんな聞き方をしてもらったら気持ちがいいか，ペアで体験してみましょう。 △ ペアで 3 つのレベルのロールプレイをする。 　〈ロールプレイ〉 　話し手　「おいしそうだね」 　聞き手　レベル 1 →「そうだね」と応える 　　　　　レベル 2 →相手を見ながら「そうだね」と応える 　　　　　レベル 3 →相手を見て，うなずきながら笑顔で「そうだね」と応える	2 人 1 組で交互にロールプレイさせて，聞き手の反応が話し手の気持ちに大きな影響を与えることに気づかせる。
振り返り	★ 3 種類の聞き方をしてもらいましたが，それぞれの聞き方をされたときの気持ちをワークシートに書きましょう。 △ ワークシートに書き込む。 ★ 3 種類の聞き方をして気づいたことや感じたことを話し合いましょう。 △ 口だけでこちらを見てくれなかったら，ちょっと嫌な気分になった，うなずいてもらった方が，ちゃんと聞いてもらっていると思ってうれしかった。 ★ みなさんは，これまでどのレベルの聞き方をしていましたか？ △ 相手の目を見ていなかったことも多かった，笑顔やうなずきがなかった。	これまでの自分の聞き方を振り返らせることで，改善点を明らかにさせる。
まとめ	★ 聞き名人になるには，どんなことに気をつけたらいいと思いますか？ 　聞き方名人への道 　　1　相手を見ながらの「あいづち」 　　2　笑顔での「うなずき」 ★ これからどんな聞き方をしていったらいいと思いましたか？　決めた聞き方を，今日から 1 週間実行してがんばりカードに書いてもらいます。 △ これまでは，ただ聞いていたけど「へぇ」とか「そうなんだ」とかあいづちを打つ，うなずいてもらったらうれしかったのでこれからはうなずきながら聞く。	今後の自分の行動について自己決定させ，実践につなげる。定着を図るためのがんばりカードを準備する。

・コミュニケーションの基本である相手の話をよく聞き，気持ちや思いを受け入れることができる。
・たくさんの意見を出し合い，互いの意見を尊重し，折り合いをつけながら集団決定することができる。

○準備物
　・月とロケットの絵　　・ワークシート　　・がんばりカード

○授業概略
(1) 学級で 1 つのことを話し合って決めるときに起こっているトラブルを振り返り，問題点をつかむ。
(2) 自分が月旅行に持って行きたい「7 つのもの」を考えて決める。
(3) グループで話し合って「7 つのもの」を決める。
(4) みんなで意見を出し合うときに大切なことを明らかにする。

○指導上の留意点
　集団決定するときは，「友だちの話をよく聞くこと」「多様な意見を受け入れるこ

第7章　実践例の紹介

表7-2　1時間の流れ（楽しい月旅行）

場　面	教師の指示（★）と子どもの反応・行動（△）	留意点
導　入	★ 話し合って1つのことを決めるとき，トラブルが起こったことはないですか？ △ この前もみんなで遊ぶ遊びを決めるときにケンカになった，班で話し合うとき意見がまとまらなくて困ったことがある。 ★ これから先もたくさんのことをみんなで話し合って決めていかなければなりませんね。ケンカやトラブルが起こらない話し合いができるといいですね。	
説　明	★ 今日は，みなさんが納得する話し合いの仕方を見つけていきましょう。 　　上手な話し合いの仕方を知ろう ★ 今日はみなさんで月旅行に行きます（月とロケットの絵を提示する）。 △ やったー，わーい。 ★ では楽しい月旅行になるように，自分が持って行きたい物を7つ選んで，ワークシートに書いてください。 △ 自分が持って行きたい物をワークシートに書く。 ★ 書きましたか？　みなさんそれぞれ持って行きたい物があります。全部持っていけたらいいのですが，ロケットは4人乗りで，全員で7つしか乗せることができません。 △ 全員で7つは少ないなあ。	ワークシートを配る。
活　動	★ それでは，みんなで楽しく月旅行に行けるように，今からグループで話し合って7つに絞ってください。楽しい月旅行に行くので，話し合いも上手にしなければいけません。話し合いをしながら，上手な話し合いの仕方を見つけてもらいますが，どんなことに気をつけたらいいでしょうか？ △ 一人ひとりの意見を聞く，理由をちゃんと聞いて少ない意見でも粗末にしない，友だちの考えのいいところを認めて自分の意見を押し通さない。 ★ では，話し合って7つ決めてください。グループの意見が決まったら，ワークシートに書き込みましょう。 △ グループで話し合いをする。 ★ 決まったことやどんな話し合い方で決めたかを発表してください。 △ 全員が一番持って行きたい物を1つずつ決めて，残りはみんなで理由を聞いて納得する物を決めた，たくさんの人が持って行きたいと思ったものをまず選んで，あとはぜひ持って行きたい理由を聞いて決めた。	4人のグループをつくる。 意見が出ない場合は，教師がモデルを提示する。 上手に話し合っているグループの話し合いの仕方を紹介する。
振り返り	★ みなさんで楽しい月旅行になるようなものを決めました。話し合いをしていて，どんなことに気づいたり，どんな気持ちになりましたか？ △ みんながよく聞いてくれたからうれしかった，ちゃんと理由を聞いたら持って行きたいわけがわかって良かった，自分の考えを押しつけられたら嫌な気持ちになった。	
まとめ	★ では，どんな話し合いをしたらいいかがわかりましたか？ 　　上手な話し合い方 　　1　全員が発言し，他のみんなはよく聞く 　　2　自分と違う考えも認める 　　3　友だちの考えの良さを取り入れる ★ みなさんのこれまでの話し合いの仕方で良かったことや足りなかったことは何ですか？　これからどのようなことに気をつけて，話し合いをしていくか，がんばりカードに書き込んで，話し合いの度に振り返りをしていきましょう。 △ 今まではあんまり，自分の考えを発表していなかったから，これからはきちんと自分の考えを発表しようと思う，話し合いのときみんなの意見を聞こうとせずに自分の考えを押しつけていたので，これからはみんなの考えも聞こうと思う，多数決ですぐ決めていたけど，少ない意見も聞いてみようと思う。	今後の自分の行動について自己決定させ，実践につなげる。 定着を図るための「がんばりカード」を準備する。

と」「自分をコントロールすること」「自他のよさに気づくこと」などのスキルが必要となる。このユニットで学んだことが，学級で起きているトラブルの解消にもつながることを意識させたい。

5　成果と課題

　　効果の検証は，教師による個人評定の「向社会性」の結果をもとに，低群（8名），

中群（12名），高群（8名）の3群に分け，各群の実践前後の変化を検討した。以下の結果は，具体的な統計数値を記述していないが，統計的な分析によって効果が示されたものだけを記述している。[(2)]

楽しい学校生活を送るためのアンケートQ-U（自己評定）（表7-3）

4段階回答の適応的なものから順に4点～1点を与え，領域ごとに合計点を出した。したがって，「学校生活意欲尺度」の各領域の得点範囲は3点～12点，「学級満足度尺度」の各領域の得点範囲は6点～24点となる。いずれの領域も得点が高いほど学校に適応的であることを示しているが，「被侵害」は得点が低いほど学校に適応的であることを示す。

それぞれの領域について効果を検討したところ，「学級の雰囲気」「承認」「被侵害」において，実践の効果が示された（図7-2～図7-4）。このことから，実践によっていじめや暴力などの侵害行為が少なくなり，お互いを認め合う関係が築かれ，学級全体の雰囲気がよくなったと考えられる。

表7-3　Q-Uの結果

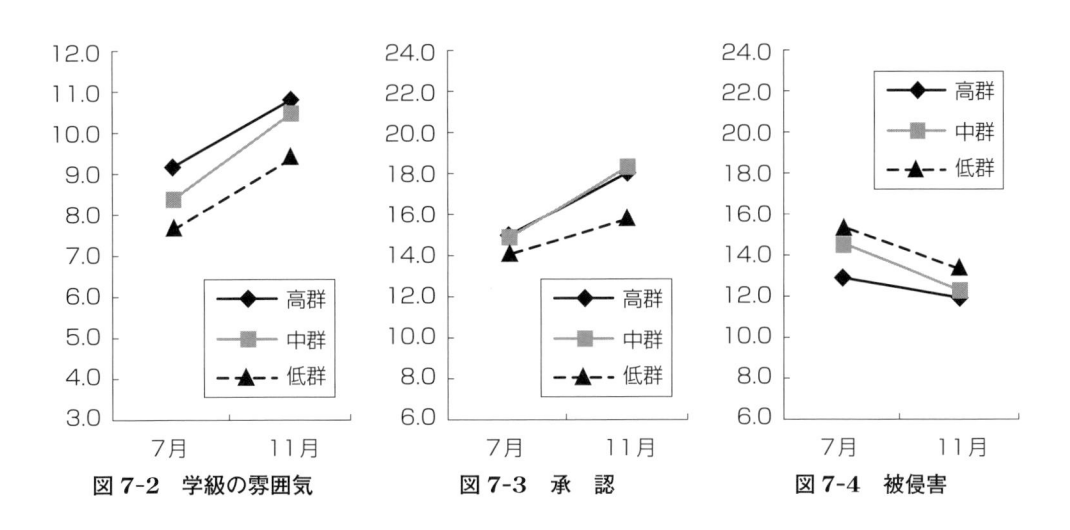

		低　群		中　群		高　群	
		7月	11月	7月	11月	7月	11月
学校生活意欲	友人関係	9.38	9.63	8.83	9.42	9.75	9.75
	学習意欲	9.75	9.88	9.92	10.42	10.38	9.13
	学級の雰囲気	7.63	9.38	8.33	10.42	9.13	10.75
学級満足度	承認	14.13	15.75	14.75	18.25	14.88	18.00
	被侵害	15.50	13.38	14.67	12.25	12.88	11.88

図7-2　学級の雰囲気　　　図7-3　承認　　　図7-4　被侵害

---

(2)「統計的な分析」とは，3（群）×2（時期）の分散分析である。

第 7 章　実践例の紹介

表 7-4　対人関係能力の結果

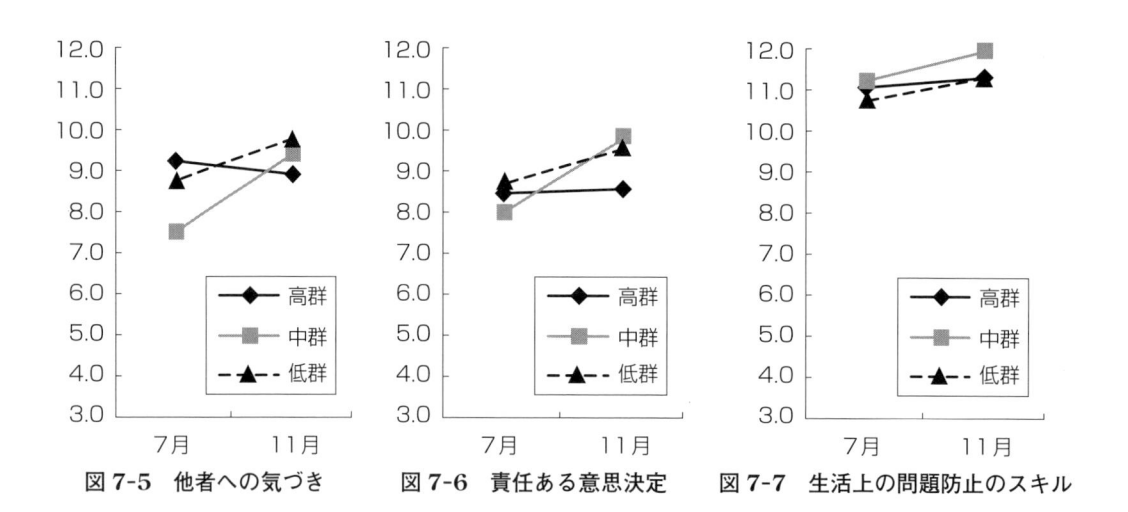

	低　群		中　群		高　群	
	7月	11月	7月	11月	7月	11月
自己への気づき	8.50	9.38	9.00	9.75	9.88	9.63
他者への気づき	8.75	9.75	7.50	9.42	9.25	8.88
自己のコントロール	8.63	8.25	8.08	9.59	8.00	8.25
対人関係	9.63	9.38	8.17	9.83	9.88	10.25
責任ある意思決定	8.63	9.50	7.92	9.83	8.38	8.50
生活上の問題防止のスキル	10.75	11.25	11.17	11.92	11.00	11.25
人生の重要事態に対処する能力	10.13	10.13	8.92	9.83	9.13	9.13
積極的・貢献的な奉仕活動	9.50	9.62	7.91	9.08	8.88	9.88

図 7-5　他者への気づき　　図 7-6　責任ある意思決定　　図 7-7　生活上の問題防止のスキル

対人関係能力測定のための尺度（自己評定）（表 7-4）

　全24項目を 4 段階回答の適応的なものから順に 4 点～ 1 点を与え，領域ごとに合計点を出した。したがって，対人関係能力の得点範囲は各領域 3 点～12点で，高得点ほど各領域の社会的能力が高いことを示す。

　効果を検討したところ，「他者への気づき」「責任ある意思決定」「生活上の問題防止スキル」において，実践の効果が示された（図 7-5～図 7-7）。「他者への気づき」では，特に中群での効果が顕著であった。このことから，体験活動や SEL-8S 学習プログラムのユニットでの学習を通して，学級の仲間と協力して活動することで，他者理解が深まり，物事に責任をもって，さまざまな生活上の問題に対処できるようになっていると思われる。

教師による個人評定（教師評定）（表 7-5）

　「向社会性」に関して効果の検討を行った結果，低群において実践の効果が示された（図 7-8）。また，「自己有用感」についても実践の効果が見られ，第 1 回目（7 月）

1 学級単位での実践例（小学校）

表 7-5　教師評定の結果

	低群		中群		高群	
	7月	11月	7月	11月	7月	11月
向社会性	1.88	2.75	3.00	3.08	4.00	3.63
自己有用感	2.63	3.13	3.08	3.33	2.88	3.75

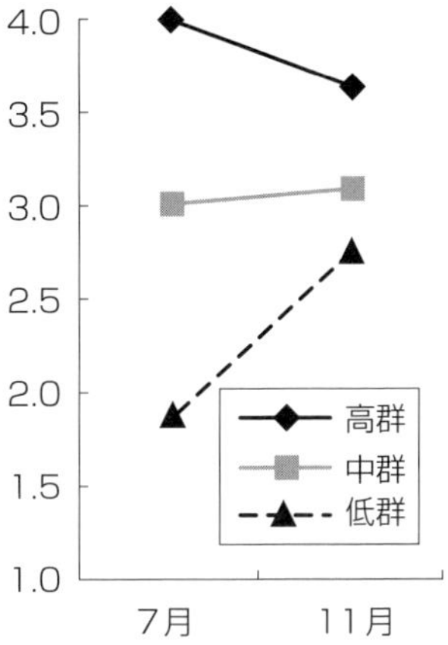

図 7-8　向社会性 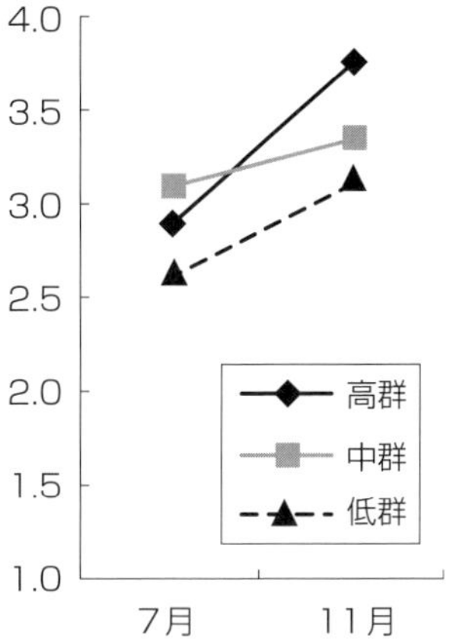　　図 7-9　自己有用感

の得点に比べて第2回目（11月）の得点が上昇していた（図7-9）。このことから，今回の活動を通して，自分をより肯定的に捉えるようになり，特に，向社会性の低かった児童も人のために働きかけることができるようになったことがうかがえる。

本実践では学校満足度尺度の「承認」「被侵害」，小学生用 SEL-8S 自己評定尺度の「他者への気づき」，教師評定による「向社会性」といった他者との関わりに関する領域での効果が認められ，その効果は，実践前の段階で教師に対人関係能力が低い，または中程度と評価されていた児童に多く見られた。つまり，今回の実践は，特に，対人関係能力があまり高くない児童に有効な実践であったと考えられる。

6　まとめ

本実践は，これまでバラバラに指導されていた学習内容を組み立て直し，教科や領域を超えて一貫性のある大単元を構成したことで，一度学習した内容に繰り返し多方面からアプローチできるようになった。そのため，児童たちの人間関係や学級の雰囲気がよりよく改善していったと思われる。これらのことから，体験活動とその他の教育活動や心理教育プログラムを組み合わせて指導することは，児童の対人関係能力や思いやりの心の育成に寄与するものであることが示唆された。

実践後は，教室を頻繁に飛び出していた児童や勝手に席を立ち歩く児童に落ち着きが見られるようになり，児童同士のケンカの数も減っていった。休み時間の遊びの様

子を見ても，実践が始まる9月には，少ない人数のグループをつくって遊んでいたり，教室で1人で遊んでいたりする児童がいたが，実践後の12月には互いに声を掛け合って，男女混じった大人数で遊ぶようになっていた。

　他者との関わりの積み重ねの中で育まれる対人関係能力は，一度身につけた後，実際の学校生活の中で活用し対人関係がよりよくなることを体感することで，児童自身がその成長に気づくものであろう。そのため，このような取組を通して獲得した他者に対する思いやりの行動や対人関係能力を発揮できる場を，学級にとどまらず他学級・他学年の児童へと広げていくことが望ましい。教師は，学習した能力が定着するまで，それらの行動に対して適切なフィードバックを継続的に行うことが必要である。

2　小学校全体での実践例
　――学校適応を促進するための全校での取組[3]

1　問題と目的

　児童の学校適応を促進するために，1公立小学校の全学年の児童を対象にSEL-8S学習プログラムを実施し，その効果検証と実施上の留意点等の情報収集を行った。

　近年，子どもの学校不適応が問題となり，社会性や対人関係能力の低下が指摘されるようになって，学校では心理学の知見をもとにした各種の予防的な心理教育プログラムが実施・検討されている（例：藤枝・相川，2001；金山・後藤・佐藤，2002）。ただし，これまでの研究では，1週間に1～2単位時間の授業が特設的に実施されている場合が多く，学習指導要領をもとに編成されている通常の学校のカリキュラムの中で，この時間を確保するのは難しいことが予想される。また，心理教育プログラムの研究においてよく指摘されるものに，般化や定着の問題があげられる。学校教育の場において，これらの問題を解決するためには，プログラムを長期にわたって継続して実施し，その効果を検証していくことが1つの方法になると考えられる。また，実施規模においても，単学級ではなく学年単位や学校全体での実施研究が必要となってくるであろう。さらに，プログラムの一般化を図っていくためには，教育現場で実際に活用できる形で効果検証を行う必要があり，プログラムの学校カリキュラムでの位置づけが重要となる。以上のことから，①学校のカリキュラムへのプログラムの位置づけ，②学年や学校全体という規模での長期的，継続的な取組の2点が実践上のポイントとなると考える。そこで，本実践では，全学年を対象にSEL-8S学習プログラムを半年

---

[3] 本実践例は香川・小泉（2007）にもとづくものである。

間実施し，その効果を検証することを目的とした。

2 実施方法

　4月初めに校長の許可を得て，実践校の全教員に対してSEL-8S学習プログラムの概要，実施内容と方法，実施時期，実施上の留意点，効果測定の内容と方法について説明を行った。各学年のカリキュラムについては，各学年の担任教師に児童の実態や授業計画および行事計画の関連から検討・修正を行ってもらった。授業内容についても，授業者である担任教師との協議において適宜，目標や内容の修正を行った。各学年のSEL-8S学習プログラムは，5月から11月までに6～9回行われ，ユニットは各担任教師が指導した。実施時間は，低学年においては学校裁量の時間を使い，中・高学年は総合的な学習の時間で実施した。また，各学年で連絡調整担当者1名を決め，各学年での事前打ち合わせはこの担当者が中心となって行ってもらった。各学年で実施したユニットを表7-6～表7-11に示す。

表7-6　1年生のユニット

実施月	社会的能力	ユニットの目標
5月	対人関係	友だちと一緒に遊んだり行動をする中で，お互いのことを知ることが楽しく過ごすことになることに気づき，1年間一緒のクラスで過ごす友だちのことを積極的に知ろうとする。
6月	他者への気づき	友だちの名前を正しく覚えることができる。一度名前を教えてもらっていても忘れているときは，再度尋ねることができる。
7月	人生の重要事態に対処する能力	子どもに関わる犯罪の危険なケースやその対処法を知って，対処を行えるように練習する。
9月	他者への気づき	楽しくゲームをしながら友だちの好きなものにふれ，人の好きなものは自分と違うものがあることに気づいたり，それを受け入れることが友だちとの仲をより親しくしてくれることに気づく。
10月	他者への気づき	自分と同じ趣味や誕生日などの友だちを探し，クラスの友だちのいろいろな情報を集めることができる。
11月	自己への気づき	喜怒哀楽などの感情を身ぶりで表したり，言語化したりできる。また自他の感情表現の違いに気づくことができる。

第 7 章　実践例の紹介

表 7-7　2 年生のユニット

実施月	社会的能力	ユニットの目標
5月	自己への気づき	新しい出会いで自分のことを知ってもらうとき，どんな紹介をするといいか，自分の特徴を見つめたり，紹介の仕方を考えたりしながら，適切な自己紹介をすることができる。
	積極的・貢献的な奉仕活動	他者から援助されたときのうれしい気持ちを理解し，新入生のために自分ができることを考え，実行しようとする気持ちをもつことができる。
6月	自己のコントロール	衝動的で攻撃的な行動を統制するための「3段階問題解決過程」を知り，練習する。
7月	他者への気づき	他者が同じ色からイメージするものは，自分と違うことがあることを知る体験を通して，ものの感じ方や捉え方には人によって違いがあることに気づくことができる。
9月	対人関係	友だちに同情したり励ましたりするときのよりよい表現について考え，言い方や接し方を身につける。
10月	他者への気づき	コピーゲームの楽しい体験を通して，自己（身体）表現を楽しみながら友だちをより親しく感じることができる。
11月	対人関係	友だちと仲良くなるためのルールを友だちと一緒に考えながら作成し，よりよい友だちとの接し方に気づくことができる。

表 7-8　3 年生のユニット

実施月	社会的能力	ユニットの目標
5月	自己への気づき/対人関係	自分について振り返り，自分のよさや特徴に気づくことができる。また，自分を紹介するときの基本的なスキルを身につける。
	自己への気づき/他者への気づき	仲間に加わることを拒否された友だちの気持ちを理解し，拒否するのはグループの雰囲気のせいなどではなく，自分が選択していることを理解する。
6月	自己のコントロール	感情的になってしまうような場面でのよりよい対処法を知り，身につける。
7月	自己への気づき/他者への気づき	友だちが思う自分のよさを伝え合うことを通して，自分のよさや特徴に気づくとともに，自分に自信をもつ。
9月	他者への気づき/対人関係	よりよい話し合いには，まず他者の意見や考えに耳を傾け，その気持ちや思いを受容し尊重することが大切であることを体験を通して理解する。
10月	対人関係/他者への気づき	グループで楽しく遊ぶためには，各自が周りの人のことを考えながら関係をつくることが大切であることに気づく。

（注）　3 年生については，学校の都合により 11 月は未実施。

表 7-9　4 年生のユニット

実施月	社会的能力	ユニットの目標
5月	他者への気づき	友だちを紹介するという過程を通して，友だちのことを積極的に知ろうとする。
6月	他者への気づき	気持ちと言葉の関連を確認することを通して，相手の気持ちを読み取る仕方を身につけ，共感する能力を高めるとともに，それを伝えることができる。
7月	生活上の問題防止のスキル	危険な状況に直面したときや目撃したときに，どのように対処したら良いかをロールプレイしながら，自らの身体を守る力を伸ばす。
9月	自己のコントロール	自分のストレスの原因とストレス反応に気づき，適切な対処法について考える。
	対人関係	友だちにお願いするときの上手な頼み方について知り，身につける。
10月	責任ある意思決定／生活上の問題防止のスキル	不当な要求に対してはっきりと断ることの意味を知るとともに，断り方を身につける。
	積極的・貢献的な奉仕活動	障害のある人の不自由さを知る体験を通して，ボランティアの気持ちをもつことの意味や大切さに気づく。
11月	対人関係	相手に対する上手な尋ね方について知り，聞きたいことを明確にしながら適切な態度で質問ができるようにする。

表 7-10　5 年生のユニット

実施月	社会的能力	ユニットの目標
5月	他者への気づき	グループの友だちをクイズで紹介する活動を楽しみながら，新しいクラスの友だちのことについて知る。
	対人関係	表情やしぐさによる活動や演習を行い，非言語的コミュニケーションの大切さを実感するとともに，スキルを身につける。
6月	自己への気づき	自分の長所や短所，気持ちのもち方などの自分への気づきを深め，よりよい自分づくりのための目標をもつ。
	責任ある意思決定	自分の行動に関してさまざまな選択肢をあげ，その結果を評価するという意思決定の過程（方法）を理解し身につける。
7月	生活上の問題防止のスキル	マナーの善し悪しが生活（社会）に与える影響について考え，マナーの大切さに気づくとともに，自分のマナーを振り返り見直す。
	責任ある意思決定	万引きに対する自分自身の意思を明確にもつことの大切さを知り，よりよい断り方を身につける。
9月	自己のコントロール	ストレッサーの脅威を軽減することができるように，ストレッサーに対する受け止め方をポジティブに考える対処法を身につける。
10月	自己のコントロール	動作法の効用を知るとともに，肩の上げ下げによるリラクセーションを体験し，生活に活用できるようにする。
11月	生活上の問題防止のスキル	薬物に対する正しい認識を身につけ，誘われても適切に断ることができるスキルを身につける。

第7章　実践例の紹介

表 7-11　6年生のユニット

実施月	社会的能力	ユニットの目標
5月	積極的・貢献的な奉仕活動	ボランティアの意味や価値，活動の様子などについて知り，自分たちができる身近なボランティアについて考える。
	積極的・貢献的な奉仕活動	最上級生の意味や役割について考え，学校や下級生のために自分ができる取組を考えながら，進んで貢献していこうとする気持ちをもつ。
6月	対人関係	みんなで心を合わせてゲームを達成し，その喜びを味わうことを通して，友だちを信頼し協力することの大切さを感じ取ることができる。
	自己のコントロール	アクティベーションの効用を知るとともにウォーキングによるアクティベーションを体験し，生活に活用できるようにする。
7月	生活上の問題防止のスキル	お酒が体に与える影響や飲酒に対する知識を深め，未成年の飲酒に対する正しい認識を身につける。
	責任ある意思決定／生活上の問題防止のスキル	飲酒や薬物の誘いに対する自分自身の意思を明確にもつことの大切さを知り，よりよい断り方を身につける。
9月	自己のコントロール	自分で自分が嫌だと感じている部分を認識し，ネガティブに捉えていた部分を「それも私なのだ」とポジティブに受け入れることの大切さを理解する。
10月	自己のコントロール	自分の感情が不安定なときにどんな人がどんな風に支えてくれているのかを認識する。また，友だちに対しても自分ができる支援をしていこうという気持ちをもつ。
11月	対人関係	ゲーム活動を通して，非言語的コミュニケーションの大切さを理解する。

3　効果検証

①調査対象：実践校は公立小学校全児童（1～6年生）636名と学級担任19名，統制校は3公立小学校の児童（1～6年生）708名と学級担任24名（自己評定は，3年生以上が実施した）

②調査期間：5月と11月～12月

③使用した尺度：小学生用 SEL-8S 自己評定尺度，小学生版 QOL 尺度，SEL 教師評定尺度

- 小学生用 SEL-8S 自己評定尺度

　宮崎他（2004）の小学生用 SEL-8S 自己評定尺度を用いた。この尺度は SEL の 8 つの社会的能力「自己への気づき」「他者への気づき」「自己のコントロール」「対人関係」「責任ある意思決定」「生活上の問題防止のスキル」「人生の重要事態に対処する能力」「積極的・貢献的な奉仕活動」のそれぞれに 3 項目計24項目と 2 項目の虚偽発見尺度を合わせた26項目で構成されている。回答は「ぜんぜんあてはまらない」「あまりあてはまらない」「ときどきあてはまる」「よくあてはまる」などの 4 件法で求めた。

- 小学生版 QOL 尺度

　柴田他（2003）の「小学生版 QOL 尺度」を用いた。「身体的健康」「情動的 Well-being」「自尊感情」「家族」「友だち」「学校生活」の6領域からなり，各4項目計24項目で構成されている。各項目が「この1週間の自分の状態にあてはまるかどうか」について，「ぜんぜんなかった」「あまりなかった」「ときどきあった」「いつもあった」の4件法で回答を求めた。

- SEL教師評定尺度

  各担任に学級の児童一人ひとりのSELの社会的能力について，小学生用SEL-8S自己評定尺度と同じ項目を用いて，回答を依頼した。回答は，各領域の3項目を総合的に判断して「ほとんどない」「あまりない」「ある」「とてもある」の4件法で求め，児童1人につき8つの評定得点が得られた。

4 授業例

1年生「いろんな気持ち」（11月）（表7-12）

○本時のねらい
- 喜怒哀楽などの感情を表情や身ぶりで表したり，言語化したりできる。また自他の感情表現の違いに気づくことができる。

○準備物[4]
- 「いろんなきもち」プリント　・絵①〜⑦　・気持ちカード

○授業概略
(1) いくつかの場面の絵を見て，適した感情語を産出する。
(2) 取り扱う感情が喚起される状況や場面，表情やしぐさを考え，感情ごとにそれらの特徴が異なっていることを理解する。
(3) ゲームを行い，表情やしぐさに表れている感情に適した感情語を選択する。

○指導上の留意点

取り扱う感情は，3〜6つ程度にし，あまり難しいものを選択しないように留意する。ちなみに，喜び，悲しみ，怒り，恐れ，嫌悪，驚きの6つの感情が，基本的な感情とされているため，これらの感情を中心に学習することが考えられる。

また，授業以外の時間でも感情への関心が高まる機会をつくるなど工夫してもらいたい。

5年生「ぜったいダメ！」（11月）（表7-13）

○本時のねらい
- 薬物に対する正しい認識を身につけ，誘われても適切に断ることができるスキルを身につける。

○準備物[4]

---

[4] 詳しくは第2巻『社会性と情動の学習（SEL-8S）の進め方　小学校編』を参照。

第7章　実践例の紹介

表7-12　1時間の流れ（いろんな気持ち）

場面		教師の指示（★）と子どもの反応・行動（△）	留意点
導入		★ 毎日の生活の中で，いろんな気持ちになるときがあります。どんな気持ちになりますか？　プリントに書いてください。 △ （発表）うれしい，悲しい，つらい，楽しい。	プリントを配る。
説明		★ いろんな気持ちを表す言葉がありますが，今日は，気持ちについてもう少し詳しく学習しましょう。	
活動	(1)感情語の産出	★ 今あげてくれた気持ち以外で，少し難しい気持ちを考えてみましょう。まずはこの場合です（絵①を提示）。ちえさんはかけっこをしていて，みんなの前で転んでしまいました。ちえさんは，どんな気持ちになりますか？ △ はずかしい，悲しい，つらい……。 ★ 次は，この絵です（絵②を提示）。たけしくんが友だちの家に行くと，友だちはたけしくんのもっていない新しいゲームをもっていました。たけしくんはどんな気持ちですか？ △ うらやましい，悔しい，悲しい……。	この授業で扱う感情の数は，実態に応じて，増減させる。顔の様子（眉毛，口，目など）についての特徴は，適宜説明を行う。
	(2)感情が起こる場面＆感情ごとの表情やしぐさの違い	★ たくさんの気持ちを表す言葉がありますが，今日はその中から喜び，悲しみ，怒り，恐れ，恥を取り上げましょう。これは，それらの気持ちを表した顔の絵です（絵③〜⑦を提示）。まず，喜びです。喜んだ顔はどれですか？ △ ニコニコした顔。 ★ 喜びを感じたときは，ニコニコ笑顔になります。みなさんもニコニコした顔をつくりながら，その顔になるのはどんなときか考えてください。どんなときに喜びますか？ △ （発表）かけっこで一番だったとき，好きな食べ物を食べたとき。 ★ かけっこで一番になったら，大体の人がニコニコ笑顔になって，喜ぶと思います。そのとき，どんなしぐさをしますか？　手は？　声は？ △ 手を突き上げる，やったーと言う。 ★ 一番になったら，笑顔でやったーと手を高く突き上げて喜びます（モデリング）。 ★ 次は，悲しみです。悲しい顔はどれでしょうか？ △ 泣いている顔。 ★ 悲しいときは，泣き顔や泣きそうな顔になります。みなさんも泣き顔をつくりながら，その顔になるのはどんなときか考えてください。どんなときに悲しくなりますか？ △ （発表）テストの点が悪かったとき，先生に怒られたとき，ペットが死んだとき。 ★ 飼っているペットが死んだとき，大体の人が悲しくなって泣き顔になると思います。そのとき，どんなしぐさをしますか？　声は？　肩は？ △ 泣く，泣き声がする，下を向く。 ★ ペットが死んだら悲しいので，下を向いて泣いてしまいます。ため息も出るでしょう（モデリングしながら示す）。 （怒り，恐れ，恥も同様に繰り返す）	しぐさについての回答が少ない場合，教師が補足し，モデリングする。
	(3)ゲーム	★ 5つの気持ちについて考えましたが，全体で気づいたことはありますか？ △ 顔で気持ちがわかる，いろんなしぐさがあった。 ★ これからゲームをします。ゲームの名前は，「気持ちカメラ」です。ルールの説明をします。先生が一度やってみます（モデリング）。 「気持ちカメラ」ルール説明 ①グループの1人が「気持ちカード」の中から1枚カードを取る（選択式でも可）。 ②「はい，チーズ！」のかけ声に合わせて，その表情をする。 ③グループの他の人は，その表情を見て，気持ちを当てる。 △ グループでゲームを始める。 ★ では，ゲームを少し変えます。「気持ちカメラ②」です。ルールは，「気持ちカメラ」と同じですが，表情だけではなく，体全体で表現してください。先生が一度やってみます（モデリング）。 △ グループでゲームをする。 ★ ゲームをしてどうでしたか？　思ったことはありますか？ △ 楽しかった，○○君（さん）がよかった，いろんな顔があった。	「気持ちカード」を配る。
振り返り		★ 今日は，気持ちについて学習しました。たくさんの気持ちがありました。そして，気持ちが変わると，表情やしぐさも変わることを知りました。	
まとめ		★ 授業の感想を，プリントに書いてください。	

2 小学校全体での実践例

表7-13 1時間の流れ（ぜったいダメ！）

場面		教師の指示（★）と子どもの反応・行動（△）	留意点
導入		★ 違法薬物と聞いてみなさんは，何を想像しますか？ △ 麻薬，怖いもの。	
説明		★ 今日は，違法薬物の危険性について学習し，違法薬物の誘いを断るための方法を学習します。	
活動	(1)違法薬物の説明をする	★ 違法薬物は覚せい剤，麻薬，シンナーなどのことを言います。これらの違法薬物を使うとどうなると思いますか？ △ 体がボロボロになる，頭が混乱する……。 ★ 違法薬物を乱用すると，気持ちよくなるということを聞くことがあります。この話はすべてウソで，本当は心や体に大きな害を与えます。また，たった一度くらい大丈夫と思ってとった行動が，最悪の展開を招きます。「法律で禁止されている違法薬物を使用すること」を「薬物乱用」と言い，シンナーも目的に合っていない使い方をすると「薬物乱用」になります。では，違法薬物の害について説明します（表①を使って説明する）。これらの違法薬物を使い続けると，いつも使っていないとどうしようもなくなってしまいます。これを「依存」と言います。違法薬物を乱用しないと禁断症状が現れ，違法薬物を乱用することでその症状をなくそうとします。また，違法薬物を乱用し続けていると，同じ量では効果が少なくなり，乱用する量が増えます。違法薬物を買うお金欲しさに犯罪に手を染めることも少なくありません。 ★ ここで質問ですが，違法薬物の中で最初に手をつける薬物は何だと思いますか？ △ 覚せい剤，大麻。 ★ 実は，シンナーです。シンナーの害は表②のようなものがあります。シンナーは中学生頃に始める人が多く，1～2％の中学生が乱用した経験があると言われています。覚せい剤は中学卒業後約2年の間に手を染めるようです。薬物乱用は日本では法律で規制されています。使わなくても持っているだけで罰せられます。罰則も厳しく，最高で無期懲役になることがあります。表③は違法薬物で送致された少年の数です。この表を見て何か気づいたことはありますか？ △ 少しずつ人数が減っている，女子の割合が高くなっている。 ★ 全体の数は，少しずつ減っています。しかし，女子の割合が増えています。なぜだかわかりますか？ △ わからない。 ★ 実は違法薬物を勧めるときに「やせ薬」や「集中力が高まる薬」などとウソをつくことがあります。見た目は普通のカゼ薬と変わらないので，正しい情報を知っておく必要があります。このような違法薬物についてどう思いますか？ △ いやだ。怖い。	表①を提示する。 表②を提示する。 表③を提示する。表③では，女子の割合が多いことを指摘する。
	(2)具体的な断り方を考える	★ 薬物乱用をしないためには，正しい情報を知り自分から手を出さないと決意することが大切です。さらに，違法薬物の誘いに対してはっきり断らなければいけません。みなさんは違法薬物に誘われたら，どのように断りますか？ △ 「犯罪だから」と言う，逃げる。 ★ ポイントをまとめます（板書）。覚え方は，『"ハリ"の"ワニ"』です。 ＊危険な状況での断り方のポイント…『"ハリ"の"ワニ"』 ①はっきりと断る，②理由（りゆう）を伝える，③話題（わだい）を変える，④最後は逃（に）げる ★ では，どのような言葉を使って断ったらいいでしょうか？ グループでその言葉を考えてみましょう。また，さらなる誘いの言葉に対する言葉を考えてください。 △ （グループで話し合って，発表する）。①絶対にやらないよ，②見つかったら捕まるから，③用事を思いだした，（さらなる誘いに対して）そんな情報はウソだよ。（板書）	C6参照。 プリントを配る。
	(3)ロールプレイ	★ 実際にロールプレイをしましょう。先生が誘う役をするので，自分の言葉を使って断ってください。わからないときは，黒板に書いてある言葉を参考にしましょう。 △ ロールプレイをする（数名，前に出て発表する）。	
振り返り		★ 今回，薬物乱用について学習しました。違法薬物に対しては，興味本位で乱用しないことと，誘われても断ることを徹底してください。	
まとめ		★ 授業の感想と違法薬物に対する決意を，プリントに書いてください。	

・「ぜったいダメ！」プリント　　・表①〜③

○授業概略

(1) シンナーや麻薬など違法薬物の種類と心身の害について理解する。

(2) 違法薬物の誘いに対する「危険な状況での断り方のポイント」を学習する。また、さらなる誘いに対する断り方を考える。

(3) ロールプレイをして、断り方を身につける。

○指導上の留意点

指導にあたって、授業の最後にロールプレイを行い、違法薬物の誘いに対する断り方を練習するが、児童に違法薬物の誘い役を演じさせることは危険である。そのため、誘い役として担任教師や養護教諭、保護者や大学生によるボランティアなどの協力も考えておく。

また、この授業は、体育科の保健領域の学習と関連づけることができる。また、養護教諭と話し合い、資料や写真を補充するなどの工夫をしてもらいたい。さらに、警察や都道府県などの事業として行われる薬物乱用防止に関する講座や教室を活用することも考えられる。これらの専門機関と連携することで、詳しくてわかりやすい最新の情報を提供できる。

5　成果と課題

分析の対象となったのは、2回の調査すべてに回答した者の中から、不備のあった者と虚偽発見尺度項目において信憑性が低いと判断されたものを除いた残りの児童である。以下の結果は、具体的な統計数値を記述していないが、統計的な分析によって効果が示されたものだけを記述している[5]。

小学生用 SEL-8S 自己評定尺度

効果を検討したが、ユニットの学習の効果は見られなかった。

小学生版 QOL 尺度

効果を検討したところ、3年生の「学校生活」と6年生の「身体的健康」で効果が見られたが、小学生用 SEL-8S 自己評定尺度と同様、SEL-8S 学習プログラムの効果は見られなかった。

---

[5]「統計的な分析」とは、プログラム実施効果の全体的な傾向の検討については、学年ごとに2（群）×2（時期）×下位尺度（8、もしくは6）の分散分析を行った。詳細な検討については、3尺度の下位尺度ごとに2（群）×2（時期）の分散分析を行った。

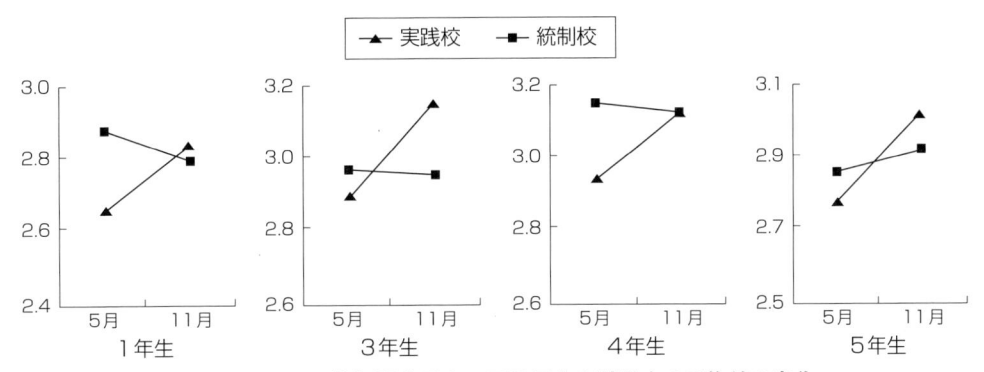

図 7-10 SEL教師評定尺度の下位尺度合計得点の平均値の変化

表 7-14 SEL教師評定尺度得点の分析結果

	1年生	2年生	3年生	4年生	5年生	6年生
自己への気づき	○					
他者への気づき	○		○	○		
自己のコントロール	○	○			○	
対人関係		○	○	○	○	
責任ある意思決定	○		○	○	○	
生活上の問題防止のスキル	○	○	○	○		○
人生の重要事態に対処する能力	○		○	○	○	○
積極的・貢献的な奉仕活動	○		○		○	○

(注)「○」は，効果のあった項目。

SEL教師評定尺度

プログラム実施効果の全体的な傾向を検討したところ，おもに1年生と3～5年生で教師評定による効果が示された（図7-10）。詳細に検討すると，1年生で7下位尺度，2年生で3下位尺度，3年生で6下位尺度，4年生で5下位尺度，5年生で5下位尺度，6年生で3下位尺度の効果を示した（表7-14）。効果は，実践校において実施後の得点の増加したもの，または，統制校の実施後の得点の減少に対して，実践校では減少が見られなかったものである。実施したユニットと効果の関連を見ると，全学年でのべ36の下位尺度の社会的能力についてユニットを実施した（各学年のユニットに関連した下位尺度の総数：1つの下位尺度で2単位時間以上のユニットを実施していても1とカウントしたもの）が，その中で，20の下位尺度においてSEL-8S学習プログラムの効果が認められた。

6 まとめ

本実践の目的は，全学年におけるSEL-8S学習プログラムの実践による効果を検証することであった。その結果，小学生用SEL-8S自己評定尺度においては，SEL-8S学習プログラムの実施によって，実践校の児童が統制校の児童と比べて，社会的能力

が高くなったと自己評価するまでにはいたらなかった。また，小学生版QOL尺度の結果では，3年生と6年生においてQOLが減少するのを抑制するような結果が一部認められたが，他の学年においては，実践校でQOLが増加するような効果は認められなかった。

一方，SEL教師評定尺度の結果では，2年生と6年生を除く学年において，SEL-8S学習プログラムの効果が認められた。SEL-8S学習プログラム実施によって，実践校の担任教師は統制校の担任教師に比べ，児童の社会的能力が高くなったと評価していた。

全体を通して，学校のカリキュラムに位置づけた半年間のSEL-8S学習プログラム実施によって，児童の自己評価での変化を示すまでにはいたらなかったが，教師による他者評定，つまり児童の行動面において，ほとんどの学年でSEL-8S学習プログラムの効果があったと評価されたことになる。このように児童の行動面において評価が見られたことは大変意義があると考えられる。なぜなら，SEL-8S学習プログラムは児童の社会性に関する能力，いわゆる対人関係能力を育てていこうとするものであるが，これらを育てる以上，他者からの評価は非常に重要だからである。教師による他者評定において，これらの結果が出ていたことは，SEL-8S学習プログラムの効果があったと見ることができると言えよう。

また，担任教師や児童の感想には，SEL-8S学習プログラムのユニットが価値のあるものであるという感想が多く見られた。例えば，授業者に対して行った授業後のアンケートでは，19名全員がSEL-8S学習プログラムは子どもを育てる上で「価値がある」と答え，「現代の子どもたちには必要な学習だと思う」「これからも続け，児童が6年間で社会性の基礎となるものを身につけられたらいいと思う」などの記述が見られた。児童による学習後の振り返りシートには，「いい勉強になりました」「この学習で私の前向き度が30％は伸びたと思う」などユニットの学習が自分のためになったという記述が多く見られた。

これらのことから，SEL-8S学習プログラムは教師や児童にとって価値のある学習になっていたと言えるであろう。

ここで，本実践で明らかとなったプログラム導入・実践においての問題点や留意点などを次の5点にまとめる。

1つ目は，SEL-8S学習プログラムの授業時間数を増やして実施する必要があるということである。方法としては2通り考えられる。1つは今回のようなユニットの学習の時間数を増やす方法である。少なくとも隔週1回の実践が望まれる。もう1つは通常の教科学習の時間内で，対人関係能力を育むことのできる場面や活動を意識的に増やしたり，教育課程外の時間を活用するという方法である。

2つ目は，般化のための取組に対する教員の共通理解を進める必要があるというこ

とである。般化を進めるためには，学校の日常生活でのSEL-8S学習プログラムの強化が必要であるが，ここで大切になるのが，担任教師が個人のレベルではなく，学年または学校全体で教科学習の時間や，朝の会・帰りの会などに，どんな強化が行えそうかということを常時確認したり話し合ったりして共通した理解に立っておくことである。これをもとに多くの教師が日常生活のあらゆる場面でSELを実践することによって，児童の行動の般化を図っていくのである。

3つ目は，事前の打ち合わせの時間を確保する必要性があるということである。できればコーディネーター役の教員とともに事前打ち合わせをすることが望ましいが，少なくとも授業者だけの打ち合わせの時間を確保し，各ユニットのねらいや内容，方法，そして強化できそうな場面を確認し合いながらプログラムを展開していくことは欠かせない条件の1つになると考えられる。

4つ目は，授業をより効果的にするための教員研修が必要であるということである。例えば，児童をロールプレイに真剣に取り組ませることができなかったために効果が薄れたと感じた授業者がいた。ロールプレイのさせ方等の教員の授業技術の向上や知識の共通理解のための研修の場を設けることも，SEL-8S学習プログラムの効果をあげるために必要となるだろう。この点においては，イライアス他（1999）や小泉（2005）も，教師が継続的にSEL-8S学習プログラムの指導を実施できるようにしていくための教員研修の機会を設け，SEL-8S学習プログラム指導に関する技術の向上や知識・留意点などの共通理解を進めていくことが必要になると述べている。

5つ目は，効果の測定の方法に改善を加える必要があることである。本実践では教師による他者評定までしか調査ができなかった。今後は，他の行動指標による変化も見ていくことや教師以外の他者（例えば保護者）からの評定を加えること，あるいは児童の自己評定において個人差を検討することなど，多面的な分析も必要であろう。

3 小学校全体での取組につなげるための実践例
―― 規範意識を高め，規範的な行動を促すための取組[6]

1 問題と目的

青少年の起こした凶悪な犯罪や学校の荒れ，あるいは学級崩壊などの話題が，新聞紙上を賑わすことの多い今日，大きな問題と指摘されているのが青少年の規範意識の低下や逸脱行為の増加である。

---

[6] 本実践例は，中山・小泉（2010）にもとづくものである。

日本青少年研究所（2002）によると，たばこを吸う，友だちをいじめるなどの逸脱行為に関する規範意識調査の結果，日本の中学生はアメリカと中国を含めた3カ国の中学生の中で規範意識が最も低く，10年前と比較しても低下傾向にあることが示されている。また，国立教育政策研究所生徒指導研究センター（2009）のデータでは，小学4年生～中学3年生を対象にした調査で，逸脱行為（掃除当番などの学級の仕事をさぼる，先生に逆らうなど）の割合は，10年前に比べて増加している。

そうした実態を受け，学習指導要領（文部科学省，2008）では道徳の時間を要として学校教育活動全体を通した道徳教育の重要性が述べられている。特に基本的な生活習慣や社会生活上のきまりを身につけ，してはならないことをしない児童生徒の育成が図られている。つまり，規範意識の向上と規範的な行動の定着が求められている。

規範とは，「社会や集団において個人が同調することを期待されている行動や判断の基準，準拠枠」（小関，1999）であり，その内容は，①ルール（法：平等に守るように義務づけられること），②マナー（慣習：生活上の必要にもとづき反復して行われる行動であり，一定の作法がある），③モラル（道徳：よりよく生きるために，よりよい行いを積極的に志向すること）の3つに分類される（北川，1984）。それらの規範にもとづいて判断，評価，行動しようとする態度や感覚が規範意識であり，また規範的な行動とは，「規範の内容を望ましい価値と見なし，自発的な動機に基づいてとる行動」である（福岡県教育センター，2008）。

規範意識に関する研究は，これまでもいくつか報告されている。例えば，白井・橘川（2007）は，規範意識が下がりやすいのは中学2年生の時期であり，女子より男子に規範意識の低下が起こりやすいことを示している。また，大久保・加藤（2008）は，荒れた中学校と落ち着いている中学校の生徒を規範意識と行動から4類型化し，その特徴を明らかにした上で集団の特徴に合わせた指導を工夫する必要性を指摘している。しかし，学校教育現場においては，児童生徒の規範意識や規範的な行動を高めるために，具体的にどのような教材を用い，どのような機会を捉えて，どのような場面で指導・支援していくかが課題となっている（白井・橘川，2007）。年齢が上がるにつれて低下していく規範意識の指導方法に関して二宮（1991）は，規範意識や規範的な行動を高めるためには，対人的な社会的スキルや社会に対する意識や態度などに影響する社会的知識の学習が大事であるとしている。また，八巻（2009）は，規範意識を行動に結びつけるためには，自らをコントロールできる自律心，自制心を育てることが重要であり，向社会的行動も含めて具体的場面を意識して育てていく必要性があるとしている。つまり，相手の立場に立って考えたり，活動を通して自己と他者との関係性を保ったりする社会的な能力を，実感をともなった体験活動の中で育成することによって，規範意識が高まり，規範的な行動を実行することができると考えられる。

そこでそのような体験的な活動を支える包括的な心理教育プログラムとしてSEL-

8S学習プログラムを実施する。SEL-8S学習プログラムの実施については，香川・小泉（2006）が，SEL-8S学習プログラムを単独で実施するのではなく，カリキュラムに位置づけることで，SEL-8S学習プログラムによって獲得された社会的能力の般化や定着の促進につながることを確認している。他にも，堤・小泉（2008）が，教科・道徳・特別活動・総合的な学習を関連づけたプログラムにSEL-8S学習プログラムを位置づけたことにより，他者への思いやりや対人関係能力の向上を報告している。このように，SEL-8S学習プログラムを教育課程に位置づけ，さまざまな教育活動と関連づけることで，その効果の定着や促進が可能となる。

そこで本実践では，小学生を対象に，教科，道徳，特別活動，日々の教育活動にSEL-8S学習プログラムを取り入れた総合単元プランを作成・実施・検証し，規範意識の高まりや規範的な行動を促す教育活動の効果について検討することを目的とした。

2 実施方法

調査対象となる5年生児童（2学級）に対して，7月に実施した規範測定尺度の結果，協力，信頼，言葉づかいなどの規範項目が課題として明らかとなった。そこで不足している規範項目を補うためのテーマを「人とのつながりを実感し，互いに協力し支え合う実践」と設定し，教科，道徳，特別活動，日常的な活動およびSEL-8S学習プログラムの考えにもとづくユニットで構成される総合単元プランを作成した（図7-11）。作成にあたっては，夏季休業中（8月）に実験者（実践校に在籍し，大学院で研修中の教師）と実践学級の担任教師で，内容の構成や実施計画等について3回にわたり協議し決定した。

この総合単元プランは，道徳の「信頼・友情」「思いやり・親切」や，集会活動・話し合い活動などの特別活動と，社会的能力を育むSEL-8S学習プログラムの考えにもとづくユニットを組み合わせることで，規範意識を育み，規範的な行動が実践できる児童の育成を目指す大単元構成である。総合単元プランの実施は，10月中旬から11月下旬までであり，総合単元プランのSEL-8S学習プログラムの授業は実験者が行い，学級担任が児童の様子を観察した。その他の授業は，すべて学級担任が行い，実験者は児童の様子を観察した。

総合単元プランの各学習や活動との関連を児童に意識づけるために，以下の2点に留意した。1点目は，「道徳，特別活動，教科とSEL-8S学習プログラムのユニットの関連を説明したり，意識づけたりするような発問をする」，2点目は，「それぞれの学習の関連がわかるような視覚的な教室内掲示物を用い，児童に意識づける」であった。

一方，総合単元プランを実施しない統制学級では，同じ時期に実践学級と同じ道徳や特別活動，教科等の学習を行っている。したがって，実践学級と統制学級の違いは，

第7章 実践例の紹介

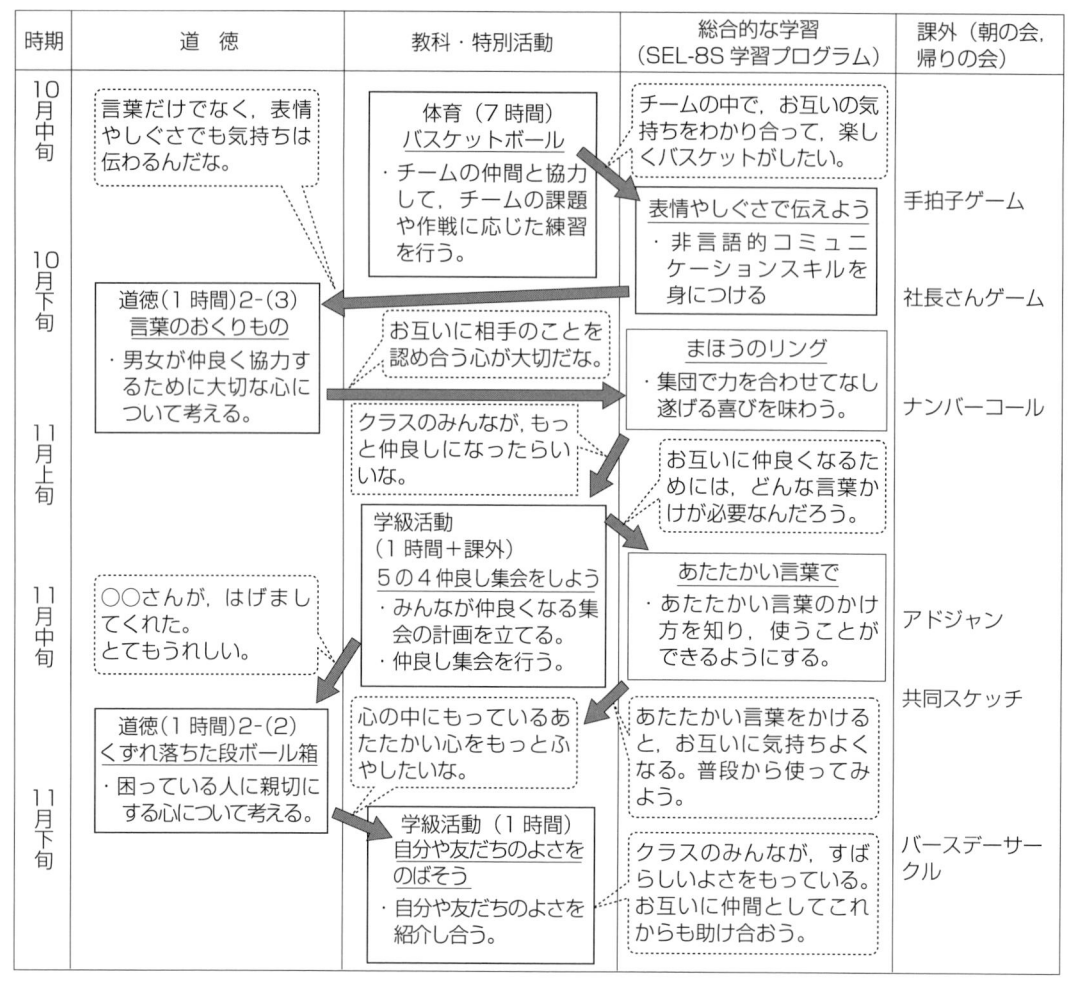

時期	道　徳	教科・特別活動	総合的な学習 （SEL-8S 学習プログラム）	課外（朝の会，帰りの会）
10月中旬	言葉だけでなく，表情やしぐさでも気持ちは伝わるんだな。	体育（7時間） バスケットボール ・チームの仲間と協力して，チームの課題や作戦に応じた練習を行う。	チームの中で，お互いの気持ちをわかり合って，楽しくバスケットがしたい。 表情やしぐさで伝えよう ・非言語的コミュニケーションスキルを身につける	手拍子ゲーム
10月下旬	道徳（1時間）2-(3) 言葉のおくりもの ・男女が仲良く協力するために大切な心について考える。	お互いに相手のことを認め合う心が大切だな。	まほうのリング ・集団で力を合わせてなし遂げる喜びを味わう。	社長さんゲーム ナンバーコール
11月上旬		クラスのみんなが，もっと仲良しになったらいいな。 学級活動 （1時間＋課外） 5の4仲良し集会をしよう ・みんなが仲良くなる集会の計画を立てる。 ・仲良し集会を行う。	お互いに仲良くなるためには，どんな言葉かけが必要なんだろう。 あたたかい言葉で ・あたたかい言葉のかけ方を知り，使うことができるようにする。	アドジャン
11月中旬	○○さんが，はげましてくれた。 とてもうれしい。			共同スケッチ
11月下旬	道徳（1時間）2-(2) くずれ落ちた段ボール箱 ・困っている人に親切にする心について考える。	心の中にもっているあたたかい心をもっとふやしたいな。 学級活動（1時間） 自分や友だちのよさをのばそう ・自分や友だちのよさを紹介し合う。	あたたかい言葉をかけると，お互いに気持ちよくなる。普段から使ってみよう。 クラスのみんなが，すばらしいよさをもっている。お互いに仲間としてこれからも助け合おう。	バースデーサークル

図7-11　総合単元プランの実施計画

（注）　1：数字は小学校道徳の内容項目を示す。
　　　　2：実線の囲みは授業内容，下線は授業名，点線の囲みは授業後の子どもの意識や気づきを表している。

実践学級において，①SEL-8S 学習プログラムのユニットを行っていることと，②それぞれの学習や活動との関連を児童に意識づけていることの2点であった。

3　効果検証

　①調査対象：A県内の公立小学校1校の5年生2学級71名（男子38名，女子33名）のうち，1学級35名（男子19名，女子16名）が実践学級，他方の1学級36名（男子19名，女子17名）が統制学級となった。
　②調査時期：10月上旬と12月上旬
　③使用した尺度：児童用規範行動測定尺度（自己評定），小学校用 SEL-8S 自己評定尺度（自己評定），総合単元プラン実施中の自己評価

- 児童用規範行動測定尺度（自己評定）

  福岡県教育センター（2008），群馬県総合教育センター（2007），栃木県総合教育センター（2006）が作成している規範意識や規範的な行動に関するアンケート調査をもとに作成した。自分に関する規範として「自己規範」（5項目：整理整頓，挨拶，食事，後片づけ，言葉遣い），他者に関する規範として「他者規範」（5項目：思いやり，謝罪，感謝，寛容，信頼），集団に関する規範として「集団規範」（5項目：役割，協力，みんなの物，学校のきまり，社会のきまり）の全15項目で構成されている。回答は，各項目に対して「いつもしている」「だいたいしている」「あまりしていない」「まったくしていない」の4件法で求めた。

- 小学生用SEL-8S自己評定尺度（自己評定）

  宮崎他（2004）による尺度で，全26項目の内，虚偽発見尺度2項目を除いた24項目を用いた。つまり，「自己への気づき」「他者への気づき」「自己のコントロール」「対人関係」「責任ある意思決定」「生活上の問題防止のスキル」「人生の重要事態に対処する能力」「積極的・貢献的な奉仕活動」のそれぞれに3項目，計24項目であった。回答は，各項目に対して「いつもしている」「ときどきしている」「あまりしていない」「ぜんぜんしていない」の4件法で求めた。

- 総合単元プラン実施中の自己評価

  総合単元プラン実施中に，道徳（2時間）と総合的な学習の時間を使って行うSEL-8S学習プログラムのユニット（3時間）の毎時間の学習後に，学習に関する児童の自己評価を行った。学習に対する満足感，学習中の規範意識や社会的能力獲得の有無，日常生活への活用について，「とても」「まあまあ」「あまり」「まったく」の4件法で回答を求めた。

4 授業例

総合的な学習の時間「表情やしぐさで伝えよう」[7]（表7-15）

○本時のねらい

・自分の非言語的コミュニケーションの特徴に気づく。

・適切な伝達のための改善点を知り，非言語的コミュニケーションスキルを身につける。

○準備物

・プリント　　・チェックリスト　　・伝言ゲームの説明　　・伝言ゲーム台本

○授業概略

(1) 非言語的コミュニケーションの重要性に気づき，どのような非言語的コミュニケーションがあるのか考える。

(2) ゲームをして，非言語的コミュニケーションを体験する。

(3) 伝え合う活動を通して，自分の非言語的コミュニケーションの特徴に気づき，よりよいコミュニケーションができるように改善する。

---

[7] 第3巻（中学校編）のC3「しぐさと態度のコミュニケーション」に相当。

表7-15　1時間の流れ（表情やしぐさで伝えよう）

場　面		教師の指示（★）と子どもの反応・行動（△）	留意点
導　入		★ みなさんは人に何かを伝えようとするとき，どのように伝えますか？ △ 話す，手紙，電話，メール。 ★ 相手に何かを伝えるときには，言葉や文字を使って伝えると思います。しかし，言葉だけでは，相手に伝わらないことがあります。	
説　明		★ 今日は，コミュニケーションについて学習します。	
活　動	(1)ノンバーバルコミュニケーションの重要性に気づく。	★ 例えば，言葉を使って謝っているのに，相手から「全然謝っていない」とか「気持ちが入ってない」と言われるような場面を経験したり見たりしたことはありますか？ △ ある……。 ★ その場面を先生が再現してみます（姿勢が悪い，イライラした口調で言うなどの謝り方をモデリングする）。なぜ「気持ちが入っていない」と言われると思いますか？ △ 笑いながら謝っている，態度が悪い……。 ★ 相手に何かを伝えるとき，言葉が中心になりますが，実際は言葉以外にも大切なものがあります。先ほどの例で，気持ちを込めて謝るには，どうしたらよいですか？ △ 姿勢を正して頭を下げる，申し訳ない気持ちを込めた口調で謝る。 ★ 相手に何かを伝えるには，言葉だけではなく，態度や口調なども大事になります。言葉によるコミュニケーションをバーバル（言語的）コミュニケーションと言うのに対して，言葉以外のコミュニケーションをノンバーバル（非言語的）コミュニケーションと言います。ノンバーバル（言葉以外）の伝え方には，どんなものがありますか？ △ 身振り，表情，しぐさ，口調，声の大きさ……。	
	(2)表情としぐさで伝言ゲームをする。	★ では，ノンバーバルコミュニケーションを体験してみましょう。グループになってください。これから「伝言ゲーム」をします。ただし，表情としぐさだけで伝えなければいけません。やり方を説明します（伝言ゲームの説明をする）。 △ グループになって，伝言ゲームをする（伝言ゲーム①～④を使う）。 ★ どうでしたか？ △ 楽しかった，難しかった，○○さんが上手だった……。	グループは一列に並び，列ごとに交互に異なった課題を与えるとよい。
	(3)自分のしぐさの特徴を知る。	★ 次は，言葉も使って伝え合う練習をしましょう。3人組になって，話し手，聞き手，観察者の役を決めてもらいます。今から話をしてもらいます。テーマは，最近あったうれしかったこと，または驚いたことの話です。話し手は，話す内容以外にも，しぐさや表情などに注意して話をしてください。そのとき，観察者は，チェックリストをもとに，話し手が上手にノンバーバルコミュニケーションを使っているか評価してください。 △ 1～2分程度，話をする。（役割交代） ★ うまくできましたか？　それぞれの話し方を，観察者の評価を見ながらグループで話し合いましょう。良かった点と改善点を話し合います。改善点は「悪かった」や「ダメだった」ではなく，「こうしたらいい」という言い方で話し合いましょう。 △ 相手の目を見た方がいい，もっと楽しそうな表情にしたら伝わるかも……。 ★ ○○さんの話し方が良かったです。前に出てやってもらいましょう。 △ ○○さんのグループに前に出て，発表してもらう。 ★ どんなところが良かったですか？ △ 表情からうれしさが伝わってきた，身振り手振りがあって良かった……。 ★ もう一度話をするので，今の改善点を聞いて，改善の目標を書きましょう。目標を書いたら，話を始めます。話すテーマは，先ほどと同じ内容でも，違う内容でもいいです。観察者は，話し手の伝え方が改善しているか話し合ってください。 △ プリントに目標を書く。その後，話をする。（役割交代） ★ うまくできましたか？　伝え方が改善していたか，話し合いましょう。 △ （グループで話し合う。）さっきよりもよくなっていた……。 ★ 練習を2回して，感想はありますか？ △ 難しかった，楽しかった，意外とできていないことに気づいた……。	チェックリストを配る。 場合によっては，ビデオ撮影などもできる。 プリントを配る。
振り返り		★ 今日は，ノンバーバルコミュニケーションについて学習しました。言葉だけではなく表情や身振り手振りを使うことで，よりコミュニケーションがとれる場面があります。この体験をみんなが日常生活に活かしてくれることを期待しています。	
まとめ		★ 授業の感想を，プリントに書いてください。	

3 小学校全体での取組につなげるための実践例

表7-16 1時間の流れ（あたたかい言葉で）

場面		教師の指示（★）と子どもの反応・行動（△）	留意点
導入		★ 友だちやお家の人からの言葉で，元気になったことはありますか？ △ ある，ない。（ある場合は，詳しく聞く）	
説明		★ 友だちやお家の人から元気が出る言葉をもらうことがあります。どんな言葉かけをすると元気が出るのでしょうか。ここで2つの言葉かけを聞いてもらいます。 〈場面〉遠足のとき，みんな疲れた状態で，一生懸命に歩いて学校に帰っているとき 　言葉かけ①「ねえ，前が空いてる。もっと早く歩いてよ。」 　言葉かけ②「足が痛いと思うけど，もう少し，がんばろう。」 ★ 2つの言葉かけを聞いて，どう思いましたか？ △ ①は，冷たい感じがする，意地悪。②の方は，励ましてくれていて，あたたかい。 ★ 言葉かけには，あたたかい言葉かけとつめたい言葉かけの2種類があります。今日はあたたかい言葉かけの名人になるための学習をしましょう。	2つの言葉かけを例に，言葉かけのやり方で，相手に与える感じ方が違うことに気づかせる。
活動	(1)あたたかい言葉かけ名人のポイント	★ みなさんはどんなことを言われたら，元気が出ますか？ △ すばらしい，天才，感動した，いいね，すごい，かっこいい，かわいい。 ★ 相手を「すごい」とか「素晴らしい」と思ったら，これらの言葉を使って，ほめたり認めたりしましょう。相手はとてもうれしくなります。そのとき，どうやって伝えればいいでしょうか？　例えば，『××さんが100点を取った』とき，どう言いますか？ △ ××さんすごいね，××さん100点取るなんてすばらしい。 ★ これらの言い方を見ると，言い方が似ていると思います。似ている点はどこですか？ △ 名前を言った後に，ほめ言葉を言っている。理由も言っている場合がある。 ★ あたたかい言葉かけは，ほめ言葉と一緒に，ほめる理由を伝えるとよりわかりやすくなります。では，どのようなしぐさや表情で相手に伝えたらいいでしょうか？ △ 相手の目を見る。はっきり言う。 ★ 相手に近づいて，相手を見て，聞こえる声で伝えなければいけません。最後に，あたたかい言葉かけは，本気で相手に伝えることが大切です。ポイントをまとめます。 〈あたたかい言葉かけ名人のポイント〉 ① あたたかい言葉かけは，本気で相手の人をほめたり感謝したりすること。 ② 話し方は，相手の人の様子を言った後に，感謝を表す言葉をつけて言う。 　（相手の人の様子＋気持ちを表す言葉） 　例：あなたは，毎日宿題をきちんとしていますね。＋すばらしいね。 ③ 言うときの注意。 　・相手に近づく　　・相手をきちんと見る　　・聞こえる声で言う	あたたかい言葉かけには，言葉だけでなく非言語スキルも大事であることに気づかせるために，教師が演技を示すことも考えられる。
	(2)ロールプレイ	★ では，あたたかい言葉かけの練習をします。みんなの前でやってくれる人はいますか？ △ 2～3組，前に出てロールプレイをする。 ★ 相手をしっかり見て伝えていました。では，隣の人と練習をします。 △ ロールプレイをする。（役割交代） ★ お互いにほめ合ってどうでしたか？ △ ほめられてうれしかった，ほめるのは難しい。 ★ 次は，実際に友だちのいいところを探して，あたたかい言葉かけをしましょう。数名の友だちのいいところや頑張っているところを考えて，実際にあたたかい言葉をかけてください。まず，どんな言葉かけをするか考えましょう。 △ 数名の友だちにかけるあたたかい言葉を考える。 ★ では，これから時間を取るので言葉をかけてあげてください。あたたかい言葉をかけられる人は，相手が名人のポイントを上手く使えているか，ワークシートのチェック項目を見てチェックしてください。では，はじめます。 △ いろいろな人とあたたかい言葉かけをする。 ★ 言葉かけの達人は誰かいましたか？　どんなところが達人でしたか？ △ ○○さんは，目を見て言ってくれたのでよかった。	ワークシートを配る。
振り返り		★ 今日の学習を振り返って思ったことや考えたことを発表してください。 △ たくさんのあたたかい言葉かけをもらってうれしかった，すこし恥ずかしかった。	振り返りカードを配る。
まとめ		★ 言葉かけ1つで，周りの人との人間関係は良くも悪くもなってしまいます。よりよい人間関係をつくり，明るく楽しい学級にするために，あたたかい言葉かけは大切です。これからもどんどんあたたかい言葉かけをしていきましょう。	

○指導上の留意点

　非言語的コミュニケーションの大切さを実感するために，表情やしぐさを使って表現する活動があるが，それに対して抵抗を示す子どもがいるかもしれない。そのようなことが予想される場合は，導入の段階で簡単なレクリエーションなどを取り入れ，和やかな雰囲気になるように工夫する。それでも，抵抗を示す子どもには無理にやらせたりせず，可能な範囲で参加できるように配慮する。

総合的な学習の時間「あたたかい言葉で」[8]（表7-16）

○本時のねらい
　・あたたかい言葉かけの価値やあたたかい言葉のかけ方について知り，実際に使うことができるようになる。
　・お互いにあたたかい言葉かけを行い，そのよさを味わうことができる。

○準備物
　・ワークシート　　・振り返りカード

○授業概略
　(1)　2つの言葉かけを聞いて違いを出し合い，本時のめあてをつかむ。
　(2)　あたたかい言葉のかけ方を練習する。
　(3)　いろいろな人と交代しながら，友だちのがんばっていることや努力していることに対して，あたたかい言葉をかける。
　(4)　本時の活動を振り返る。

○指導上の留意点

　周りの人の長所を見つけて，ほめたり認めたりすることは，いいことだとわかっているが，実際に相手に伝えるのは難しい。それでも互いに認め合う体験は，児童にとって重要なことであるため，授業後にも指導する機会を設けて定着を図るなど，丁寧に指導する。

5　成果と課題

　児童用規範行動測定尺度と小学生用 SEL-8S 自己評定尺度の結果は，具体的な統計数値を記述していないが，統計的な分析によって効果が示されたものだけを記述している[9]。実践学級と統制学級の2回の調査結果とその得点差，および分析の結果を表7-17に示す。

---

[8] 第2巻（小学校編）の C3「じょうずだね」に相当。
[9] 「統計的な分析」とは，調査1回目（10月）と調査2回目（12月）の得点の変化量を実践学級と統制学級で比較した t 検定である。

3　小学校全体での取組につなげるための実践例

表7-17　評定尺度の下位尺度ごとの平均値と標準偏差および検定結果

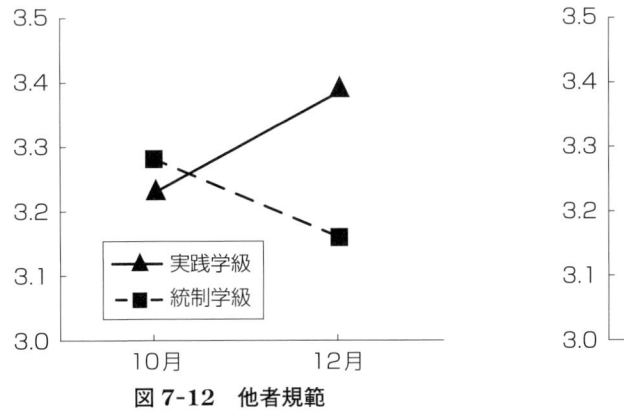

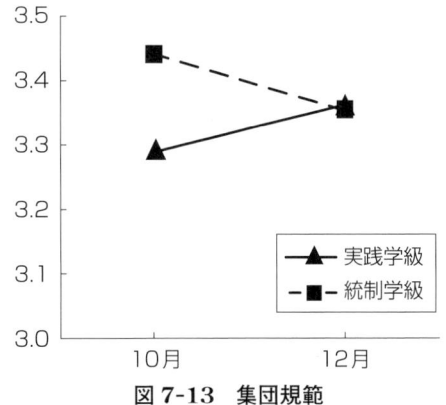

	実践学級			統制学級			差の検定結果
	10月	12月	差	10月	12月	差	t値
児童用規範行動測定尺度							
自己規範	2.90 (0.43)	3.03 (0.41)	0.13 (0.39)	3.17 (0.42)	3.21 (0.38)	0.03 (0.35)	1.21
他者規範	3.23 (0.48)	3.39 (0.42)	0.15 (0.37)	3.28 (0.38)	3.16 (0.46)	−0.12 (0.48)	7.00*
集団規範	3.29 (0.39)	3.36 (0.44)	0.08 (0.33)	3.44 (0.44)	3.35 (0.41)	−0.09 (0.38)	3.88+
小学生用SEL-8S自己評定尺度							
自己への気づき	3.28 (0.54)	3.48 (0.51)	0.20 (0.42)	3.40 (0.44)	3.31 (0.46)	−0.09 (0.40)	8.77***
他者への気づき	3.10 (0.48)	3.30 (0.45)	0.20 (0.42)	3.19 (0.46)	3.13 (0.45)	−0.06 (0.40)	8.26**
自己のコントロール	2.84 (0.69)	3.10 (0.64)	0.27 (0.44)	2.94 (0.55)	2.94 (0.58)	0.02 (0.47)	5.16*
対人関係	3.09 (0.49)	3.30 (0.53)	0.22 (0.35)	3.19 (0.45)	3.15 (0.45)	−0.04 (0.41)	7.73**
責任ある意思決定	2.95 (0.61)	3.14 (0.45)	0.19 (0.46)	3.01 (0.45)	3.18 (0.53)	0.17 (0.46)	0.05
生活上の問題防止のスキル	3.56 (0.54)	3.71 (0.48)	0.15 (0.47)	3.58 (0.42)	3.65 (0.41)	0.07 (0.40)	0.40
人生の重要事態に対処する能力	3.06 (0.60)	3.15 (0.49)	0.10 (0.40)	3.17 (0.36)	3.09 (0.49)	−0.08 (0.43)	2.89+
積極的・貢献的な奉仕活動	3.14 (0.44)	3.30 (0.47)	0.16 (0.26)	3.04 (0.54)	3.19 (0.42)	0.15 (0.55)	0.00

（注）　+$p<.10$，*$p<.05$，**$p<.01$，***$p<.005$

図7-12　他者規範　　　　　図7-13　集団規範

児童用規範行動測定尺度

　分析の結果，「他者規範」（図7-12）と「集団規範」（図7-13）において実施の効果を示した。いずれも統制学級の得点が下降するのに対して，実践学級の得点は上昇している。

小学生用 SEL-8S 自己評定尺度

分析の結果,「自己への気づき」(図 7-14),「他者への気づき」(図 7-15),「自己のコントロール」(図 7-16),「対人関係」(図 7-17),「人生の重要事態に対処する能力」(図 7-18) において,実施の効果を示した。

総合単元プラン実施中の自己評価

総合単元プランにある道徳と SEL-8S 学習プログラムのユニット実施後の児童による自己評価の結果を,表 7-18 に示す。道徳については,学習中の規範意識の高まりが約 80% 前後の児童に見られた。また,同じく約 80% 前後の児童が,学んだことを日常生活に活かそうと規範的な行動への高い実施意欲を示した。また SEL-8S 学習プログラムについては,児童は学習を重ねるごとに授業の中で社会的能力を身につけていることを実感するとともに,日常生活への活用の意欲を高めることができた。

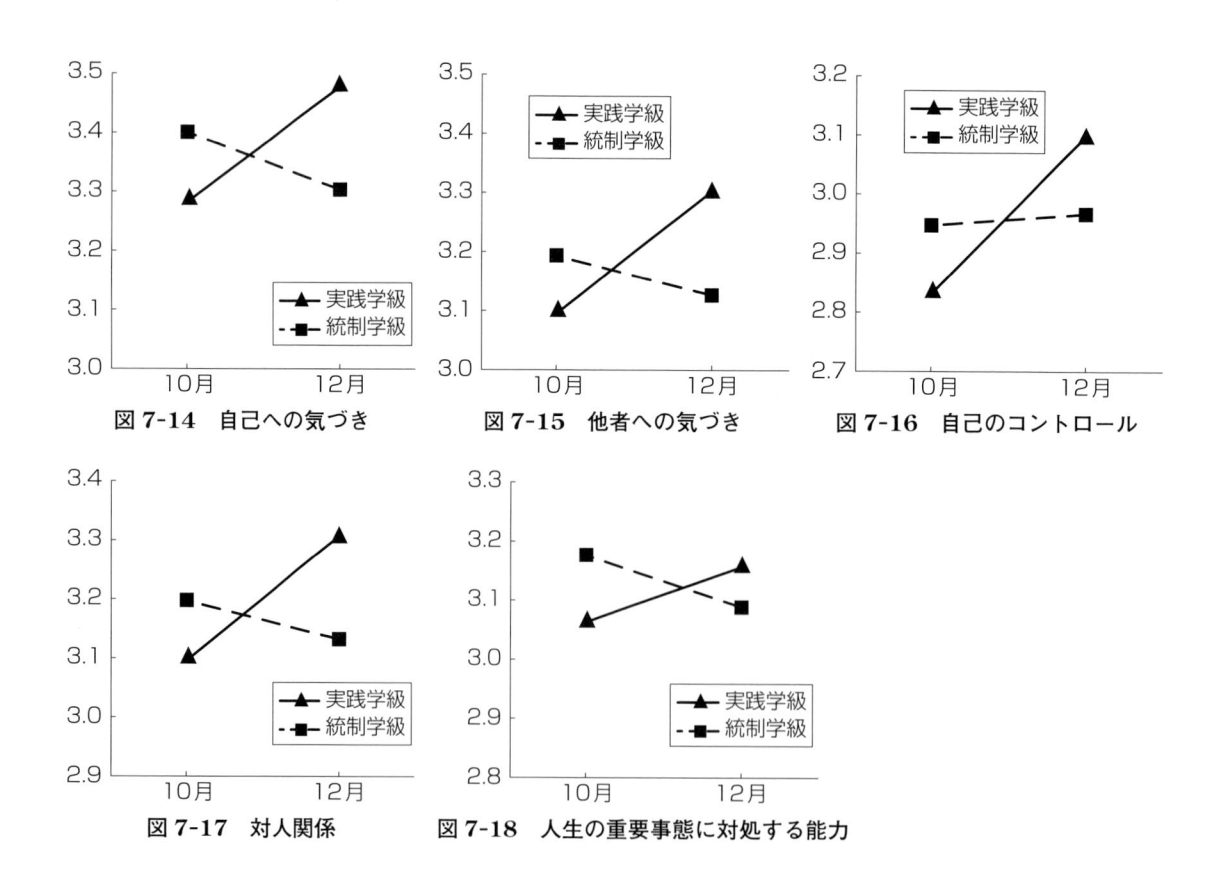

図 7-14 自己への気づき

図 7-15 他者への気づき

図 7-16 自己のコントロール

図 7-17 対人関係

図 7-18 人生の重要事態に対処する能力

3 小学校全体での取組につなげるための実践例

表7-18 学習後の児童による自己評価結果

道徳		言葉のおくりもの 2-(3)友情* (学習に対する満足感)	くずれ落ちた段ボール箱 2-(2)親切*
1. 今日の学習はどうでしたか。(学習に対する満足感)			
	ア とても楽しかった	20人(57%)	22人(63%)
	イ まあまあ楽しかった	15人(43%)	13人(37%)
	ウ あまり楽しくなかった	0人(0%)	0人(0%)
	エ まったく楽しくなかった	0人(0%)	0人(0%)
2. 今日の学習で学んだ大切な心について、よくわかりましたか。(学習中の規範意識の有無)			
	ア とてもよくわかった	26人(74%)	28人(80%)
	イ まあまあわかった	9人(26%)	7人(20%)
	ウ あまりわからなかった	0人(0%)	0人(0%)
	エ まったくわからなかった	0人(0%)	0人(0%)
3. 今日の学習で学んだ心は、日頃の生活の中で活かしたいと思いますか。(日常生活への規範的な行動の活用)			
	ア とても活かしたいと思う	27人(77%)	29人(82%)
	イ まあまあ活かしたいと思う	8人(23%)	6人(18%)
	ウ あまり活かしたいと思わない	0人(0%)	0人(0%)
	エ まったく活かしたいと思わない	0人(0%)	0人(0%)

SEL-8S学習プログラム		表情やしぐさで伝えよう	まほうのリング	あたたかい言葉で(欠席1名)
1. 今日の学習はどうでしたか。(学習に対する満足感)				
	ア とても楽しかった	31人(89%)	33人(94%)	33人(97%)
	イ まあまあ楽しかった	4人(11%)	2人(6%)	1人(3%)
	ウ あまり楽しくなかった	0人(0%)	0人(0%)	0人(0%)
	エ まったく楽しくなかった	0人(0%)	0人(0%)	0人(0%)
2. 学習する前と比べて、今日の学習で学んだことはできるようになりましたか。(学習中の社会的能力獲得の有無)				
	ア とてもできるようになった	19人(54%)	26人(80%)	29人(85%)
	イ まあまあできるようになった	16人(46%)	7人(20%)	5人(15%)
	ウ あまりできていない	0人(0%)	0人(0%)	0人(0%)
	エ まったくできていない	0人(0%)	0人(0%)	0人(0%)
3. 今日の学習で学んだことは、日頃の生活の中で使いたいと思いますか。(日常生活への社会的能力の活用)				
	ア とても使いたいと思う	21人(60%)	25人(71%)	27人(79%)
	イ まあまあ使いたいと思う	14人(40%)	10人(29%)	7人(21%)
	ウ あまり使いたいと思わない	0人(0%)	0人(0%)	0人(0%)
	エ まったく使いたいと思わない	0人(0%)	0人(0%)	0人(0%)

(注) ＊小学校道徳の内容項目を示す。

第7章　実践例の紹介

6　まとめ

　本実践の目的は、児童の規範意識の高まりや規範的な行動を促すために、教科、道徳、特別活動、日々の教育活動にSEL-8S学習プログラムを取り入れた総合単元プランの効果を検討することであった。

　その結果、規範行動においては、「他者規範」と「集団規範」で実施の効果が示された。「他者規範」の効果については、総合単元プランの中の道徳の学習において、お互いの良さを認め、互いに協力し合うことの大切さを学んだり、SEL-8S学習プログラムのユニットで相手が気持ち良くなる言葉かけのスキルを身につける学習を行ったりしたことが有効であったと考えられる。また、「集団規範」の効果については、特別活動の仲良し集会や課外でのミニゲームなどの集団活動の中で、SEL-8S学習プログラムのユニットで身につけた対人関係のスキルを活かしながら、友だちと協力することや集団の中で役割を果たすことなどを体験できたことが有効であったと考えられる。

　一方、規範行動の中で効果が見られなかった「自己規範」については、今回の総合単元プランが、道徳の「信頼・友情」「思いやり・親切」や集会活動・話し合い活動など他者や集団との関わりを中心に構成したプログラムであり、あいさつや整理整頓といった自分自身に対する規範の内容が含まれていなかったことが要因であると考えられる。

　次に、小学生用SEL-8S自己評定尺度では、「自己への気づき」「他者への気づき」「自己のコントロール」「対人関係」「人生の重要事態に対処する能力」において、効果が示された。約2カ月という短期間でこれほどの効果をあげた理由として、対人関係や他者への気づきの2つの能力に関するSEL-8S学習プログラムのユニットを集中的に行ったことと、それらで学んだスキルに関する情報を教室に掲示したことなどがあげられる。特に、掲示物の重要性についてはイライアスら（1999）も指摘しているように、学習したスキルを掲示することで、児童の意識化・行動化を促したと考えられる。

　以上のことから、本実践ではSEL-8S学習プログラムのユニットと、道徳や特別活動などを組み合わせたプログラムによって、対人関係や他者規範の育成に効果があることが示された。堤・小泉（2008）の実践においても、このような取組が児童の対人関係や思いやりの心の育成に効果があることを示している。これにより、道徳や特別活動にSEL-8S学習プログラムのユニットを組み合わせた総合単元プランが、児童のさまざまな能力の育成に有効であることが明らかになったと言えよう。

　本実践で取り上げた規範意識や規範的な行動の育成について、文部科学省（2006）は、その意義や重要性を学級活動や道徳の時間等で繰り返し指導する必要性を述べて

いる。このような指導を行うためには、まず児童の規範意識や規範的な行動についての実態を把握し、学校の課題や今後の方針等について、教員間で共通理解を十分図ることが大切であると考える。

今後は、従来行われている教育活動を組み直すことや、さまざまな心理教育プログラムを適切に取り入れた実践を試行することが考えられる。また、今回は1学級での取組であったが、規範意識の高まりや規範的な行動の広がりは、学年・学校全体へと広がることが望ましい。今後は、本実践で作成した総合単元プランを学校全体の教育課程に位置づけることが課題となる。

4 学級単位での実践例（中学校）
――「生徒同士のトラブル解決」の学習[10]

1 学級の実態

本実践は、道徳の授業を中心に、学校行事、学級活動、教科学習を相互に関連づけた教育活動の実践例である。本実践の学級は穏やかな雰囲気であり、おおむねの生徒が学校生活に満足している様子であった。しかし、教室では人の傷つくことや嫌な言葉など相手の気持ちを考えない発言を聞く機会が少なくなかった。また、不登校になる心配がある生徒、学校生活の中でときどき嫌な気持ちになる生徒、友だちづくりが苦手な生徒、教師への信頼感が希薄な生徒、低学力の生徒など、学級や友人、教師に対する適応感が低いと思われる生徒も数名見られた。そのため、1カ月後に控える学級対抗スポーツ大会や合唱コンクールでは、学級全体が積極的に取り組む一方で、「あの子がいるから負ける」「あの班が足を引っ張る」など生徒同士のトラブルの発生が予想できた。

これらの実態を踏まえて、生徒が普段の生活の中で互いを尊重し合い、生徒同士のトラブルが起きても自分たちで問題を解決できるような授業実践を計画した。そして、学習がその授業だけで終わることがないように、さまざまな学習活動との関連づけを図った。

2 実施方法

生徒同士のトラブルを自分たちで解決するためには、他者の尊重、自分や相手の気

---
[10] 本実践例は、小泉（2006）にもとづくものである。

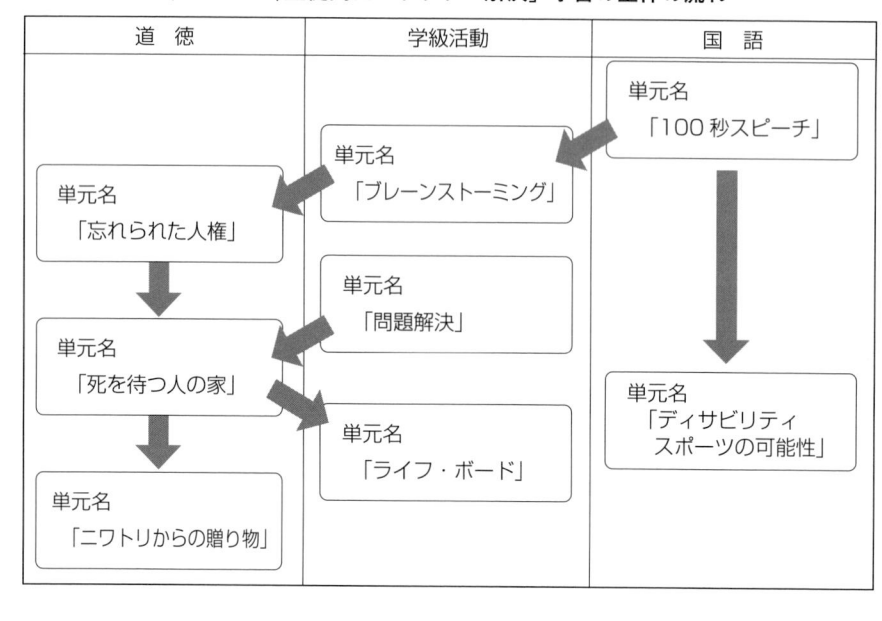

表7-19 「生徒同士のトラブル解決」学習の全体の流れ

道　徳	学級活動	国　語
単元名「忘れられた人権」	単元名「ブレーンストーミング」	単元名「100秒スピーチ」
単元名「死を待つ人の家」	単元名「問題解決」	
	単元名「ライフ・ボード」	単元名「ディサビリティスポーツの可能性」
単元名「ニワトリからの贈り物」		

持ちの理解，問題解決の方法，自分の意見や感想の伝え方などの学習が必要であると考えられる。そこで，道徳の時間では生命尊重や共生をテーマとした活動を実施し，他者尊重や他者理解について学習する。また，その前段階として，学級活動の時間に「ブレーンストーミング」（第2巻〔小学校編〕のD4「みんなで力を合わせて」に相当）と「問題解決」（第2巻〔小学校編〕のD5「トラブルの解決」に相当）の学習活動を位置づけた。これらの活動は，道徳の授業で行う班学習でのディスカッションの仕方や他者の意見を理解する方法の基礎として設定された。さらに，国語科の時間では「100秒スピーチ」や「ディサビリティスポーツの可能性」の授業を通して，自分の意見や感想の伝え方について学習する。その他，ショートホームルームの時間には，学習したスキルを意識的に学校生活の中で活用するように促した。そして，学級対抗スポーツ大会と合唱コンクールの練習などの場面でトラブルが起きた際には，これまでの学習を想起させ，問題解決のスキル定着を図る機会とした（表7-19）。

3　効果検証

①調査対象：中学校1年生36名
②実施期間：6月中旬と12月
③使用した尺度：学校生活満足度調査（自己評定），適応についての調査（教師評定）

- 学校生活満足度調査（自己評定）
  実施校で独自に作成し，継続して調査しているものである。表7-20に示すような3

表 7-20 学校生活満足度調査の項目

質問項目	回答選択肢
学級適応感 　自分の学級はうまくいっていると思いますか 　学校生活で嫌な気分になることがありますか 　学校生活は楽しいですか	とてもそう思う，少しそう思う あまりそう思わない，全くそう思わない 全くない，あまりない，ときどきある，よくある とても楽しい，楽しい あまり楽しくない，全く楽しくない
友人適応感 　学校内に，気軽に話せる友人はいますか 　学校内に，悩みを相談できる友人はいますか	たくさんいる，少しいる，あまりいない，全くいない たくさんいる，少しいる，あまりいない，全くいない
教師適応感 　学校内に，気軽に話せる先生はいますか 　学校内に，悩みを相談できる先生はいますか	たくさんいる，少しいる，あまりいない，全くいない たくさんいる，少しいる，あまりいない，全くいない

　　領域（学級，友人，教師）での適応感について合計 7 項目を尋ね，各項目の適応感を 4 段階で回答を求めた。
- 適応についての調査（教師評定）
　　学級担任に，生徒一人ひとりの日々の学校生活の様子について評定を求めた。評定は，A「非常に適応している」，B「適応している」，C「適応していない」，D「全く適応していない」の 4 段階であった。

4 授業例

学級活動「ブレーンストーミング」（表 7-21）

〇本時のねらい
　・グループや学級内での意見の述べ方を理解する。
　・他の人と意見が違っても，互いに協力していこうとする意欲を高める。

〇授業概略
　(1) 「話し合い（ブレーンストーミング）のルール」を知る。
　(2) 話し合いをして，さまざまな意見があることに気づき，協力する楽しさを知る。

〇指導上の留意点

　この授業では，学習活動の中心を話し合いに置いている。これは，話し合いの中で生徒自身が意見の多様性に気づいたり，自分の気持ちをコントロールしたり，話し合いの楽しさを知ってもらいたいためである。そのため，話し合いの最低限のルールを確認する以外は，まとめなどを行わない。

　指導にあたって，話し合いがうまく進められていない場合は，司会者，書記，発言順番などを明確にするとよい。

〇生徒の感想
　・今日は学活で班のみんなと語り合えた。

第7章　実践例の紹介

表7-21　1時間の流れ（ブレーンストーミング）

場面		教師の指示（★）と子どもの反応・行動（△）	留意点
導入		★ みなさんはグループで何かを決めるとき，どんな決め方をしますか？ △ 多数決，ジャンケン。	
説明		★ 決め方はいろいろありますが，今日は話し合って協力することを学習します。	
活動	(1)話し合いのルールを知る	★ これから出すテーマについて，グループでさまざまな意見を出し合ってもらいます。その際，話し合いにはルールがあります（板書）。 ＊話し合いのルール 　①「ダメ」と言わない，②どんな発言でも大歓迎，③みんなが納得するまで話し合う ★ このルールを守って話し合いを進めます。この他に，話し合いではどんな点に注意したらいいですか？ △ 人の話を聞く，聞こえる声で話す。 ★ 人の話を聞くためのポイントは何だと思いますか？ △ 相手を見る，目を見て聞く。 ★ 体と目を相手に向けて聞くことが大事です。ポイントをまとめます（板書）。 ＊正しい聞き方のポイント 　①目を見る，②体を向ける，③うなずく	
	(2)話し合いをする	★ では，話し合いを始めます。テーマは「秋と言えば？」です。グループでなるべくたくさんの意見を出してください。それでは，はじめ！ △ 話し合いをする。 ★ どのくらいの意見が出ましたか？ △ 10個，20個……。 ★ みなさんが多くの意見を出していました。ここでは，どんな意見でもたくさん出すことが大切です。 ★ 次のテーマは，「世の中，金か愛か」です。まずは，自分の意見と理由を考えて，グループの中で発表し合いましょう。 △ グループで意見を発表する。 ★ 次は，聞いた意見についての質問や意見を話し合いましょう。そして，グループで意見をまとめます。 △ 話し合いをして，意見をまとめる。 ★ グループでどのような意見にまとまったのか発表してもらいます。意見がまとまっていない場合は，どのような意見が出たのか発表してください。 △ グループの意見を発表する。 ★ グループでの話し合いは，自分の意見を伝えることと同じくらい，他の人の意見を聞くことも大切です。相手の意見をすぐ否定しないようにしましょう。	時間を決めて始める。 内容にかかわらず，意見がたくさん出ることを良しとする。 国語科「100秒スピーチ」で学んだことを思い出させる。
振り返り		★ 今日は，協力するための話し合いについて学習しました。学校では，みんなで協力する場面がたくさんあります。みんなの意見をよく聞いて，協力していきましょう。	
まとめ		★ 授業の感想を，発表してください。	

・きちんと自分の意見を言えたし，聞くこともできた。

・愛が大切か，お金が大切かを話し合った。自分はお金と思っていたけど，班の人の意見を聞いているうちにやっぱり愛に変わった。話し合うことって楽しいし，大切だなと思った。

学級活動「問題解決」（表7-22）

○本時のねらい

・トラブルが生じたときには，解決することが重要であることを知る。

・「トラブル解決のポイント」を知り，上手にトラブルに対処しようとする意欲を高める。

○準備物

4 学級単位での実践例（中学校）

表7-22 1時間の流れ（問題解決）

場面		教師の指示（★）と子どもの反応・行動（△）	留意点
導入		★ 例えば，掃除時間に掃除をしている横で，友だちが掃除をさぼって遊んでいたらどうしますか？ △ 先生に言いつける，あきらめる。	
説明		★ トラブルがあると先生に相談したり，トラブルを避けるためにあきらめたりしていました。しかし，これからは自分でトラブルを解決できるように「トラブル解決のポイント」を学習します。	
活動	(1)トラブル解決の重要性	★ 先ほどの友だちが掃除をさぼっている例で，あなたはどんな気持ちですか？ △ 嫌な気持ち，腹が立つ，イライラする，悲しい……。 ★ あきらめたりしても，自分のイライラした気持ちは収まらず，その気持ちがよくなることはありません。	
	(2)トラブル解決のポイント	★ そこで今日はその気持ちがすっきりするように，トラブルを解決するためのポイントを学習します。①は「目標の設定」です。この状況で，あなたはどうなってほしいと思いますか？ あなたの目標は何ですか？ △ みんなで掃除をする。 ★ ②は「たくさんの解決法を考える」です。あなたの目標を達成するための方法を考えます。どんな方法でもいいのでたくさん考えてください。 △ 一緒に掃除をしようと言う，掃除をしないと先生に言うと脅す，そのままにする……。 ★ ③は「結果の予想」です。先ほどあげた方法を行ったら，どうなると思うのか予測してください。 △ 「一緒にやろう」と言うと，うまくいくかもしれない，自分の気持ちもスッキリする。脅すと，ケンカになる，さらにイライラしてしまう。そのままにしておくと，友だちは遊んだままで，さらに腹が立ってしまう……。 ★ ④は，「最もいい方法の選択と実行」です。②であげた方法の中で，最もいい方法はどれか選びます。選ぶときは，③で予想した結果を参考にしてください。どの方法を選んだのか，その理由も発表してください。 △ はっきり言う方法がいい，誰も傷つけないから。 ★ 最もいい方法が決定したら，実行します。このように順をおって考えると，最もいいトラブルを解決する方法が見つかるかもしれません。もう一度，「トラブル解決のポイント」を確認しましょう。 ＊トラブル解決のポイント ①目標の設定，②たくさんの解決法を考える，③結果の予想，④最もいい方法の選択と実行	ポイントの流れがわかるように板書を工夫する。
	(3)グループディスカッション	★ では，他のトラブルをグループで解決してもらいます。トラブルの状況は，プリントにあるように，あなたが，家族でおばあちゃんの家に行く日に，友だちと遊ぶ約束をしてしまったと言う状況です。このトラブルを，ポイントを使って考えましょう。まず①の目標を何にしますか？ △ おばあちゃんの家に行く。 ★ ここからは，グループで考えます。では，この目標を達成できるような解決方法をなるべく多く考えてください。 △ グループで話し合う。（すべてのグループが，解決法を発表） ★ （グループで出た解決法の中から，相手の気持ちを考えない方法や自分を傷つける方法，いい方法，2番目にいい方法といった基準で，教師が4つ選ぶ）では，この4つについて考えます。それぞれ結果はどうなりますか？ また，一番いい方法はどれですか？ グループで1つの意見を出してください。 △ 話し合い，グループごとで意見をまとめて，発表。（グループで解決法が異なった場合は，理由などを聞きながら全体で話し合う。1つの答えを出さなくてもいい）	プリントを配る。 設定する目標は，クラスで統一する。 4～6人のグループをつくる。
振り返り		★ 今日「トラブル解決のポイント」を学習しました。今日学習したポイントを上手に使えるようなるために，普段の生活でトラブルが起きたときには，このポイントを思い出してください。	
まとめ		★ 授業の感想を，プリントに書いてください。	

第7章　実践例の紹介

「トラブルの解決」プリント

年　　組　　番　氏名＿＿＿＿＿＿＿＿＿＿＿

◆トラブル状況

> 次のトラブル状況を「トラブル解決のポイント」を使って，解決しましょう。
> あなたは，友だちと明日遊ぶ約束をしました。次の日，遊びに行こうとすると，お母さんが「今日は，おばあちゃんの家に行く日よ」と言いました。あなたは，今日家族でおばあちゃんの家に行く約束があったことを思い出しました。

①目標の設定（みんなで考えよう）

＿＿＿＿＿＿＿＿＿＿＿＿＿＿＿＿＿＿＿＿＿＿＿＿＿＿＿＿＿＿＿＿＿＿

②たくさんの解決法を考える

A	B	C	D

③結果の予想

④最もいい方法の選択と実行
　最もいいと思う方法のアルファベットに○をつけ，その理由を書きましょう。

＿＿＿＿＿＿＿＿＿＿＿＿＿＿＿＿＿＿＿＿＿＿＿＿＿＿＿＿＿＿＿＿＿＿

◆今日の学習の感想

図7-19　「トラブルの解決」プリント

・掲示物　　・プリント（図7-19）

○授業概略

(1) これまでトラブルにあったときの対処方法を振り返りながら，自分でトラブルを解決することの重要性に気づく。

(2) 「トラブル解決のポイント」を，現実場面に照らし合わせながら順序立てて学ぶ。

(3) グループディスカッションを行いながら，「トラブル解決のポイント」を使っ

表 7-23 学校生活満足度調査の結果

(単位：人)

	6月	12月
学級適応感9点以下	6	3
友人適応感6点以下	6	2
教師適応感5点以下	8	3

表 7-24 適応についての調査の結果

(単位：人)

		6月	12月
A	非常に適応している	2	5
B	適応している	29	29
C	適応していない	5	2
D	全く適応していない	0	0

て困難なトラブルを解決する。

○指導上の留意点

　この学習は，実生活においてトラブルはある程度避けられないという前提がある。そのため，トラブルが起きないように無理をして避けるのではなく，トラブルを自分で解決するための指導を行う。

5　成果と課題

学校生活満足度調査（自己評定）（表7-23）

　4段階回答の適応的なものから順に4点～1点を与え，領域ごとに合計点を出した。したがって，「学級適応感」の得点範囲は3点～12点，「友人適応感」と「教師適応感」の得点範囲は2点～8点で，高得点ほど適応的となる。

　それぞれの領域ごとに定めた得点を下回る人数を実践の前後で比較した。その結果，いずれの領域においても，該当する人数が減少した。なお，「学級適応感」と「友人適応感」では，得点が低下した生徒はいなかった。また，「教師適応感」は，12月に5点以下の3名はいずれも低下した者であったが，他の生徒はすべて同点か増加していた。

適応についての調査（教師評定）（表7-24）

　6月にBで12月にAになった生徒が3名，CからBになった生徒が3名いた。なお，教師評定が低下した生徒はいなかった。

6　まとめ

　本実践を実施するにあたって，事前に他教科や学校行事との関連を見直すことで，漠然と設定されていた学級像が具体化されるとともに，学級経営における学校行事の位置づけが明確になった。それにより，単発の学習で終わることなくさまざまな学習活動と関連づけることができたため，学校適応感への効果が示されたと考えられる。

5 学年単位での実践例（中学校）
—学校行事と関連づけた学習[11]

1 学年の実態

　ここで紹介するのは，学校行事と関連づけて道徳の時間および学級活動の時間に行った実践例である。2年生全学級（5クラス）で9月から11月の3カ月間，各担任が実施した。本実践の学年には，自分の世界に閉じこもってしまって他の子と関わろうとしない生徒，自分の気持ちをうまく言葉で伝えられない生徒，相手の気持ちを考えずに人を傷つけてしまう言動をする生徒，教師への信頼感が希薄で非行傾向を有する生徒，多動的な傾向を示す生徒，低学力の生徒，不登校になる心配がある生徒がいた。

　そこで，生徒の対人関係能力を向上させるために学校行事と関連づけた実践を計画した。具体的には，学校行事の前に意図的にSEL-8S学習プログラムを導入・実践することで，生徒たちが必要なスキルを身につけて，学校行事の役割や活動に積極的に取り組めるような計画を立案した。生徒は，それらの活動の中で自分のよさを発揮し，成功体験を味わうことで，友人とのふれあいやつながりが深まることが期待できる。それにより，学校での安心感・満足感が得られ，学校でのすべての活動に意欲をもって生き生きと取り組むようになるなどの生徒の学校適応を促進することを目指した。

2 実施方法

　本実践の全体の流れを表7-25に示した。「職場体験学習」「合唱コンクール」「修学旅行」の3つの学校行事と関連づけてSEL-8S学習プログラムを設定した。

　「職場体験学習」では，①仕事を体験することを通して，働く人々とのふれあいを深め，働くことの意義や価値を学ぶ，②体験を通して，将来の職業に対する関心を高め，将来の進路選択に対する考えを深めるの2点を目標としている。そして，活動を通して「収集した情報を活用する力」「意欲的に活動する力」「他の意見を取り入れ，協力して取り組む力」「体験をもとに自分の考えを表現・まとめる力」「自分の進路について考える」等を生徒たちに身につけさせることを目指している。これらの目標を効果的に達成するために，SEL-8S学習プログラムの「他者への気づき」「対人関係」の能力に視点をおき，上手な聴き方を身につける学習B1「"聞く"と"聴く"」を設定

---
[11] 本実践例は，宮原・小泉（2009）にもとづくものである。

5 学年単位での実践例（中学校）

表7-25 学校行事・SEL-8S学習プログラム・評価関係の実施の経過

	学校行事	SEL-8S学習プログラム	評価関係
9月	職場体験学習 （9月8日～10日）	第1回授業『"聞く"と"聴く"』（9月4日） 「他者への気づき」「対人関係」	教師評定，教師の目標設定 中学生用SEL-8S自己評定尺度（生徒） （9月1～3日）
10月	合唱コンクール （10月18日）	第2回授業『冷静に伝える』（9月19日） 「対人関係」「自己のコントロール」 第3回授業『学校でのミニボラ？』（10月15日） 「積極的・貢献的な奉仕活動」	生徒による行事の相互評価（10月下旬）
11月	修学旅行 （11月13日～15日）	第4回授業『はっきり断ろう』（11月7日） 「対人関係」「責任ある意思決定」	生徒による行事の相互評価 教師評定 中学生用SEL-8S自己評定尺度（生徒） （11月下旬）

した。上手な聴き方ができるようになることで，「情報を活用する力」や「他の意見を取り入れる力」が高まり，職場の方のアドバイスを活かして，より充実した職場体験学習にすることができると考えた。

「合唱コンクール」では，①音楽の美しさ・素晴らしさを味わい，表現力を高めるために進んで練習に参加する，②学級の和を高めながら，学級全体で合唱をつくりあげていくの2点を目標としている。そして，その活動を通して「意欲的に課題に取り組む力」「音楽の美しさを表現する力」「自分の役割を責任もって果たす力」「他の意見を取り入れ，協力して活動する力」等を生徒たちに身につけさせることを目指している。練習段階でいくつかのトラブルが発生すると予想されることから，SEL-8S学習プログラムの「対人関係」「自己のコントロール」の能力に視点をおき，自己のコントロールと問題解決についての学習C4「冷静に伝える」を行い，問題発生時にスキル活用を促すことで，スキル定着を図りたいと考えた。また，SEL-8S学習プログラムの「積極的・貢献的な奉仕活動」の能力に視点をおいた学習H1「学校でのミニボラ？」を導入することにより，それぞれが役割を果たし協力するようになり，学級の一員としての誇りや自覚をもち，集団の中で積極的に自己を活かす生徒を育てたいと考えた。

「修学旅行」では，①日本の伝統文化を知り，そのすばらしさを味わう，②さまざまな取り組みを通して，自主性や学ぶ意欲を身につけるとともに，友人と協力して楽しく活動できるようになる，③集団生活を通して，集団のルールの大切さを学び，今後の学校生活に活かすようにする，の3点が目標としてあげられている。そしてその活動を通して「主体的に事前学習し，情報を選択して計画する力」「意欲的に活動する力」「自分の役割を責任もって果たす力」「他の意見を取り入れ，協力して取り組む力」

表 7-26　SEL-8S 学習プログラムの各授業のねらい

授　業	ねらい
①B1「"聞く"と"聴く"」	話の聞くことと聴くことの違いを学び，上手なきき方のポイントを見つける。
②C4「冷静に伝える」	感情コントロールの手法を知り，怒りを抑えて冷静に自分の主張を伝えるスキルを身につける。
③H1「学校でのミニボラ？」	学校行事で与えられた役を主体的に果たすことで，自分が楽しみながら人の役にも立てる「ちょっとボランティア」精神について学ぶ。
④C2「はっきり断ろう」	自分自身の意思をもち，ときには断ることは，円滑な人間関係において大切であることを学び，よりよい断り方を身につける。

「ルールやマナーについて考え，適切な行動をとる力」等を生徒たちに身につけさせることを目指している。友人と寝食をともにする3日間では，時として友人からよくない誘惑がある場合も予想される。修学旅行前にSEL-8S学習プログラムの「対人関係」「責任ある意思決定」の能力に視点をおいた学習C2「はっきり断ろう」を実施することで，自分の意見や考えを伝えることが，よりよい集団生活に結びつくことを，生徒自身が修学旅行の活動を通して体感できると考えた。また，合唱コンクール前に実施計画している「積極的・貢献的な奉仕活動」の能力に視点をおいたユニットで学習した自主性や責任感が，修学旅行でも活かされ，生徒の自己有用感の向上やよりよい人間関係づくりにつながると考えられる。SEL-8S学習プログラムの各授業のねらいは，表7-26のとおりである。

3　効果検証

①調査対象：中学2年生180名と学級担任5名
②調査期間：8〜9月と11月
③使用した尺度：中学生用SEL-8S自己評定尺度，各行事終了後の友人による相互評価，教師評定

- 中学生用SEL-8S自己評定尺度
    生徒の対人関係能力を測るために「中学生用SEL-8S自己評定尺度」（宮崎他，2005）を用いた。「自己への気づき」「他者への気づき」「自己のコントロール」「対人関係」「責任ある意思決定」「生活上の問題防止のスキル」「人生の重要事態に対処する能力」「積極的・貢献的な奉仕活動」の8つの社会的能力のそれぞれに3項目ずつの計24項目と2項目の虚偽発見尺度を合わせた26項目で構成されている。回答は「いつも」「ときどき」「あまり」「ぜんぜん」の4件法（4〜1点）で求めた。
- 各行事終了後の友人による相互評価
    合唱コンクールと修学旅行の終了時に，学級内で意欲的に取り組んでいたと思われる生徒の名前（合唱コンクール5名，修学旅行3名）を記入するよう求めて，相互評価を行った。名前が1回記名されるごとに1点として得点化した。

> • 教師評定
>   生徒の現在の実態を把握するために，8月末と11月末に学級担任による評定を行った。「自分の役割を果たして一生懸命参加することができる」について，「とてもよくできる」「よくできる」「できる」「あまりできない」「できない」の5件法で求めた。

4 授業例

学級活動「"聞く"と"聴く"」（表7-27）

○本時のねらい
　・話を聞いて事実を知ることと話の内容から相手の気持ちを理解することの違いについて知る。
　・きき方のポイントをおさえたきき方ができるようになる。

○授業概略
　(1) 拒否的な態度と受容的な態度の両方のきき方を見て，正しいきき方のポイントを考える。
　(2) 国語辞典を用いて，"聞く"と"聴く"の意味の違いを調べる。

○指導上の留意点
　この授業では，相手の話や気持ちを理解するためのきき方について学習する。相手の気持ちを理解するためには，話の内容だけではなく，相手の表情や周りの状況，声のトーンなども手掛かりとなる。また，学習したポイントは学校生活全般で応用できるため，この授業後，上手に聴いている生徒を誉めるなど日常的に「聴く」姿勢を意識させて，スキルの定着を図ることが重要である。

○生徒の感想
　・私は職場体験で小学校に行くので，小学生の話をきくときにはこの4つのポイントをおさえて，小学生が話しやすくなるような聴き方をしたいです。
　・相手が自分の話をきく気がないと，悲しくて気分が悪いし，相手に嫌われた気持ちになる。でも，相手が自分の話をきいて笑顔になってくれると，とてもうれしいし，仲良くなれた気がして楽しくなる。

学級活動「学校でのミニボラ？」（表7-28）

○本時のねらい
　・文化祭や体育祭などの学校行事で積極的に役割を果たすことが，ボランティアになることに気づく。
　・積極的に学校行事や委員会活動に参加する意思をもち，具体的な活動内容を考える。

○授業概略

表 7-27　1 時間の流れ（"聞く" と "聴く"）

場　面	教師の指示（★）と子どもの反応・行動（△）	留意点
導　入	★ 「自分は人の話を聞くのが得意だ！」と思う人は，手をあげてください。 △ 挙手する。 ★ では，今度は「自分は人の話を聞くのは苦手だ」と思う人は，手をあげてください。 △ 挙手する。	
説　明	★ 「話すこと」に関してはよく注目されますが，「聞く」ことに関しては，あまり考えたことがないのではないでしょうか。今日は，人の話を聞くことに注目し，上手なきき方のポイントを学びます。	
活　動	★ 「話す」ことは難しいけれど，「聞く」ことなんて簡単だ，と思っている人もいるかもしれません。では，さっそく聞く練習をしてみましょう。出席番号順に 2 人 1 組になってください。 △ 2 人組になる。 ★ これから，1 人が「この週末に（昨日，学校から帰って）楽しかったことやおもしろかったこと，その日の出来事」などについて 1 分間話をしてください。部活の練習試合のこと，夕飯のこと，何でも構いません。好きに話してください。もう 1 人は，その話を聞いてください。ただし，1 回目は「聞きたくない」という拒否的な態度で聞いてください。2 回目は受容的な態度で聞いてください。では，始めます。 △ 聞く練習をする。 ★ はい，やめてください。今度は聞いていた人が，話す立場になり，役割交代をしてください。同じように，1 分間話をしてください。聞く態度を変えて 2 回やります。 △ 役割交代して，聞く練習をする。 ★ やめてください。聞き手の態度はどういう点が違ったでしょうか。両方の立場を体験して，どう思いましたか？ △ うんうんと，うなずきながら聞いてくれると，話しやすかった。そっぽを向かれたときは話したくなくなった。 ★ 聞き手の態度によってずいぶん話す方の気持ちが違ってきますよね。話し相手が話しやすくなるような，もっと話したくなるようなきき方とは，どんなきき方でしたか？ △ 相づちをうつ。聞き返す（質問する）。体を向ける。相手の目を見る。 ★ では，上手な話のきき方について，ポイントをまとめます。聞き方のポイントには，「言葉」「姿勢」「視線」「態度」の 4 つがあります。人の目を見て話すのが苦手な人は，目と目の間，鼻の上あたりを見るように心がけるといいでしょう。相づちの例としては，「うんうん」「そうですね」「なるほど」「すごいですね」や「○○なんですね」などくり返すことです。 ★ 実は「きく」という言葉には「聞く」という漢字と「聴く」という漢字があります。どのように違うと思いますか？ △ 同じ，よく聞く，講演は聴く？ ★ では，国語辞典で調べてみましょうか。調べたら，プリントに書き写してください。 △ 国語辞典で「聞く」「聴く」について調べ，プリントに記述する。 ★ できましたか？　では，どう違ったかを教えてください。 △ 「聞く」は音・声を耳で感じ取ること。耳に感じて，知ること。「聴く」は心を落ち着け注意して耳に入れること。傾聴すること。（大辞林） ★ 「聞く」は，耳から入ってきた情報を，音として認識すること，「聴く」はさらに，その内容をよく理解し，話し手の気持ちなども察することまで含まれますね。例えば，友だちがにこにこしながら「昨日部活で先輩に誉められたんだ」と話したとします。「A 君は先輩に誉められたんだな」と認識すれば，「聞く」ことができました。さらにA 君の話し方や表情を見て「A 君は誉められてうれしかったんだろうな」と認識すれば，相手の気持ちを「聴く」ことができたと言えるでしょう。	2 人組のつくり方は，クラスの実態に合わせる。 話すことが苦手な生徒から「ちゃんと聞いてくれて緊張した。苦痛だった」という感想があった場合，生返事で聞かれたらどう思うか想像させてみるなど指導する。 もし教師に何か経験談があれば，具体例としてあげる。 プリント配布。 必要があれば，上手なきき方についてロールプレイをする。
振り返り	★ 「きく」には，「聞く」と「聴く」があって（板書を示す），人の話は「聴く」ことが大切なこと，人の話を聴くポイントとして「言葉」「姿勢」「視線」「態度」の 4 つがあることを勉強しました。特に聴き方のポイントは，普段自分がどんな聴き方をしているか振り返りながら確認してください。	
まとめ	★ 授業の感想を，プリントに書いてください。	

5 学年単位での実践例（中学校）

表7-28　1時間の流れ（学校でのミニボラ？）

場　面	教師の指示（★）と子どもの反応・行動（△）	留意点
導　入	★　「ボランティア」と言えば，どんなことを思い浮かべますか？ △　海外の学校に文房具を寄付する，海外に水道や建築の技術を教えに行く，地域の清掃，PTAの草取り，電車で席を譲る，道を聞かれたら教える，街頭募金，空き缶拾い……。（板書）	
説　明	★　たくさんありますね。他にも，○○，△△などもあります。今日は学校生活でのボランティアについて考えます。	出なかった意見があれば，板書する。
活　動	★　「ボランティア」いう言葉は，どんなことを意味しているか知っていますか？ △　奉仕活動，お金をもらわない……。 ★　「ボランティア」とは，「個人の自由意志に基づいて，労力や時間などを進んで提供し，社会に貢献すること」を言います。先ほどみなさんがあげてくれたようなたくさんの活動がありますが，これらはすべて，「相手が何を必要としているか」に気づき，自分の力や時間を提供しようと「自発的に行動」し，相手に喜ばれたり成果があがったりした結果，「自分が満足感や充実感」を得ます。 ★　では，学校内でできるボランティアには，どんなものがありますか？ △　合唱部が行っている老人ホームの慰問。特別活動で行った小学校・幼稚園との交流……。 ★　これもたくさんありますね。（プリントを配布）プリントを見てください。先生が思いつく限り，学校内で，これだけボランティアをする機会があります。全員がしたことがあるものから，特定の部活や委員会に所属した人しかしたことがないものもあります。自分がどれくらい参加したことがあるか，参加したことがあるものにチェックをしてみてください。この中にはないことで，「これもボランティアだ」と思うことがあったら，一番下の「その他」にチェックを入れ，具体的に何をしたかを書いてください。 △　プリントにチェックをする。 ★　いくつくらいチェックがついたでしょうか？　全員が割り振られた係活動などもあるので，1つもチェックがつかなかった人はいませんね。中学生のみなさんには，青年海外協力隊に行って海外で日本の技術や語学を教えたり，震災があった地域の復興支援を長期にわたって行ったりすることは難しいです。しかし，近所の空き缶拾いをしたり，生徒会で募金をしたりすることはできますね。 ★　学校生活においても，自分たちにできる範囲で与えられた係の仕事を一生懸命やったり，工夫したりすることも，立派なボランティアになります。このように，自分の身近なところでちょっとしたボランティアをすることを「ミニボラ」と呼びます。 ★　（プリントを配布）プリントの物語を読んでください。 △　体育祭でリレー選手をした生徒に関する物語を読む。 ★　何人か，感想を教えてくれますか？ △　試合を控えているのに，リレーに出たのは偉いと思う。喜んでもらえたから，自分もいい気分になったのがよかったと思う……。 ★　彼は，自分の新人戦の試合を控えていたけれど，思い切って出場したら，1着になったこと以上にみんなが喜んでくれたことがうれしくて，出場してよかった！と充実した気持ちになれたのですね。大きな犠牲を払ってボランティアに臨まなくても，このように行事でちょっとがんばることも立派な「ミニボラ」です。これくらいのボランティアなら，することができますね？ ★　では，「これから一週間以内に」実際に学校内で実践してみようと思うことを，先ほどチェックしたプリントの項目に，色ペンで印をつけてください。 △　チェック。 ★　チェックできましたか？　なるべくたくさんの項目にチェックを入れてください。「こんなこともできるな」と思いつくことがあれば，その他の欄にどんどん書いてください。	プリントの項目は，学校の実情に即して適宜書き換える。 実践の機会がないことも考えられるので，必ず複数の項目にチェックを入れるよう指導する。
振り返り	★　今日は，普段の学校生活の中でもできるちょっとしたボランティア「ミニボラ」について学びました。来週の授業の始めに，どんなことを実践したか聞きますので，自分がチェックした項目を意識して，生活してください。	次週の授業の頭に実践を問う機会を設ける。
まとめ	★　授業の感想を，プリントの下の欄に書いてください。	

(1) ボランティアの意味を知る。
(2) 学校でできるボランティアを考える。また，身近にできるちょっとしたボランティア（「ミニボラ」）があることを知る。
(3) 学校行事で積極的に自分の役割を果たすことも，ボランティアの1つになることに気づき，具体的に取り組む「ミニボラ」を考える。

○指導上の留意点

ボランティアというと，どこか負担の大きい活動という印象を受けるが，身近なちょっとしたことへの自発的な取組が立派なボランティアであることを学ぶことで，ボランティアに対する意識を高めることができる。また，学校行事に参加することやその運営に関わることも，周りの人のためになることに気づくことで，学校行事への参加意欲を高めることができると考えられる。

これまでに総合学習や道徳などの時間でボランティアについて学んだことがあれば，その内容を踏まえることができる。また，学校行事の前に学習することで，その行事への参加意欲が高まるかもしれない。

○生徒の感想

・今日の授業で，自分が10種類もミニボラをしていることがわかり，少しびっくりしました。これからもっともっとミニボラをしていきたいです。自分のためだけでなく，人のためにも少しずつミニボラをしていきたいです。
・自分ががんばったことがクラスの人のためになることに気づきました。ミニボラならできそうなのでどんどんやっていこうと思いました。今度の合唱コンクールで一生懸命歌おうと思いました。

5 成果と課題

中学生用 SEL-8S 自己評定尺度（表7-29）

SEL-8S学習プログラム実施前の8月末に行った教師評定で，「とてもよくできる」「よくできる」を高群（60名），「できる」を中群（58名），「あまりできない」「できない」を低群（54名）の3つの群に分け，群ごとに平均得点を算出した。高得点ほど社会的能力が高いということになる。以下の結果は，具体的な統計数値を記述していないが，統計的な分析によって効果が示されたものだけを記述している。[12]

効果の検討を行ったところ，「対人関係」「積極的・貢献的な奉仕活動」において効果が示された（図7-20，図7-21）。また，「人生の重要事態に対処する能力」の低群において，効果が示された（図7-22）。

---

[12]「統計的な分析」とは，3（群）×2（時期）の分散分析である。

表 7-29 効果が示された 3 つの社会的能力

	対人関係		積極的・貢献的な奉仕活動		人生の重要事態に対処する能力	
	9月	11月	9月	11月	9月	11月
高　群	9.22	9.67	9.37	9.72	9.35	9.18
中　群	9.18	9.24	8.62	8.83	8.88	8.67
低　群	8.56	8.93	8.20	9.04	8.61	9.13

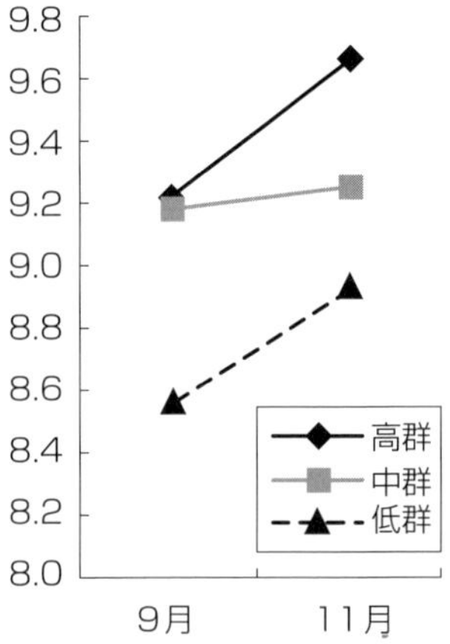

図 7-20　対人関係

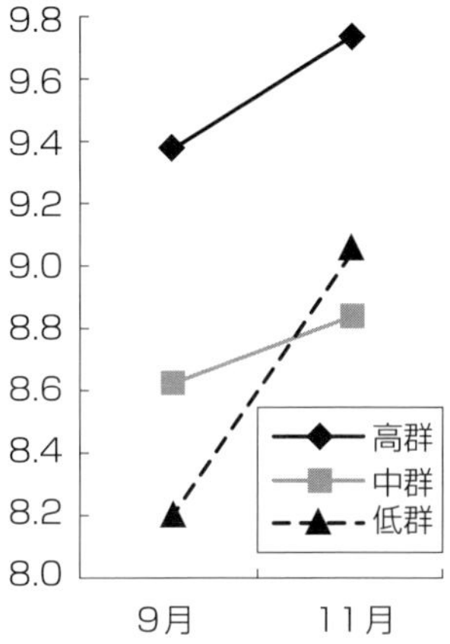

図 7-21　積極的・貢献的な奉仕活動

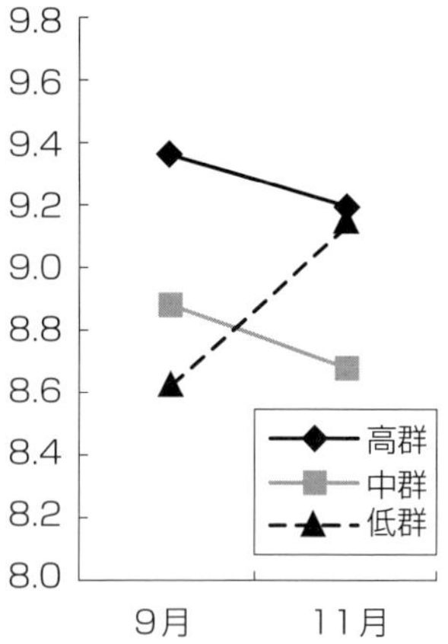

図 7-22　人生の重要事態に対処する能力

各行事終了後の友人による相互評価（表 7-30）

　行事後の友人による相互評価について，群別に平均値を算出したところ，どの群も大きな差はなかった。教師評定によって学校の取組に一生懸命参加できていないと思われている低群の生徒の得点は，他の群に比べて低くなることが予想されたが，特に，合唱コンクール後の低群は，中群の得点よりも高く，必ずしも低い評価ではなかった。

　行事後の感想においても，低群の生徒は他の生徒から「ピアノの練習を家でも一生懸命していた」「指揮者としてみんなに声をかけてリードしてくれた」「練習の時からいつも大きな声を出して歌っていた」などの評価を得ていた。

教師評定（表 7-31）

　「自分の役割を果たして一生懸命参加することができる」についての教師評定値を 8 月末時点と 11 月末時点で比較すると，約42％（76人/180人）の生徒の教師評定が上昇した。具体的には，「あまりできない」から「できる」にあがった生徒が30名，「できる」から「よくできる」にあがった生徒が23名で，「よくできる」から「とてもよくできる」にあがった生徒が15名であった。

表 7-30 生徒相互評価の平均値

学校行事	教師評定群		
	高群	中群	低群
合唱コンクール	5.12	3.23	4.29
修学旅行	2.95	2.34	2.20

表 7-31 8月と11月の教師評定の推移

(単位:人)

		11月評定					合計
		5	4	3	2	1	
8月評定	5	11	1				12
	4	15	31	2			48
	3	1	23	38			62
	2		6	30	19		55
	1				1	2	3
合計		27	61	70	20	2	180

(注) 5=とてもよくできる，4=よくできる，3=できる，2=あまりできない，1=できない。

6 まとめ

　本実践では，SEL-8S学習プログラムを学校行事と関連づけることで社会的能力の習得を図ったところ，プログラムの実施効果が低群に表れやすいことが示された。特に，8月末に教師評定によって学校行事にうまく取り組めていないと思われた生徒が，合唱コンクール後の生徒による相互評価で，他の群の生徒より必ずしも低くない評価を得ていたことは意義深いと考える。また，5名の学級担任は，初めてSEL-8S学習プログラムを実践することになったが，事前に研修会をもち，共通理解が得られるまで検討を重ねていたため，各担任が学級の実態に即した実践を行うことができた。その他，SEL-8S学習プログラムの実践による意見は表7-32のとおりである。学習した内容を日常生活で継続して指導することが今後の課題となる。

6 SEL-8S学習プログラムの効果と可能性

　本章で紹介したSEL-8S学習プログラムの実践は，学校の実態に応じてねらいや実施規模がさまざまであったが，ほとんどの実践で教師評定での効果が示されていた。このことから，SEL-8S学習プログラムを実施した教師が，児童生徒の変化に気づき，プログラムの有用性を実感しているものと考えられる。また，児童生徒による自己評定では，対人関係能力が低かったりあるいは中程度の児童生徒が，実践によって改善する例がいくつかあり，対人関係能力のあまり高くない児童生徒に有効なプログラムであることがわかる。

　SEL-8S学習プログラムでは，「話す」「聞く」など教科学習の基礎となる内容が多く含まれているため，教科学習と関連づけることも可能である。さらに，運動会や学習発表会などの学校行事は，学級外の同年齢や異年齢の子どもとの交流の中で対人関係能力を育成できる絶好の機会である。本章で紹介した実践でも，そのほとんどが

表7-32 SEL-8S学習プログラムに関する意見

①授業に用いる資材・教材
　・生徒指導の中で教師が大切だと考えている事柄を，授業を通して学級で取り組み，生徒に理解させることができて良かった。
②生徒の反応
　・身近な内容なので生徒が積極的に取り組めていた。
　・特にモデリングのとき，学習意欲が高まった。
　・授業（"聞く"と"聴く"・学校でのミニボラ？）後に生徒の行動の変化が見られるようになった。
③事前打ち合わせ
　・事前に教師が意見交流することで，生徒の実態に合った資料や教材に結びつき，授業の流れをイメージすることができた。
　・学年で足並みをそろえて実践することができた。
　・授業時間が少しずつずれていたので，他の学級の授業を見学したり他の先生の良いアイデアを聞いたりすることができて，自分の授業実践の参考になった。
④実際の生活場面での振り返り
　・授業で実践した内容を日常生活で継続して指導することが十分ではなかった。

SEL-8S学習プログラムを学校行事や教科学習，学級活動などと関連づけて実施していた。SEL-8S学習プログラムをはじめとした心理教育プログラムは，あまり授業時間を取ることができず，繰り返し学習することが困難な場合が多い。しかし，他の学習活動と関連づけることで繰り返しの学習が可能となる。

　最後に，SEL-8S学習プログラムを実践する際には，まず児童生徒の実態を把握することが重要である。教師の観察や調査によって，児童生徒のニーズを明らかにしてもらいたい。その上で，紹介した実践例を参考に，どのようなプログラムが必要であるか，どのような学習活動と関連づけられるかを明確にして取り組むことで，その効果が期待できる。

文　献

イライアス，M. J. 他，小泉令三（編訳）（1999）．社会性と感情の教育――教育者のためのガイドライン39　北大路書房

藤枝静暁・相川充（2001）．小学校における学級単位の社会的スキル訓練の効果に関する実験的検討　教育心理学研究, **49**, 371-381.

福岡県教育センター（2008）．規範的な行動を促す指導の手引

群馬県総合教育センター（2007）．学校・家でのルールやきまりについてのアンケート

香川雅博・小泉令三（2006）．小学校中学年における社会性と情動の学習（SEL）プログラムの試行　福岡教育大学紀要, **55**(4), 147-156.

香川雅博・小泉令三（2007）．小学生における社会性と情動の学習（SEL）プログラムの効果　福岡教育大学紀要（第4分冊）教職科編, **56**, 63-71.

金山元春・後藤吉道・佐藤正二（2002）．孤独感が高い児童に及ぼす学級単位の集団社会的スキル訓練の効果　宮崎大学教育文化学部附属教育実践研究指導センター研究紀要, **9**, 1-10.

河村茂雄（1998）．たのしい学校生活を送るためのアンケート「Q-U」実施・解釈ハンドブック（小学校編）　図書文化

北川隆吉（1984）．規範　北川隆吉（監修）　現代社会学辞典　有信堂高文社

小泉令三（2005）．社会性と情動の学習（SEL）の導入と展開に向けて　福岡教育大学紀要，**54**(4)，113-121.

小泉令三（2006）．中学校の学級経営における教育計画マトリックス活用――コンサルテーションを受けた学級担任の事例　福岡教育大学心理教育相談研究，**10**，59-67.

国立教育政策研究所生徒指導教育センター（2009）．小学生・中学生の逸脱行為の経験，20-24.

宮原紀子・小泉令三（2009）．中学校の学校行事と関連づけた社会性と対人関係能力の向上――社会性と情動の学習（SEL）プログラムの活用による試行的実践　教育実践研究（福岡教育大学教育学部附属教育実践総合センター），**17**，143-150.

宮崎晃子・田中芳幸・入慶田本早・津田彰・小泉令三（2004）．社会性と情動（SEL）尺度の開発　第6回子どもの心・体と環境を考える会学術大会紀要（日本子ども健康科学研究会），53.

宮崎晃子・田中芳幸・津田彰・小泉令三（2005）．中学生版「社会性と情動（SEL）尺度」の開発　第7回子どもの心・体と環境を考える会学術大会（日本子ども健康科学研究会），28.

文部科学省（2006）．児童生徒の規範意識の醸成に向けた生徒指導の充実について

文部科学省（2008）．小学校学習指導要領総則編

中山和彦・小泉令三（2010）．児童の規範意識を高め，規範的な行動を促す単元構成の工夫――心理教育プログラムSELを活用した総合単元プランを通して　教育実践研究（福岡教育大学教育学部附属教育実践総合センター），**18**，143-150.

日本青少年研究所（2002）．中学生の規範意識

二宮克美（1991）．規範意識の発達および非行・問題行動と道徳性との関係　金子書房

大久保智生・加藤弘通（2008）．問題行動の経験と規範意識による生徒の類型化とその特徴　心理科学，**29**，96-103.

小関八重子（1999）．社会規範　中島義明他（編）　心理学辞典　有斐閣

柴田玲子・根本芳子・松嵜くみ子・田中大介・川口毅・神田晃・古荘純一・奥山真紀子・飯倉洋治（2003）．日本におけるKid-KINDL^R Questionnaire（小学生版QOL尺度）の検討　日本小児科学会雑誌，**107**，1514-1520.

白井茉莉・橘川真彦（2007）．中学生における規範意識とそれに影響を及ぼす要因　宇都宮大学教育学部教育実践総合センター紀要，**30**，165-173.

栃木県総合教育センター（2006）．子どもの生活に関するアンケート

堤さゆり・小泉令三（2008）．効果的なボランティア学習のための単元構成の工夫事例――心理教育プログラムSELの活用を通して　教育実践研究（福岡教育大学教育学学部附属教育実践総合センター），**16**，137-144.

八巻寛治（2009）．ローカルルールや価値のすり合わせを大切にした折り合いの指導・援助　学校マネジメント　明治図書，**637**，52-53.

あとがき

　子どもの社会的能力に個人的に興味をもち始めたのは，15年ほど前である。そのときには，今ほど子どもの社会的能力が注目されるとは想像していなかった。教育関係者が子どもの社会的能力に目を向け始めたのは，不登校，いじめ，暴力などの学校不適応の根底に，周囲の人との人間関係のもち方の不適切さがあるという考えが一般的になってきたためである。そして子どもの全般的傾向として，こうした人間関係の基礎をなす社会的能力の低下が日常生活において見られるようになったことも，影響している。

　この問題に対する教育的対応として，今回，自分なりの提案をSEL-8S学習プログラムとしてまとめることができたのは大きな喜びである。この15年間ほどの取組の中でさまざまな関係者との出会いがあった。その都度，修正を加えたり新しい事項を追加したりして，概念を組み上げたり修正したりしていった。また，それを教育実践に適用する中で，新しい取組を導入・展開するためのノウハウも蓄積することができた。そうした機会を与えてくださった機関や個人の名前をあげたら切りがないが，まさにこれらの機関や関係者との交流によって本書の内容が形成されたと言える。

　今後の取組として，おもに3つの柱が考えられる。まず1つ目は第2・3巻にまとめた小学校用および中学校用の教育プログラムのさらなる改善である。実践を積み上げながら，さらに使いやすいものへ，また効果的なものへと改善していく努力が必要である。また，新しいユニットの開発や，朝の会などで短時間で実施できるショートバージョンのユニット作成も検討すべきである。

　今後の取組の2つ目の柱は，適用年齢の拡大である。第5章の「9　小・中学校間等の連携」でも触れたが，幼稚園や保育所での実践の拡大が必要である。また，高校でも，SEL-8S学習プログラムのニーズのある生徒がいると関係者から聞いている。オープンな形で自由に使用できる高校生用の学習プログラムを作成できればと願っている。

　3つ目の柱は適用範囲の拡大である。本書の出版は，「まえがき」にも示したように，独立行政法人科学技術振興機構（JST）社会技術研究開発センター（RISTEX）の「犯罪からの子どもの安全」研究開発領域のプロジェクトの1つとして採択されたことが重要な契機であった。筆者のプロジェクト内では，別のグループによって児童自立支援施設に入所している児童対象の再犯防止学習プログラムの開発が進められている。これは治療的な要素が強いプログラムであるが，必要度は高いと感じている。

「犯罪からの子どもの安全」という目的達成のために，SEL-8S学習プログラムが再犯防止学習プログラムの開発に貢献できるよう強く願っている。

　以上のような取組を通して，さらに関係機関や関係者との交流が進み，実践が進展していくのを支援できればと思う。

　2011年8月

小泉令三

《著者紹介》
小泉令三（こいずみ　れいぞう）
　1955年生まれ。
　公立小中学校教諭を経た後，兵庫教育大学大学院および広島大学大学院修了。
　現　在　福岡教育大学名誉教授。博士（心理学）。
　専　門　学校心理学，教育心理学。
　主　著　『社会性と感情の教育——教育者のためのガイドライン39』（編訳，北大路書房，1999年）
　　　　　『よくわかる生徒指導・キャリア教育』（編著，ミネルヴァ書房，2010年）
　　　　　『紙芝居作成ブック　子どもの気持ちを育む♪　CD-ROM付き　PriPriブックス』（共著，世界文化社，2018年）など。

《執筆協力者》
堤　さゆり（つつみ　さゆり）第7章1，執筆協力
　元福岡県公立小学校校長。
宮原紀子（みやはら　のりこ）第7章5，執筆協力
　元福岡県公立中学校教頭。
山田洋平（やまだ　ようへい）第7章2・3・4・6，執筆協力
　福岡教育大学大学院教育学研究科准教授。博士（心理学）。

子どもの人間関係能力を育てるSEL-8S① 社会性と情動の学習（SEL-8S）の導入と実践	
2011年9月10日　初版第1刷発行 2024年7月30日　初版第4刷発行	〈検印省略〉 定価はカバーに表示しています

著　者	小　泉　令　三
発行者	杉　田　啓　三
印刷者	田　中　雅　博

発行所　株式会社　ミネルヴァ書房
　　　〒607-8494　京都市山科区日ノ岡堤谷町1
　　　電話　(075)581-5191／振替　01020-0-8076

©小泉令三，2011　　　創栄図書印刷・吉田三誠堂製本

ISBN978-4-623-06143-3
Printed in Japan

――――― 子どもの人間関係能力を育てる SEL-8S（全3巻）―――――

B5判美装カバー　各巻本体2400円

> 子どもの問題行動や学校不適応など，学校が抱える現代的課題を解決に導く新たな心理教育プログラム「SEL-8S学習プログラム」についての日本で初めてのシリーズ。第1巻はプログラムの概要，導入・展開方法，評価方法，さらには具体的な実践例とその効果をまとめた基本書です。第2巻・第3巻は小中学校の校種ごとの指導案と学習プリントや教材等を豊富に掲載し，教育現場でそのまま活用していただける実践書です。

① 社会性と情動の学習（SEL-8S）の導入と実践

　　　　小泉令三　著

② 社会性と情動の学習（SEL-8S）の進め方　小学校編

　　　　小泉令三・山田洋平　著

③ 社会性と情動の学習（SEL-8S）の進め方　中学校編

　　　　小泉令三・山田洋平　著

姉妹書

高校生のための社会性と情動の学習（SEL-8C）
―― キャリア発達のための学習プログラム ――

　　　小泉令三・伊藤衣里子・山田洋平著　B5判美装カバー　本体2600円

高校生のキャリア発達促進のために開発されたSELプログラムを，基礎編と実践編で構成し，実践的に使用できる書籍としてまとめました。

教師のための社会性と情動の学習（SEL-8T）
―― 人との豊かなかかわりを築く14のテーマ ――

　　　小泉令三・山田洋平・大坪靖直著　B5判美装カバー　本体2600円

教師に必要な8つの対人関係に関する心理教育プログラムであるSEL-8Tを用いて，教師や教師をめざす人が，子どもだけでなく保護者や同僚とより豊かにかかわるための"気づき"と"コツ"をわかりやすく解説します。

――――― ミネルヴァ書房 ―――――
https://www.minervashobo.co.jp